高等医学院校教材

医用形态实验学

Morphology Experimentation in Medicine

（第4版）

主　审　张培功

主　编　张　燕

副主编　张洪芹　刘鲁英　吴淑华

编　委　（以姓氏笔画为序）

王　东　王　霞　田　东　刘同慎　刘鲁英
李　冰　李红星　李雅娜　吴淑华　时　彦
张　骞　张　燕　张连双　张洪芹　赵　伟
赵大华　赵铭锋　侯　云　曹　璋　董孟华
韩玉贞　韩艳春　蔡　恒

北京大学医学出版社

YIYONG XINGTAI SHIYANXUE

图书在版编目（CIP）数据

医用形态实验学/张燕主编．—4版．—北京：北京大学医学出版社，2015.12（2023.1重印）

ISBN 978-7-5659-1292-4

Ⅰ．①医… Ⅱ．①张… Ⅲ．①人体形态学－实验－医学院校－教材 Ⅳ．①R32-33

中国版本图书馆CIP数据核字（2015）第301317号

医用形态实验学（第4版）

主　　编：张　燕
出版发行：北京大学医学出版社
地　　址：(100083) 北京市海淀区学院路38号　北京大学医学部院内
电　　话：发行部 010-82802230；图书邮购 010-82802495
网　　址：http://www.pumpress.com.cn
E-mail：booksale@bjmu.edu.cn
印　　刷：中煤（北京）印务有限公司
经　　销：新华书店
责任编辑：刘　燕　刘陶陶　　责任校对：金彤文　　责任印制：李　啸
开　　本：787 mm×1092 mm　1/16　印张：13.5　字数：346千字
版　　次：2015年12月第4版　2023年1月第5次印刷
书　　号：ISBN 978-7-5659-1292-4
定　　价：39.00元

版权所有　违者必究

（凡属质量问题请与本社发行部联系退换）

第 4 版前言

组织学与胚胎学和病理学是医学教育的主干学科,是重要的形态学课程,学习内容包括理论学习、大体标本与切片观察、病例分析及讨论等。医学形态实验学教学是组织学与胚胎学和病理学学习的重要平台,通过培养学生动眼、动手及动脑能力,激发学生学习热情和创新意识。本教材在大量形态学教学改革实践的基础上,一方面通过验证性实验,务实学生的基本理论、基本知识和基本技能;另一方面通过临床病例分析讨论、动物实验及形态技术实验等培养学生独立思考、分析问题和解决问题的能力。

此次修订在前一版的基础上做了较大的调整和补充。彩色图片由原来的 162 幅增加至 182 幅,每幅图片均加注简明扼要的注释。全书图片艺术风格统一,真实,立体感强,视觉效果佳,充分突出形态学特点。全书共分六章:第一章为形态学实验基础,重点介绍形态学实验标本和切片的观察方法与要点、尸体剖检操作流程及规范,为学生学好形态学奠定基础;第二章为形态学实验技术,意在引导学生掌握常用的形态学研究方法,并能熟练操作;第三章为人体组织学与胚胎学实验,第四章为人体病理学实验,这两章保留了形态学经典的实验内容,其目的是培养学生形态学观察、描述和绘图能力;第五章为动物实验,选择了操作简单、步骤清楚、结果明确的小型实验,大多能在 2~3 学时完成,目的是提高学生的科研意识和创新精神,引导学生进入科研领域,为学有余力、有创新意识、科研能力较强的学生提供科研帮助;第六章为临床病例分析,通过对典型临床病例的分析和讨论,以求提高学生分析、判断等综合能力,培养严谨的科学作风和缜密的临床思维;第七章为现代形态学技术,意在介绍目前已应用在形态学上的先进的技术手段。

本教材在各位编委密切合作的基础上共同完成,是形态实验教学改革成果的积累。由于实验教学改革仍处于探索阶段,尚无成功经验可以借鉴,又限于编者水平,因此本教材虽经三次再版修编,仍有诸多不尽如人意之处,错误在所难免,恳请同行专家和使用本教材的广大师生批评指正。

编 者
2015 年 9 月

目 录

绪论 ·· 1

第一章　形态学实验基础 ·· 4
　第一节　大体标本观察 ·· 4
　第二节　尸体解剖 ·· 5
　第三节　显微镜 ·· 10

第二章　形态学实验技术 ·· 15
　第一节　形态实验学制片技术 ·· 15
　第二节　形态实验学染色方法 ·· 28
　第三节　免疫组织（细胞）化学技术 ··· 34

第三章　人体组织学与胚胎学实验 ·· 42
　实验一　上皮组织 ··· 42
　实验二　结缔组织 ··· 44
　实验三　血液 ·· 46
　实验四　软骨和骨 ··· 48
　实验五　肌组织 ·· 49
　实验六　神经组织 ··· 50
　实验七　神经系统 ··· 52
　实验八　循环系统 ··· 54
　实验九　免疫系统 ··· 57
　实验十　内分泌系统 ·· 59
　实验十一　消化管 ··· 61
　实验十二　消化腺 ··· 64
　实验十三　呼吸系统 ·· 68
　实验十四　泌尿系统 ·· 69
　实验十五　皮肤 ·· 71
　实验十六　眼和耳 ··· 73
　实验十七　男性生殖系统 ·· 75
　实验十八　女性生殖系统 ·· 77
　实验十九　胚胎学总论 ··· 80

第四章　人体病理学实验 ·· 84
　实验一　细胞、组织的适应和损伤 ·· 84

实验二　损伤的修复 ·· 86
实验三　局部血液循环障碍 ·· 87
实验四　炎症 ·· 90
实验五　肿瘤 ·· 92
实验六　心血管系统疾病 ·· 96
实验七　呼吸系统疾病 ·· 99
实验八　消化系统疾病 ·· 101
实验九　泌尿系统疾病 ·· 105
实验十　生殖系统和乳腺疾病 ··· 108
实验十一　内分泌系统疾病 ·· 110
实验十二　神经系统疾病 ·· 111
实验十三　传染病和寄生虫病 ··· 113
实验十四　淋巴造血系统疾病 ··· 115

第五章　动物实验 ··· 117
实验一　纤毛运动观察 ·· 117
实验二　肥大细胞形态观察及其异染性 ·· 117
实验三　睾丸精子活动抑制实验 ·· 118
实验四　实验性肺淤血动物模型 ·· 119
实验五　栓塞实验 ··· 120
实验六　实验性心肌梗死动物模型 ·· 121
实验七　实验性肾缺血动物模型 ·· 122
实验八　大鼠脊髓半横切实验 ··· 122
实验九　肿瘤细胞接种实验 ·· 123

第六章　临床病例分析 ··· 125
病例1 ··· 125
病例2 ··· 127
病例3 ··· 129
病例4 ··· 131
病例5 ··· 133
病例6 ··· 136
病例7 ··· 139
病例8 ··· 141
病例9 ··· 144
病例10 ··· 145

第七章　现代形态学技术 ··· 149
第一节　原位核酸分子杂交技术 ·· 149
第二节　原位PCR ·· 151

第三节　激光显微切割技术 …………………………………………………… 154

参考文献 ……………………………………………………………………………… 156

形态实验学常用词（中英文对照） …………………………………………………… 157

彩色图谱 ……………………………………………………………………………… 169

绪 论

医学形态实验学是以实验的方法、从组织的形态结构入手，研究人体正常的组织结构和疾病状态下组织所发生形态及相关功能的变化。它是医学基础教育的重点内容之一。本教材将组织学与胚胎学、病理学，以及形态学实验技术三个相关学科的内容有机地整合起来，从由验证性实验为主导的经典教学模式中走出来，以增强学生科学分析问题、解决问题的能力，使医学生尽快完成从应试教育向素质教育的过渡，全面提高医学生的综合素质。

一、医学形态实验学的内容和任务

医学形态实验学共设七章，除保留组织胚胎学和病理学经典的 33 个验证性实验和相关的动物实验外，在每个系统都增加了一个临床病例讨论，并以实验的形式创造性地诠释了形态实验学技术。组织胚胎学是研究正常组织的细微结构及其相关功能的科学，是学习病理学的基础。病理学是研究疾病的病因、发生机制、病理变化、发展和结局规律的科学。二者同属于形态学范畴，均具有较强的直观性和实践性。本教材根据形态学之间的相关性，将实验内容汇集、整合、综合，使其整体化，还医学形态学一个本来面目。通过医学形态学融合性实验教学，进而使医学形态学知识系统化、合理化、科学化和完整化，拓宽学生的知识面。

二、医学形态实验学的目的

医学形态实验学的主要目的在于规范和指导学生进行医学形态学实验，掌握形态学的观察、描述方法，培养学生的分析和判断能力。通过对实验课中各种标本和切片的观察、描述和绘图，准确而全面地认识各种组织的形态结构。结合理论知识，对实验课中所见到的各种材料，进行综合、分析、鉴别和比较，并推导其生理功能和病理状态下的临床表现。加深对人体各系统器官形态结构的理解，提高实验教学效果，同时培养学生的操作技能、科研能力和动手能力，全面提高医学生的综合素质。

三、学习方法

（一）实验材料和内容

实验材料及仪器设备：人体正常及病变的器官和组织的大体标本、组织切片、录像片，以及多媒体教室、图像分析系统、形态学常用仪器设备等。内容主要包括：19 个人体组织学与胚胎学实验，14 个人体病理学实验，9 个动物实验，10 例临床病例分析，14 个技术实验，以及形态学实验基础和现代形态学技术介绍。

（二）实验前的准备和要求

1. 复习相关的理论知识，强调理论联系实践，以便在实习中将所见到的正常器官和组织的形态学结构与病变器官和组织进行比较和认识。
2. 准备实习作业本或绘图纸及红蓝铅笔，个人或以小组为单位借阅组织学和病理学图谱，便于实习时参考。

3. 了解显微镜的各部分结构及作用，熟练掌握显微镜的使用方法。

（三）实验的方法和步骤

1. 大体标本的观察方法（参照第一章的第一节）

2. 组织切片观察的方法与步骤　使用普通光学显微镜观察。切片一般为苏木素-伊红（hematoxy-eosin，HE）染色，细胞核染成蓝色，胞质及胶原纤维等染成红色。有时根据不同情况采用特殊染色（如苏丹染脂肪等）。组织切片的一般观察原则如下：

（1）肉眼观察（有时可将目镜倒转，实际上等于放大镜），了解切片的大概情况，包括形状、颜色等，初步确定是何种组织或发现病灶的所在部位。

（2）用低倍镜观察，观察时应上下、左右移动组织切片，在全面细致地观察整个切片之后，确定是何种组织或器官。观察病理切片应注意病变发生的部位。如肝组织，要注意病变在小叶中央还是外周，在肝细胞内还是肝窦内等；病变是弥漫性还是局灶性；病变区原有的组织结构是否完全破坏；病变的性质、范围及与周围组织的关系。

（3）高倍镜一般是用来观察细胞或病灶的细微结构，使用时一定要先用低倍镜找到要观察的成分，置于视野中心后，再转换高倍镜。

（4）油镜，一般在观察极小的物质时（如微生物等）才使用。

（5）进行观察和分析记录：绘图并加文字说明，绘图要真实，比例要得当，书写文字要规范。

（四） 典型病例讨论、PPT、录像片及动物实验等均在教师指导下进行。

（五） 在观察实习材料（主要是大体标和切片标本）时应注意

1. 标本的来源和简单病史（包括尸体解剖、临床活检材料及个别动物材料）。

2. 运用动态发展的观点，而不是静止固定的观点去观察标本，尤其是针对病理学标本。因为病理学标本所显示的病变往往是疾病发展过程中或患者死亡时的某个片段。如果疾病过程是一部电影的话，我们所见到的病变仅是电影中的一个镜头或片段。所以如何将静止的标本看成连续、变化、活动的病变是极为重要的。

3. 实习中要端正态度，实事求是，密切联系理论知识，以理论指导实践，通过实际的观察，使理论知识更加巩固和提高。

（六）实验报告的要求及注意事项

通过实习和书写实验报告，不仅能够验证和巩固所学的理论知识，还能提高学生观察认识能力和记录表达能力，并逐步培养学生严密的科学态度和严谨的科学作风，科学的分析能力和逻辑思维能力。故每次实习时，必须认真并按时完成实验报告，实习后交老师审阅。

1. 电子版实验报告　要求熟练掌握电脑及其相应软件的应用，严格按照操作程序观察、描述、取图及标注。

2. 纸质版实验报告　按照传统方法，临摹镜下典型组织学图像，要求真实、准确、比例得当，红蓝两色运用适宜，注释文字简洁明了，版面整洁。

三、实习守则

（一）遵守纪律，不迟到，不旷课。

（二）养成良好的卫生习惯，不随地吐痰，不乱扔垃圾，实习完毕，清点好实验器材，打扫室内卫生，关好水电及门窗。

（三）爱护国家财物，节约水电，有义务爱护实验器材、教学标本和组织切片，如有损坏立即上报，并按章赔偿。

（张　燕）

第一章　形态学实验基础

第一节　大体标本观察

　　大体标本的观察，主要用肉眼或辅以放大镜、量尺和秤等工具，对大体标本的形态（形状、大小、重量、色泽、质地、表面或切面形态、与周围组织和器官的关系等）进行细致的解剖、观察、测量、取材和记录，必要时可摄影留作资料。大体标本检查不仅是病理医生的基本功和临床病理诊断的第一步，也是医学生学习病理学的主要方法之一。

　　教学标本绝大部分是瓶装的，其正面暴露的是病变最典型的部位，侧面和背面如有病变表现要一并观察。各系统器官、各种疾病的大体标本的剖检方式是不相同的，如有"门"的器官，如肺、肾、淋巴结等要对着"门"切开；空腔器官，如肠管、胃、输尿管等，要在病变的对侧剪开；单纯性肿块要以最大面切开；心脏要沿着血流方向剪开。现将大体标本观察的一般原则介绍如下：

　　1. 首先观察标本是哪一个器官，或是器官的哪一部分（如左肺上叶、一厚片肝等），它与正常器官有什么区别？

　　2. 测量标本的体积（大小），注意是否增大还是缩小？有腔器官（如心、胃、肠等）注意其腔是否扩大还是变窄？管壁变薄还是增厚？腔中有何内容物？

　　3. 已切开的实性器官的检查顺序通常是自外向内逐一进行，即被膜→实质→腔道及血管→其他附属装置等。如：肺由胸膜→肺实质→气管、血管→肺门淋巴结等；肝由被膜→肝实质→胆道、血管→肝门等。

　　4. 对空腔器官的检查顺序通常自内向外逐一进行（当然自外向内亦可），如对心脏，即心腔及内容物（血液）→心内膜、各瓣膜→腱索、乳头肌及肉柱→心肌→心外膜→冠状动脉等；胃肠标本检查则先由胃肠腔、内容物→黏膜层→黏膜下层→肌层→浆膜层及肠系膜、网膜等依次进行。

　　5. 观察器官形态，注意有无变形（如肝硬化时，肝呈结节状），客观地观察和描述大体标本的形态特点。

　　（1）光滑度：光滑或粗糙。

　　（2）透明度：正常器官的被膜，如浆膜菲薄呈半透明，病变时浑浊而失去透明性。

　　（3）颜色：暗红或苍白、淡黄及棕黄、灰色或黑色等。但应注意用甲醛（福尔马林）固定的标本，其色泽与新鲜标本不同。

　　（4）硬度：硬或软，质韧或松脆等。

　　6. 观察病灶（即器官中有病变部分）与描述

　　（1）分布及位置：在器官的哪一部分。

　　（2）数目：单个或多个，弥漫性或局灶性。

　　（3）大小：体积＝长×宽×厚，并以 cm 为单位（尽量避免用实物笼统地比喻，如鸡蛋大或拳头大等）。

（4）形状：圆形、不规则形、乳头状、菜花状、息肉状、蕈伞状、结节状或分叶状等。

（5）颜色：通常红色表示病灶内有血液（福尔马林固定后为黑色），黄色表示含脂肪或类脂，绿色或黄绿色表示含有胆汁等。

（6）与周围组织的关系：界限清楚或模糊，有无包膜，有否压迫或破坏周围组织等。

7. 将观察到的病变结合已知的器官，对病变的性质提出几种可能，在比较和分析以后做出初步的肉眼诊断。诊断的写法是"器官名称＋病理变化"，如肾梗死、肝淤血、肺脓肿等。

8. 在学习、观察病变时应注意事物之间、理论知识之间的相互联系，主动训练推理和逻辑思维的能力。

（1）把静止的、孤立的病变标本与其在体内所发生的变化、发展、结局，以及对机体影响的辩证关系联系起来，从而加深对理论的认识。

（2）从大体标本的改变推断组织切片中可能出现的病变。这样能从宏观到微观更扎实地掌握该病变。

（3）根据大体标本的病变，分析推断该病的临床表现。这样既能提高我们灵活运用知识的能力，又为将来学习有关临床课打下较好的基础。

（4）同一标本具有两种以上病变的，还应注意分析判断各种病变间有无联系。它们是同一病理过程中的病变组合，还是毫无关系的不同疾病？如一心脏标本有冠状动脉粥样硬化病变，又有血栓形成，同时还有心肌梗死，这三种病变则依次有因果关系；而另一心脏标本，冠状动脉有粥样硬化，二尖瓣上有血栓形成，它们之间则无因果关系，是性质不同的两种病。还应强调的是：从开始观察标本一直到我们对疾病做出分析和推断，自始至终都应严格本着实事求是的精神，要全面细致。分析问题、进行推理都要有科学的根据，绝不可以主观地、脱离实际地空谈理论，我们必须在学习过程中培养训练这种科学作风。

9. 固定液　教学大体标本是取自尸体或临床手术切除的标本，为了保存均需用固定液封存在标本瓶中。最常用的固定液为10％的中性福尔马林固定液，此液体无色透明，但有明显的气味和刺激性。由它固定的标本，组织失去原有的鲜活色彩，而呈灰白色，血液呈暗黑或褐色；有时为了保持标本的原来颜色而用原色固定液（凯氏固定液），此液体为淡黄色透明液体。经它固定后的组织基本上保持原色不变，所以血液或富含血液的组织病变仍为红色。

（张　燕）

第二节　尸体解剖

一、尸检的目的和意义

尸体解剖（autopsy）简称尸检，是对死者的遗体进行病理解剖和系统的形态学分析，是病理学的研究方法之一。通过尸检可以：①确定诊断，查明死因；②及时发现和确诊某些传染病、流行病、地方病及新的疾病；③积累各种疾病的人体病理材料，为深入研究和防治疾病奠定基础，也为病理教学收集各种疾病的病理标本。因此大力开展尸检是促进医学发展的重要方法之一。

尸体解剖是一项重要而严谨的医学研究方法，进行尸体解剖时，必须严肃认真，按一定方法操作。

二、尸检前的准备及注意事项

1. 尸检应在具备一定条件的医学院校病理解剖教研室或医院病理科由病理医师进行。
2. 尸检一般由临床医师根据需要提出，征得死者家属或所在单位同意方可进行。病理科在收到手续完备的尸体解剖申请单、死亡证明书、死者家属或所在单位同意尸检的签字后再进行尸检。申请单由临床医师填写，其中包括病史摘要、临床诊断和临床诊治经过等详细的临床资料，以供解剖、分析死因和书写尸检报告参考。对因确有法律问题、防疫问题或科研需要的尸体也应经组织程序批准后进行解剖。尸检一般在患者死亡后尽早进行，否则会因死后组织自溶或腐败而造成检查、诊断困难。
3. 解剖之前，解剖者一定要详细研读死者的临床病历、临床经过及临床诊断，以便确定解剖和观察的重点，做到心中有数，目的明确。
4. 尸体解剖室应具备必要的解剖器械和消毒设备，应有解剖台及充足的给水和下水设备，并有对污物和污水进行必要消毒的处理设备。

三、尸检的方法和步骤

尸体解剖应在保持尸容完好的原则下，最大限度地将各部器官和病变显现出来。

（一）体表检查

测量体重、身长，观察发育和营养状态，检查皮肤的色泽，有无皮疹、瘀点、瘀斑、发绀、出血点，有无黄疸、色素沉着及水肿，有无外伤及其他病变。注意尸体的死后现象，包括尸冷、尸僵、尸斑、角膜浑浊及尸体腐败现象。头皮有无血肿、肿块等；两瞳孔是否等大，直径大小，结膜有无充血、出血，巩膜有无黄染，眼睑有无水肿；耳、鼻、口腔有无分泌物，牙齿有无脱落，注意口腔黏膜颜色；腮腺、甲状腺及颈部淋巴结有无肿大；胸廓平坦或隆起，左右是否对称，腋窝淋巴结是否肿大；腹部是否膨隆，有无皮下静脉怒张充盈；背部及骶部有无褥疮；外生殖器有无异常；腹股沟淋巴结是否肿大；四肢有无损伤和瘢痕，体表有无畸形等。

（二）体内各器官取出方法和检查

胸腹腔的切开方法常用直线切开法或"T"形切开法。直线切口上起甲状软骨下缘，经胸骨向左绕过脐，直到耻骨联合。做"T"形切口时，其横线起自左（右）肩峰，沿锁骨直到右（左）肩峰，直线起自胸骨柄，绕过脐的左侧，止于耻骨联合。

切开皮肤前，在尸体肩胛骨下垫一木枕，使尸体头部后仰，颈部伸展，胸部凸起，以利于皮肤的切口。切开皮肤时，解剖者站在尸体的右侧，右手执皮肤刀，左手按于尸体的下颌处，固定头部。纵行切开皮肤尽可能一刀完成，在颈部应切开皮肤及皮下组织，在胸部则切开全部软组织直至于骨，不可刺破胸壁，在腹部则仅切开皮肤及皮下疏松结缔组织，在剑突下方切开腹腔，注意勿伤及腹腔内脏器。

1. 胸腔的检查　检查有无气胸，可将胸部皮肤提起做成袋装，袋内灌注水后，在水中自肋间刺破胸壁，如有气胸，即见有气泡从水中溢出。然后切开胸廓，用软骨刀沿肋软骨外缘切断，自胸骨下缘将胸骨和肋软骨掀起，观察有无胸腔积液及出血，注意数量及性状。将两侧胸锁关节离断，再剪断第一肋骨，取走胸骨即可暴露胸腔。注意心、肺的位置及彼此间的关系。观察胸膜有无光泽，胸膜与胸壁有无粘连。剪开心包观察有无心包积液。

2. 腹腔的检查　注意腹膜表面性状、光泽，有无渗出物附着等，大网膜及各脏器的位置是否正常。肝是否肿大，其下缘是否超过肋缘，超过多少厘米。脾是否肿大，在肋缘下何处。胃肠有无胀气及穿孔，颜色是否正常，检查肠系膜，注意其淋巴结是否肿大。各器官间有无粘连，有无腹水，注意数量及性状。测定膈肌的高度，一般以锁骨中线为准，正常时，右侧最高点位于第 4 肋，左侧达第 5 肋。

3. 脏器的检查方法　胸、腹腔切开检查完毕后，将各内脏依次取出，于体外逐一进行详细检查。

(1) 循环系统：将髂动脉、腹主动脉、胸主动脉、颈动脉沿正中线切开，注意内膜是否光滑，有无斑块、破溃、血栓，有无局部膨出形成动脉瘤，动脉开口有无狭窄。

1) 心脏：测量心脏体积、重量，注意形状，心外膜是否光滑，冠状动脉平直或屈曲。剪开心脏的步骤沿血流方向进行，先从下腔静脉口向上切至上腔静脉口，然后转至右心耳，剖开右心房；由三尖瓣瓣膜口开始，循右心室右缘剖开右心室，直至近心尖处；再由该切口之末端向上，沿室间隔右心室侧剪至肺动脉，展示右心室。左心的剖开方法与右心相似，从左右肺静脉口间剪开左心房，沿心左缘通过二尖瓣瓣膜口剖开左心室至心尖部，再自心尖部至主动脉瓣间，与冠状动脉前降支平行（距此动脉约 1cm）剖开左心室；至此各房室腔均已打开，清除血液及凝血块，测量左右心室壁的厚度（右心室 0.2～0.3cm，左心室 0.9～1.2cm），观察心腔有无扩张，肺动脉内有无栓子，心内膜是否光滑，有无附壁血栓，观察心室壁有无瘢痕和梗死灶。详细检查二尖瓣、三尖瓣、主动脉瓣及肺动脉瓣，注意瓣膜是否光滑，各瓣膜有无增厚、粘连、缩短或缺损，有无赘生物，测量瓣口周径。注意心脏有无先天畸形。

2) 冠状动脉：用剪刀自左冠状动脉口，剪开左前降支和左旋支；右冠状动脉自主动脉根部的右侧，剪开右冠状动脉主干，再剪开远侧分支及后降支，每隔 1～2cm 可做多个横切面检查。注意有无粥样硬化斑块及血栓。

(2) 肺：于两肺门处切断支气管及血管取出肺。剪开支气管，注意支气管黏膜有无水肿、充血、出血等，有无异常内容物及分泌物。检查胸膜表面是否光滑，有无渗出物，触摸各肺叶有无实变病灶及肿块。分别测量体积及重量。沿肺的长轴，自肺侧缘凸面对准肺门水平切开，观察切面颜色，有无病灶。然后剪开各支气管，并检查肺门淋巴结。

(3) 胃肠：将大网膜与横结肠的连接处横行剪开，显出小网膜囊，暴露胃幽门及十二指肠。自贲门沿大弯侧剪开胃十二指肠，注意食管下段及贲门有无静脉曲张，观察胃内容物的性状，黏膜有无出血、糜烂、溃疡、穿孔及肿物。暴露十二指肠乳头，压迫胆囊，观察是否有胆汁流出，以此检查胆道是否通畅。用肠剪自十二指肠沿肠系膜对侧依次剖开空肠、回肠及结肠，注意有无寄生虫，小肠黏膜有无充血出血、糜烂及溃疡，集合、孤立淋巴小结有无肿大，结肠壁有无增厚，肠腔有无狭窄，肠黏膜有无出血、溃疡、假膜及肿物。

(4) 肝：检查胆总管及胆囊内有无结石及寄生虫。肝自肝门处离断，称重并测量体积。观察表面是否光滑，间隔 1～2cm 做多个切面，注意观察色泽、小叶结构及汇管区结缔组织是否增生，注意有无囊肿及肿块。

(5) 胰腺：显示小网膜囊，向胰尾部、胰头部延伸，观察胰管和胆总管汇合情况，胰管有无扩张及结石，将胰腺做多个切面，观察小叶结构是否存在，有无出血、坏死及肿物。

(6) 脾：切断脾门部血管取出脾，先测重量及体积，再以脾之最凸处向脾门做一切面。

然后可依次做数个平行切面。观察切面有无脾小体、梗死灶等。

（7）肾上腺：从左肾背面剥离肾上极脂肪组织，即可找到左肾上腺，右肾上腺位于右肾上极与肝之间的脂肪组织内。肾上腺分别称重，然后做多个切面观察皮髓质结构是否清楚，有无出血及肿物。

（8）泌尿系统：剥离肾周脂肪组织及被膜暴露肾，注意被膜与肾表面有无粘连，观察肾的颜色，有无瘢痕及颗粒；沿肾外侧缘切开肾直达肾盂，并剪开输尿管，切面注意皮质有无增厚或变薄，皮、髓质分界是否清楚，皮、髓质纹理是否清楚，肾盂是否扩张，有无变形及结石。输尿管有无扩张及结石。膀胱黏膜是否光滑，有无糜烂、出血及肿物。

（9）生殖系统：男性，扩大腹股沟管内口，挤压阴囊，即可将睾丸和附睾一同取出，沿睾丸长径从附睾对侧剖开，并用镊子牵拉曲细精管，观察曲细精管有无异常。女性则将子宫与膀胱、直肠分离，尿道、阴道一齐切断，取出子宫及双附件。阴道宜自前壁剖开，并向上剖开子宫颈直达子宫体，再以此切口向上、向两侧剖开宫腔直至输卵管口。注意子宫颈有无糜烂及肿物，子宫内膜的厚度，子宫壁有无肿瘤，输卵管有无扩张、粘连。卵巢可顺其长径自凸缘向卵巢门方向剖开，观察有无囊肿、出血及肿瘤。

（10）颈部器官：将木枕置于尸体背部，使头部尽量后仰，将颈部刀口延至颏下，然后将软骨刀在下颌角内侧向上刺入，并沿骨之内缘逐渐向前切断口底组织，一直绕至对侧该处，然后可将左手二、三指自切离处插入口腔将舌牵出，用刀伸入悬雍垂之上部，将其自后鼻腔骨壁分离，在两侧沿扁桃体外侧向下切开，并将咽、咽后壁软组织与脊柱剥离切断颈部血管，向下直抵胸腔，最后连同食管及气管一同取出。检查甲状腺可做纵形剖面，观察有无肿大及结节。

（11）脑：首先检查头皮有无外伤，然后自一侧乳突，经颅顶向另一侧乳突做一切线，皮肤切开后，用力将头皮分别向前、后翻转，同时剥离皮下之软组织及骨膜，待其他组织清除干净，颅骨上仅留颞肌及其肌膜时，将颞肌切开，钝性分离颞肌及肌膜，暴露颅骨，然后将颅骨横行锯开，锯线在额部平行于眶上缘1~2cm，向两侧延伸，经颞肌断口处，汇合于枕骨粗隆处。将硬脑膜与骨分开并将硬脑膜之四周剪断，将颅骨移去。先将嗅神经、视神经、颈内动脉、垂体柄剪断，然后依次剪断Ⅲ~Ⅷ对脑神经，向两侧剪开小脑幕，并剪断其余脑神经，最后在枕骨大孔处离断脊髓，将脑取出。用手术刀将垂体与周围组织分离，取出垂体。

首先称重，再观察软脑膜有无充血，蛛网膜下隙有无出血及渗出物，双侧大脑半球是否对称，脑沟有无变浅或变宽，脑回有无变窄或扁平，脑底动脉有无硬化。脑的检查一般在标本固定一周后进行。

4. 标本取材　在切取检查各脏器的同时，切取小块组织固定于10%中性福尔马林液，组织块的厚度不宜超过0.5cm，以备制作切片。取材的原则既要全面，又要有侧重点，即所有脏器都要全面检查取材，对主要病变部位要取材。

5. 尸体的处理　解剖检查完之后，要去尽体腔内的积液，回纳不需保留的所有脏器，用适当的充填物填充体腔，缝合体表皮肤切口，拭净体表血迹，穿好衣服，交家属或单位处理。

四、尸体解剖的记录及病理诊断报告

（一）尸体解剖记录

尸体解剖记录包括尸检申请单、家属或单位负责人同意尸检的签字、临床病史摘要及临床诊断、死者的一般情况（包括姓名、年龄、职业、籍贯、送检单位、住院号、发病日期、死亡日期、剖检日期、临床诊断等）、常规体表检查所见、各系统器官肉眼检查所见、显微镜检查及特殊病理检查、病理诊断、临床病理讨论等。

(二) 尸体解剖病理诊断报告的书写

尸体解剖病理诊断报告应包括以下内容：①病理诊断，包括主要疾病、继发疾病和伴发疾病；②死亡原因；③讨论。

1. 主要疾病　是指直接导致死亡的疾病，或合并可导致死亡的疾病。
2. 继发疾病　是指与主要疾病有密切联系的疾病，可以构成主要致死原因。
3. 伴发疾病　是指在发生上与主要疾病无关联的疾病。

(三) 举例

例一，尸检号：A2009021，姓名：XXX，男，57岁。

（主要疾病）

高血压病（心脏重320g，左心室壁厚1.8cm，左心室腔缩小）；

（继发疾病）

主动脉粥样硬化，冠状动脉粥样硬化性心脏病；

左冠状动脉前降支血栓形成；

左心室前壁、室间隔前2/3透壁性心肌梗死；

左心室向心性肥大；

原发性颗粒性固缩肾；

（伴发疾病）

胆囊结石；

糖尿病（临床）。

例二，尸检号：A2008016，姓名：xxx，男，45岁。

（主要疾病）

重度慢性肝炎；

（继发疾病）

门脉性肝硬化；

食管下段静脉曲张、破裂出血；

脾淤血性肿大（重835g）；

黄疸；

腹水（约2200ml）；

（伴发疾病）

左肺尖局灶性结核。

最终病理诊断完成后，对每例尸检应进行总结和讨论；包括答复临床医师在尸检前提出的问题，指出本病例特点，分析所患疾病的发展过程和结局，以及所患疾病间的相互关系，对死亡原因做必要的解释。对较复杂的病例、特殊或少见病例，可以和临床医师共同举行临床病理讨论会。

（田　东）

第三节 显微镜

显微镜是用于观察有机体微细结构的精密光学仪器,一般可分为光学显微镜和电子显微镜。另外,还有另一类新型显微镜——扫描探针显微镜。

一、光学显微镜技术

光学显微镜有多种类型,常用的有普通光学显微镜、荧光显微镜、激光共聚焦显微镜、相差显微镜等。

(一) 普通光学显微镜

普通光学显微镜(light microscope,LM)简称光镜,是形态实验学最常用的仪器,光镜采用可见光作为光源,分辨率为 $0.2\mu m$,最放大倍数为 1000 倍,其他几种显微镜都是在此基础上发展起来的。现将普通光镜的结构和使用方法介绍如下:

1. 光镜的结构　由机械部分和光学部分构成。

(1) 光学部分:包括目镜、物镜、聚光器和光源等。

①目镜安装在镜筒的上端,刻有放大倍数,如:10×指放大倍数为 10 倍,20×指放大倍数为 20 倍等。②物镜安装于转换器上,通常每台显微镜配备一套不同倍数的物镜,包括解剖镜(4×)、低倍镜(10×)、高倍镜(40×)和油镜(100×)。其中油镜使用时需在物镜的下表面和盖玻片的上表面之间填充折射率为 1.5 左右的液体(如香柏油等),它能显著地提高显微观察的分辨率,其他物镜则直接使用。观察过程中物镜的选择一般遵循由低到高的顺序,因为低倍镜的视野大,便于查找待检组织的具体结构。显微镜的放大倍数,可粗略视为目镜放大倍数与物镜放大倍数的乘积。③聚光器由聚光透镜和光圈组成,位于载物台下方。聚光透镜的功能是将光线聚焦于视场范围内;聚光透镜下方的光圈可开大缩小,以控制聚光器的通光范围,调节光的强度,影响成像的分辨力和反差,使用时应根据观察目的,配合光源强度加以调节,得到最佳成像效果。④普通光学显微镜通常借助镜座上的反光镜,将自然光或灯光反射到聚光器透镜的中央作为镜检光源。反光镜是由一面为平面和一面为凹面的镜子组成。需要光线较强时用凹面镜,凹面镜能起会聚光线的作用;需要光线较弱时,一般都用平面镜。

(2) 机械部分:包括镜座、镜柱、镜臂、镜筒、物镜转换器、载物台和准焦螺旋等。

①镜座为基座部分,用于支持整台显微镜的平稳。②镜柱为镜座与镜臂之间的直立短柱,起连接和支持作用。③镜臂为显微镜后方的弓形部分,是移动显微镜时握持的部位。④镜筒是安装在镜臂前端的圆筒状结构,上连目镜,下连接物镜转换器。显微镜的国际标准筒长为 160mm。⑤物镜转换器是镜筒下端的可自由旋转的圆盘,用于安装物镜。观察时通过转动转换器来调换不同倍数的物镜。⑥载物台为镜筒下方的平台,中央有一圆形的通光孔,用于放置载玻片。载物台上装有固定标本的弹簧夹,一侧有推进器,可移动标本的位置。有些推动器上还附有刻度,可直接计算标本移动的距离以及确定标本的位置。⑦准焦螺旋是装在镜柱上的大小两种螺旋,转动时可使载物台上下移动,从而调节成像系统的焦距,大的为粗准焦螺旋,小的为细准焦螺旋。一般在低倍镜下观察物体时,以粗准焦螺旋迅速调节物像,在此基础上或使用高倍镜时,用细准焦螺旋微调。

2. 光镜的使用方法

(1) 观察前的准备：①显微镜是光学精密仪器，在使用时要特别小心，使用前要熟悉显微镜的结构和性能，检查各部分的零件是否完好无损；镜身有无灰尘，镜头是否清洁，做好必要的清洁和调整工作；室内应清洁而干燥，实验台台面水平，稳固无震动，显微镜附近不应放置腐蚀性的试剂；②从显微镜柜或镜箱内取出显微镜时，要用右手紧握镜臂，左手托住镜座，平稳地取出，放置在实验台上，距实验台边缘约10cm，镜臂朝自己，镜筒朝前；单目显微镜要放于身体左前方，双目显微镜要放于身体正前方；绘图或记录时，实验台右侧放绘图用具，一般用左眼观察，右眼绘图，两眼须同时睁开，以减少疲劳；③对光：将低倍物镜旋至镜筒下方，上升聚光器，使之与载物台表面同样高，否则使用油镜时光线较暗；左眼（或双目）看目镜，调节反光镜镜面角度对光，使全视野内有均匀的明亮度；光线强度可通过扩大或缩小光圈、升降聚光器调节；应避免直射光源，因直射光源影响物像的清晰，损坏光源装置和镜头，并刺激眼睛。使用双筒目镜，应在观察前先调整双筒距离，使两眼视场合并。

(2) 低倍镜观察：①观察切片标本时，要严格遵守先低倍镜（10×）后高倍镜（40×）的顺序观察原则；因为低倍镜视野较大，易发现目标和确定检查的位置；②低倍镜观察时，首先是要正确放置切片；先辨认切片的反正面，有盖玻片一面为正面，放置时朝上，否则，不能观察到清楚的图像，并容易压碎玻片；将切片置于载物台上，并用切片夹持器夹住切片，然后调节推进器使标本部位处于物镜的正下方；转动粗准焦螺旋，下降物镜或上升载物台使物镜至标本0.5cm处；③左眼（或双目）看目镜，同时转动粗准焦螺旋缓慢降低载物台，当在视野内出现物象后，改用细准焦螺旋，上下微微转动，直至视野内获得清晰的物像；然后利用推进器移动标本认真观察各部位，确定需进一步要观察的部位，并将其移到视野中央，准备用高倍镜观察。

(3) 高倍镜观察：将高倍镜转正至正下方，转换时需用眼睛在侧面观察，避免镜头与玻片相撞。然后由目镜观察，再仔细调节光圈和聚光镜，使光线的明亮度适宜，同时再仔细正反两方向微转动细准焦螺旋，直至获得清晰的物像为止。应注意的是，在观察过程中，观察者应始终用一只手调节推进器手轮移动标本，另一只手旋转细准焦螺旋调节图像的清晰度。需进一步要观察的部位移视野中央，准备用油镜观察。

(4) 油镜观察：并非所有的实验都用到油镜，只有在必要时才使用。油镜的工作距离（指物镜前透镜的表面到被检物体之间的距离）很短，一般在0.2mm以内，因此使用油浸物镜时，调焦速度必须放慢，避免压碎玻片，并使物镜受损。油镜使用步骤如下：①在低倍镜下找到观察目标，中、高倍镜下逐步放大，将待观察部位置于视野中央；②转动粗准焦螺旋，将载物台下降约2cm，加一小滴香柏油于切片标本的镜检部位上；将油镜转正至正下方，并调节光源和光圈，使通过聚光器的光亮达到最大；③将粗准焦螺旋缓缓转回（上升载物台），同时注意从侧面观察，直至油镜浸入油滴，镜头几乎与标本接触；从目镜中观察，用细准焦螺旋微调，直至物像清晰；④镜检结束后，将镜头旋离玻片，立即清洁镜头；一般先用擦镜纸去镜头上的香柏油滴；再用擦镜纸蘸少许二甲苯，擦去残留油迹；最后再用干净的擦镜纸擦净（注意向一个方向擦拭）。

(5) 注意事项：①持镜时必须是右手握臂、左手托座的姿势，不可单手提取，以免零件脱落或碰撞到其他地方；②轻拿轻放，不可把显微镜放置在实验台的边缘，以免碰翻落地；③保持显微镜的清洁，光学和照明部分只能用擦镜纸擦拭，切忌口吹手抹或用布擦，机械部分用布擦拭；④放置玻片标本时要对准通光孔中央，且不能反放玻片，防止压坏玻片或碰坏物镜；⑤不得随意取下目镜，以防止尘土落入物镜，也不得任意拆卸各种零件，以防损坏；⑥实验过程中若发现显微镜操作不灵活或有损坏，不要擅自拆卸修理，应立即报告指导教师处理；⑦使用完毕后，检查显微镜工作状态良好后，将显微镜放回原处。

（二）荧光显微镜

荧光显微镜（fluorescent microscope）是通过观测组织细胞内的荧光物质发射的荧光，进行定性和定量研究的一种光学显微镜。细胞内的荧光物质有两类，一类直接经紫外线（激发光）照射后即可发荧光，如叶绿素等；另有一些物质本身不具有这一性质，但如果以特定的荧光染料或荧光抗体染色，经紫外线照射后亦可发荧光。

荧光显微镜的原理为利用一个高发光效率的点光源（如超高压汞灯），经过滤色系统发出一定波长的光（如紫外光 3650λ 或紫蓝光 4200λ）作为激发光，激发标本内的荧光物质发射出各色的荧光后，再通过物镜后面的阻断（或压制）滤光片的过滤，最后经由目镜的放大作用加以观察。阻断滤光片的作用有二：①吸收和阻挡激发光进入目镜以免干扰荧光和损伤眼睛；②选择并让特定的荧光透过，表现出专一的荧光色彩。

荧光显微镜技术包括显示组织细胞的自发荧光法、荧光染色法和免疫荧光组织化学法。

（三）相差显微镜

光的本质是一种电磁波，波长决定光的颜色，而振幅决定光的明暗度。活的组织细胞大多无色透明，在普通显微镜下不能看清其微细结构，是由于光通过这种组织细胞时，光的波长和振幅没有发生显著变化。相差显微镜（phase contrast microscope）是能将光通过物体时产生的相位差（或光程差）转变为振幅（光强度）变化的显微镜，主要用于观察活细胞、不染色的组织切片或缺少反差的染色标本。相差显微镜基本把透过标本的可见光的光程差变成振幅差，从而提高了各种结构间的对比度，使各种结构变得清晰可见。因此，相差显微镜常用于体外培养的活细胞的观察研究。相差显微镜与倒置显微镜相结合形成倒置相差显微镜，常用于观察体外培养细胞。

（四）激光扫描共聚焦显微镜

随着计算机技术和光电技术的发展，20世纪80年代后期诞生了激光扫描共聚焦显微镜（laser scanning confocal microscope，LSCM），使现代显微镜有能力研究和分析细胞在变化过程中的结构，特别是对活细胞离子含量变化的定量检测、完整细胞的三维立体结构图像重建等方面，是传统的光学和电子显微镜所望尘莫及的。

1. LSCM 基本原理　LSCM 是将光学显微镜技术、激光扫描技术和计算机图像处理技术结合在一起的高科技设备，主要有激光器、扫描头、显微镜和计算机四大部件，包括数据采集、处理、转换及相应应用软件，以及图像输出设备和光学装置（如光学滤片、分光器、共聚焦针孔及相应的控制系统）。

主要系统组成有：激光源、共聚焦显微镜（包括光学显微镜、物镜前和探测器前针孔）、探测器（光电倍增管 PMT）、计算机以及图像输出设备（显示器、彩色打印机）。LSCM 采用自动化控制。

传统的光学显微镜使用的是场光源，由于光散射作用，样品位于焦平面外的反射光，也可通过物镜而成像，使图像的信噪比降低，影响了图像的清晰度和分辨率。而 LSCM 采用激光束作光源，激光束经照明针孔，经由分光镜反射至物镜，并聚焦于样品上，对标本内焦平面上的每一点进行扫描。然后，激发出的荧光经原来入射光路直接反向回到分光镜，通过探测针孔时先聚焦，聚焦后的光被光电倍增管探测收集，并将信号输送到计算机，在彩色显示器上显示图像。在这光路中，只有在焦平面上的光才能穿过探测针孔，焦平面以外区域射来的光线在检测小孔平面是离焦的，不能通过小孔。由于照明针孔与探测针孔相对于物镜焦平面是共轭的，焦平面上的点同时聚焦于照明针孔和发射针孔，焦平面以外的点不会在探测针孔处成像，即共聚焦。以激光做光源并对样品进行扫描，在此过程中两次聚焦，故称为激光扫描共聚焦显微镜。

2. LSCM 在医学生物学上的应用　LSCM 的高灵敏度、高分辨率、高放大倍数，提供了光学显微镜无法显示的结构，使我们可以在亚细胞水平进行动态实验，检测细胞内物质和离子通道的变化，观察细胞在生理、病理和药理情况下对外界因素所产生的快速反应，进行定性、定量、定时和定位的分析测量。最常用的功能包括①图像分析功能：可以对活的或固定的细胞和组织做无损伤的系列光学切片，得到多断面的二维图像，然后进行三维重建；②细胞内离子浓度变化动态测定：细胞内离子荧光标记，单标记、双标记或三标记，甚至多重标记，来检测细胞内 pH 和钠、钾、钙、镁等离子浓度的比率及其动态变化；③黏附细胞的分选：黏附于培养皿的细胞无法利用流式细胞仪检测，LSCM 则能够对其分选；④激光细胞显微镜外科及光陷阱技术：利用激光可以完成细胞膜瞬间穿孔、细胞器烧灼、神经元突起切割等细胞外科手术。光陷阱技术是利用激光将细胞器等微小结构钳制于激光束的焦平面，便于对其移动、融合、测量。

二、电子显微镜技术

电子显微镜（electron microscope）简称电镜。和光镜相比较，是用电子束代替可见光，电磁透镜代替光学透镜，并成像于荧光屏上（或摄成照片），用来观察研究机体超微结构的方法。常用的有透射电子显微镜（简称透射电镜）和扫描电子显微镜（简称扫描电镜）。

1. 透射电镜　透射电镜（transmission electron microscope，TEM）是用电子束透过样品，经过聚焦和放大后成像，投射于荧光屏或照相底片上进行样品观察。由于电子射线的穿透能力比较低，电镜又具有很高的分辨率和放大率，因此，电镜标本厚度要求为 $0.03\sim0.05\mu m$，叫做超薄切片，以获得高分辨的超微结构图像。超薄切片制作过程与石蜡切片的步骤有相似之处，但要求更为严格，固定剂、包埋剂和切片的制作过程有较大区别。实验动物处死后数分钟即要完成取材并进行固定，组织块要小。常规固定使用戊二醛-锇酸双重固定，经脱水后，树脂包埋，进行超薄切片。染色方法则采用醋酸铀和柠檬酸铅双重电子染色。染色后，结合重金属多的组织结构，电子束较多被反方向散射，而投射到荧光屏电子少，照片上呈黑色，为电子密度高；反之，则呈现电子密度低。

2. 扫描电镜　扫描电镜（scanning electron microscope，SEM）的成像方式与透射电镜不同，它是一束极细的电子束对样品表面扫描，即电子束在样品上做光栅运动，电子束与样品相互作用，使样品产生二次电子，二次电子被探测器收集，形成电信号并成像于荧光屏进行观察。这个像是在样品被扫描时按时序建立起来的，即用逐点成像的方法获得放大的像。

扫描电镜可以用来观察培养细胞及其表面的立体结构，如细胞形状、微绒毛和纤毛等，无需进行超薄切片。但进行扫描电镜观察前，必须对生物样品做相应的处理，主要包括表面清洁、固定、漂洗、脱水和样品表面导电处理（如真空镀膜法）等过程。

3. 冰冻蚀刻　冰冻蚀刻（freeze etching），也称冷冻复型（freeze replica）或冷冻切断（freeze fracture），是研究生物膜结构的重要方法之一。其主要步骤首先是将样品在液氮中冷冻，然后放到真空喷镀仪中切断，切断后的断面上有细胞器。再升高温度使冰升华，将水分蒸发，把细胞器的膜结构暴露出来，这一步骤就称为冷冻蚀刻。如不进行蚀刻就称为冷冻切断。向暴露的膜结构上喷镀一层铂，再喷镀碳加固。这样就在切断的样品表面形成一层复型膜。在此复型膜上印下了细胞切面的立体结构。从真空中取出样品，把复型膜下面的组织腐蚀掉，再把复型膜捞在铜网上，在透射电镜下观察复型膜。

三、扫描探针显微术

1. 扫描隧道显微镜　尽管有了电镜，但对微观世界的认识还远远不够，还需要认识更深层次的细微结构。1985年IBM公司基于量子隧道效应和扫描的基本原理研究出了一种新型显微镜——扫描隧道显微镜（scanning tunneling microscope，STM）。它是用一个具有极细的尖端（0.2nm）探针去扫描样品表面，由于探针和样品两者靠得很近（<1nm），针尖头部原子和样品表面原子的电子云发生重叠，当在针尖和样品之间加上一个小电压时，便会形成微小的隧道电流。记录这一隧道电流的变化，经计算机处理，绘制成图像，就探出了标本表面的原子结构图像。

STM由于具有原子级的空间分辨率和广泛的适用性，在生物医学领域被应用于分子结构的观察。目前应用STM不仅能够描绘出氨基酸分子中碳、氢原子的关系，而且已经直接观察到DNA链双螺旋结构。STM的广泛应用，使得对机体的认识达到了原子水平。

2. 原子间力显微镜　基于量子的隧道效应，STM工作时要监测探针和样品之间隧道电流，因此只限于直接观测导体或半导体的表面结构。并且，当表面存在非单一电子态时，STM得到的只是表面形貌和表面电子性质的综合结果。为了弥补STM的不足，人们发明了原子间力显微镜（atomic force microscope，AFM）。它的结构和扫描隧道显微镜相似，只是针尖和样品表面之间不靠隧道电流，而是利用两者间的原子间力来推动探针在样品表面扫描。由于不需要在探针与样品间形成电回路，突破了样品导电性的限制，因而有更加广泛的应用领域。

3. 扫描探针显微镜　随着STM和AFM新型显微仪器的诞生，使人类能够实时地观测到原子在物质表面的排列状态和与表面电子行为有关的物理化学性质，对表面科学、材料科学、生命科学以及微电子技术的研究有着重大意义和重要应用价值。同时，与其获得广泛应用相同步，STM仪器本身及其相关仪器也获得了蓬勃发展，相继诞生了一系列在工作模式、组成结构及主要性能与STM相似的显微仪器，用来获取用STM无法获取的有关表面结构的各种信息。这个显微仪器家族被称为扫描探针显微镜（scanning probe microscope，SPM）。

（刘同慎）

第二章　形态学实验技术

正常机体组织或者细胞结构的观察研究，以及在病理状态下对组织细胞形态变化进行观察，进而对疾病做出病理诊断，都要依赖于传统的组织学和病理学切片和染色技术来完成。近年来，随着现代医学的发展，传统的组织学和病理学技术与分子生物学、生物化学、免疫学、实验动物学等学科相交叉，形成了新的形态学实验技术和检测方法，如组织芯片技术、免疫组织（细胞）化学技术、荧光原位杂交技术（FISH）、图像定量分析技术等。拓宽了形态实验学的研究范围，提高了应用价值。

第一节　形态实验学制片技术

制片技术是形态实验学的基本技术，制片方法可以分为切片法和非切片法。切片法根据支持物的不同，分为石蜡切片法、冰冻切片法、火棉胶切片法等，非切片法根据目标组织的性状可以选择涂片法、铺片法、磨片法、整装片等。这些方法广泛应用于组织学和病理学教学实验中。

实验一　组织的取材和固定

一、实验目的

1. 掌握组织取材的要求和方法。
2. 掌握常用的组织固定方法和要求。

二、实验原理

1. 取材　形态实验学的材料来源多为临床手术标本和实验动物。
2. 固定　组织浸入某些化学试剂（固定剂）配制的固定液，使组织细胞组成成分和代谢产物（如蛋白质、脂及脂蛋白、脂肪、糖类、色素、微生物等）沉淀或凝固，保持组织细胞与生活时相似的形态结构和抗原性，防止组织发生自溶和腐败，并在制片过程中不被其他试剂溶解破坏。

三、实验器材

1. 实验器械　动物固定器和动物捆扎用绳，手术器械（手术刀柄和刀片、解剖镊子、手术剪子、止血钳等），纱布，注射器，称量组织器官的天平，盛放组织的广口瓶，铅笔，记录本等。
2. 实验试剂　麻醉剂，冲洗组织血污用生理盐水，足量固定液。
3. 废物存放　用标志明显的黄色垃圾袋存放动物尸体和废弃器官，用锐器盒存放废弃针头、注射器和刀片等。

四、实验方法

取材和固定是形态学实验过程中的两个连续步骤，根据实验目的和要求，可以先进行取材，然后固定，也可以对器官或者动物进行灌注固定后再取材。

1. 取材的方法和要求

（1）所取组织材料必须新鲜：按要求切取后，立刻投入固定液进行固定。

（2）熟悉要取材器官的解剖部位和结构：切取的组织块应具有该器官的主要结构，如切取肾组织块应该包括皮质和髓质；病理组织切取部位必须是主要病变区，包括病灶与正常组织的交界区，必要时取远离病灶的正常组织做对照。

（3）夹持组织时避免使用有齿镊：切取组织块用的刀、剪要锋利；在操作过程中，动作要轻柔迅速，避免挤压组织。留取组织块的大小在满足实验要求的情况下，力求小而薄的片状，一般厚 0.2~0.3cm；软的活体组织可以适当加厚，经稍微固定硬化后再做修切；对于冰冻切片，组织块略厚，可达 0.3~0.4cm；对于微量标本和易碎标本，为避免破损或丢失，应该先用固定液浸湿的纱布包裹后浸润固定；对于一些柔嫩或薄的组织，如小鼠胃、肠系膜等，应先平摊于硬纸板或者塑料板上，并用大头针于边缘固定后，再投入到固定剂中，等固定硬化后再行修切；对于神经、肌肉等组织可将其两端用线扎在木片或硬纸片上固定，可防止产生收缩现象；对于含气而浮于液体表面的组织如肺，可缚以重物使其下沉；组织块上如有血液、污物、黏液、食物、粪便等，先用生理盐水冲洗，然后再投入固定液。

2. 固定

（1）固定液的配制和选择：由单一化学试剂组成的固定液为单纯固定液，常用的有甲醛或多聚甲醛、乙醇、甲醇、丙酮等；由两种或者两种以上化学试剂组成的称为复合固定液，常用的有乙醇-甲醛液（AF液）、Bouin 固定液、Carnoy 固定液等。各种固定液性能和作用都不尽相同，应用时应该根据实验目的和要求去选择适当的固定液。选择应用原则是，固定液能将实验要求观察的组织或细胞成分给予充分固定并且原位保存，不发生弥散；固定液渗透性强，能迅速渗入组织；被固定组织不发生或者少发生显著的收缩和膨胀现象。

（2）常用的固定方法：

1）浸泡固定法：组织固定的常用方法，是将切取的新鲜组织块立刻投入固定液内进行浸泡使组织得到固定。方法是首先选择大口的标本固定瓶，以方便标本轻松放取，不至于造成组织人为挤压；倒入预先配制好的固定液，量以预计将要盛放标本体积的 15~20 倍为宜；将按要求切取的组织块投入到固定剂中，并轻轻震荡，使标本最好悬浮于固定液之中，谨防组织漂浮、沉底或者贴壁，以及组织块间相互重叠而影响固定液渗透，切忌先放标本块入容器后再注入固定液；密闭标本瓶，以防固定液挥发以及对实验者的危害；在容器上，贴上标签，并标记实验标本的基本信息：课题号（名称）、实验组别、实验动物编号、组织（器官）名称和数量、固定液种类、实验日期等；固定时间应根据固定液和组织类型而定，期间最好更换一次新鲜固定液。

2）局部灌注固定法：比如，肺由于含气丰富，在进行浸泡固定时会浮出固定液液面以上，固定液不易渗透，故肺的固定可以应用从气管或大支气管注入固定液的局部灌注固定法，固定效果较好。操作时，注入速度要均匀，不宜太快，以免肺泡破裂；眼球则可从眼后方注入固定液；肝、肾等器官则可从肝动脉或门静脉、肾动脉首先注入温生理盐水液，同时切断相应的静脉以便血液排出，再用同样的途径和方式灌注固定液，与此类似，脑的固定，须在动物麻醉状态下，经由颈动脉灌注操作。

3）通过心脏的全身灌注固定法：大鼠和小鼠类小动物可以应用本方法。在麻醉情况下，打开胸腔，纵向切开心包膜，在升主动脉下穿一手术线，并绕其打一松结。选用适当型号针头，从左心室向主动脉方向刺入升主动脉，随即用预先留置的手术线松解结扎并固定，再剪开右心耳放血。一般先用适量的生理盐水徐徐注入或滴入血管中洗涤，待流出的液体不见血液时，再将固定液注入，直至动物全身僵硬。

4）通过大动脉的全身灌注固定法：较大动物如兔、猫、狗、猴及整个人体，往往采用该方法。将固定液从一侧颈总动脉或股动脉输入，同时将另一侧静脉切开放血，即输入固定液与放血同时进行。固定液的输入量因个体不同而异，兔、猫为 500～1000ml，猴、狗为 1000～2000ml。

无论采用何种灌注固定法，组织块切取应该在灌注完成至少 30min 后进行，然后组织块再进行浸泡固定。

3. **固定后冲洗** 组织经过固定后，残留在组织内的固定液可能会影响后续的组织制片和染色，因此，经过固定的组织在进入下一步程序之前，应该将组织内的固定液冲洗干净。冲洗方法：水溶性的固定剂，需用流水冲洗；以乙醇作为溶剂的固定剂，应用同浓度的乙醇浸洗；含苦味酸的固定剂，忌用水冲洗，以防组织膨胀，须用 70% 乙醇浸洗，以充分去除黄色的苦味酸。

五、作业与思考

1. 简述组织取材的要求。
2. 对组织进行固定时应该注意哪些问题？

（李 冰　刘同慎）

实验二　石蜡包埋法

一、实验目的

掌握石蜡包埋法的基本原理和操作步骤。

二、实验原理

经过取材、固定、水洗后的组织，进行石蜡包埋，基本步骤包括脱水、透明、浸蜡、包埋。作为组织支持物的石蜡不溶于水，而与有机溶剂二甲苯、苯、香柏油等透明剂相溶，因此，要想将石蜡浸入经过固定、冲水处理后的含水组织内，就必须使用乙醇、丙酮、正丁醇等脱水剂置换组织内的水分，然后再用透明剂置换出脱水剂，此过程分别为脱水和透明。随后，组织浸入熔化状态下的石蜡，将二甲苯用石蜡替换，为浸蜡。待石蜡浸入组织后，组织放入倒有包埋蜡的模具内，待石蜡冷却凝固成为组织石蜡包埋块，此过程为包埋。

三、实验器材

1. **实验器械**　溶蜡箱，包埋用镊子，包埋模具，酒精灯，组织脱水盒等。
2. **实验试剂**　软石蜡，硬石蜡，蜂蜡，50%～100% 浓度各级乙醇，二甲苯等。

四、实验方法

1. 乙醇脱水　乙醇是最常用的脱水剂，一般采用梯度浓度乙醇脱水法，基本原则是，组织从低浓度乙醇开始逐渐过渡到高浓度乙醇，以保证组织中的水分既能够完全脱净，又避免组织收缩过度变脆的缺陷发生。一般的脱水顺序是：70%乙醇、85%乙醇、95%乙醇Ⅰ和95%乙醇Ⅱ、无水乙醇Ⅰ和无水乙醇Ⅱ。

脱水时间应视组织种类、组织块大小和厚薄的不同而异。一般 0.3cm 厚的组织块，脱水全过程需要数小时即可达到完全脱水的目的。如脱钙骨组织、实质性脏器等的脱水过程宜短；而疏松结缔组织、脂肪组织等，脱水过程则宜适当延长，以便溶解掉脂肪；小动物和胚胎组织，应该从 30%乙醇开始。

如果组织脱水不够，随后的透明、浸蜡都会受到影响，最终会造成切片困难。脱水不够必然导致组织浸蜡不完全，不宜切出高质量的切片。质量较差的切片，在染色时容易脱片，最终影响观察。而且，含有一定水分的蜡块组织，暴露于空气后即干燥凹陷，不能长期保存。

为了保证脱水质量，乙醇脱水剂使用期限不宜太久，特别是高浓度级别的乙醇，当变黄、浑浊或滴于水中出现乳白色浑浊时，说明该乙醇中溶解了过量的脂类，将会影响脱水效果，则应及时更换。

2. 透明　二甲苯能与脱水剂乙醇、丙酮相混合，又是石蜡的溶剂，为最常用的一种透明剂，其透明能力强，作用迅速。但是，由于在透明过程中，二甲苯对组织的收缩硬化性强，易使组织收缩、变脆，因此，组织在二甲苯中透明时间不宜过长，具体时间应该根据室温和组织类型而定。例如：小动物组织材料必须严格控制时间；脑组织和有血块的组织，应该缩短在二甲苯内的留置时间；而一些肌肉组织和胃肠组织则应该稍延长透明时间，最好先浸入乙醇和透明剂等量混合液，再入两级纯二甲苯透明剂，待组织完全透明后进行浸蜡，一般需要半小时至 2h；脂肪组织由于其含有脂肪物质，看起来会较快达到透明度，但是这并不能说明组织中脱水剂已完全被透明剂取代，因为脂肪组织本身折光率与透明剂相近，所以应在透明剂中多浸一段时间，使脂肪物质尽可能为透明剂所溶解，才有利于石蜡的浸入。

3. 浸蜡　浸蜡需要在温箱内，使石蜡处于熔化状态下并分多级进行，以保证组织内的透明剂被逐步替换完全。常常以低熔点的软石蜡为第一级石蜡Ⅰ，第二级为熔点较高的石蜡Ⅱ，第三级应用包埋蜡做石蜡Ⅲ。

石蜡的熔点和质量对切片质量影响极大，因此对于使用的石蜡应该进行选择和处理。选择何种熔点的石蜡，应根据组织类型以及制片时的温度和气候而定，夏季采用熔点高硬度大的石蜡，冬季则采用熔点低较软的石蜡，并且为了增加石蜡的韧性，使在切片时组织不碎裂或皲裂，可在最后一级和包埋石蜡中加入一定比例的蜂蜡（9∶1，9 份石蜡中加 1 份蜂蜡）、硬脂酸或者松香等。新石蜡在应用前，最好经过加热熔化、过滤处理，以去除水分和尘粒、杂质及其他异物。

组织浸蜡需要的时间与组织种类和大小有关。致密组织如骨、皮肤和中枢神经系统等，要比软组织如肝、肾等需要更长浸蜡时间；含血液丰富的组织，浸蜡过度易变得硬而脆，浸蜡时间应缩短；疏松组织、脂肪、消化道组织等浸蜡时间可以适当延长一些；较厚的组织需要较长时间才能使蜡浸到组织中心。现在提倡组织处理的个性化，不同组织、不同种属动物组织，处理方式不同，每种具体的组织可以查找相关资料。

4. 包埋 包埋程序如下：

（1）准备好包埋框，倒入包埋石蜡，用量以石蜡不溢出包埋框为宜。

（2）用在乙醇灯上加温后的包埋镊子，镊取组织块迅速放入包埋框石蜡中，切面务必朝下放正，置入框底并轻轻压平，并保证没有气泡。如果要求多块组织放在同一蜡块内进行合包时，组织排列一定要密集、靠拢，并注意同一包埋块内所有组织的切面和方向的一致性，以保证在同一张切片上，块内所有组织能够同时完整出现。

（3）静置，待石蜡表面凝固前将标签贴于其上，需注意勿使标签与标本混贴。

（4）蜡块完全硬固后，除去包埋框，对蜡块修切后即可进行切片。

五、实验结果

包有组织的石蜡块。

六、作业与思考

1. 联系实验一和实验二，总结从组织取材到形成组织石蜡包埋块的实验步骤，以及相应操作的注意事项。

2. 简述不同种属动物来源的材料，或者同一动物不同器官或组织材料，在进行石蜡包埋时，处理程序个体化的必要性。

（李冰 刘同慎）

实验三 石蜡切片法

一、实验目的

1. 掌握石蜡切片机的使用方法。
2. 掌握石蜡切片的展片和贴片方法。

二、实验原理

石蜡切片常使用旋转切片机，要求切片厚度一般为 $4\sim6\mu m$；利用水表面的张力以及水的温度，将石蜡组织片铺于温水表面并展平；然后用干净的载玻片捞起，并平整地贴附其上，烘干备用染色。

三、实验器材

1. 实验器械 旋转切片机，展片仪，恒温干燥箱，眼科弯镊子，一次性切片刀片，大号手术刀片，染色架，优质狼毫毛笔（大、中号），经过清洁液浸泡过的载玻片等。

2. 防脱片剂

（1）甘油蛋白：从新鲜鸡蛋中取出蛋白，用玻璃棒将之搅成液体，过滤，取等量甘油搅拌均匀，加数粒麝香草酚防腐。HE 切片使用。

（2）APES：使用方法参考试剂使用说明书，免疫组织化学染色使用。

四、实验方法

1. 切片　以 Leica RM2235 手动轮转切片机为例，说明旋转切片机的使用方法。

（1）将修整好的蜡块固定于切片机头部的夹持器内，旋转快速进退手轮将其退到接近最后位置，并调整蜡块的切面为垂直位，一定保证夹紧蜡块和锁紧夹持器；将一次性切片刀片推入刀槽，并夹紧。

（2）松开刀台紧固件，调整刀台前后位置，以刀刃与蜡块切面之间的距离 2mm 左右为止，锁紧刀台。

（3）打开手轮锁，拉下手轮手柄至水平位，观察蜡块与刀刃的距离以及蜡块是否为垂直（否则再进行调整）。

（4）旋转快速进退手轮，使蜡块慢慢靠近切片刀，同时上下摆动手轮手柄修整切片，直到切出完整的最大组织切面为止。

（5）根据需要调整切片厚度（一般 4~6μm）。

（6）再一次检查各个紧固件是否旋紧。

（7）右手轻握手柄，匀速旋转切片机手轮，要求用力均匀，每旋转一次可以得到一张蜡片，多张蜡片形成蜡带，左手用毛笔托起蜡片，协调地进行切片操作。

2. 展片　将单张或数张切片，用眼科弯镊子夹住蜡片的一头并提起，分辨出贴于切片刀形成的光亮面并使其朝下，慢慢平铺于恒温水的水面。此时，如果发现组织上有皱褶，用镊子尽快逐个轻轻拨开，注意不要拨破组织。然后分成单张切片，选择捞取其中最完整的没有皱褶的切片。展片水温高低，根据石蜡熔点和组织类型而定，原则是以组织能够较快展平，并且延长展平时间的情况下，切片上的石蜡又不融化为宜。

3. 贴片和烘干　待切片在温水内充分摊开展平后，将载玻片垂直插入水中，以涂有防脱片剂的面逐渐轻靠切片，随即将载玻片慢慢直立提起，使切片平展地贴于载玻片的合适位置。用铅笔或者钻石笔在玻片一端，清楚端正地写（刻）上标本编号。将多张贴有组织片的载玻片，按次序插在染色架上，置于 60℃恒温烘干箱内彻底烘干，以备进行染色。

五、实验结果

厚薄均匀，平整无皱褶，贴于载玻片上的组织切片。

六、作业与思考

1. 试述手动轮转切片机操作程序和注意事项。
2. 通过进行实验，总结优良的组织切片应该具备哪些条件？

（李　冰　刘同慎）

实验四　疏松结缔组织铺片制作法

一、实验目的

1. 了解铺片制作的原理和方法。
2. 掌握疏松结缔组织铺片染色的原理和结果。

二、实验原理

肠系膜或大网膜是由中间的疏松结缔组织和两面被覆的间皮构成，厚薄均匀，质软，为制作教学铺片的最适宜材料。再经过相应染色后，用来观察间皮、毛细血管网、毛细淋巴管和疏松结缔组织等。

疏松结缔组织主要由胶原纤维、弹性纤维、成纤维细胞、巨噬细胞和肥大细胞等组成，可以采用肠系膜铺片法观察上述多种成分。各种成分相应的显示原理如下：巨噬细胞具有吞噬异物的特性，给予实验动物腹腔注射台盼蓝生理盐水溶液，巨噬细胞吞噬台盼蓝后，使胞质内充满蓝色吞噬颗粒得以显示；弹性纤维可用醛品红、碱性品红和地衣红等染料特异性显示；胶原纤维可用伊红或荧光桃红显示。在选择具体方法时，要考虑使两种纤维的着色对比鲜明，并且各类细胞成分容易分辨，不易混淆为佳。本实验采用蜡盘铺片法，可以得到较薄的组织学铺片标本，使组织的各种组成成分排列不至于过分密集而影响观察效果。

三、实验器材

1. 实验动物　成年大鼠。
2. 实验器械　注射器（5 ml），培养皿，大头针，镊子，手术剪，止血钳，载玻片，盖玻片，软毛刷等。
3. 实验试剂　生理盐水，台盼蓝，碱性品红，石蜡，苦味酸，甲醛，冰乙酸，间苯二酚，三氯化铁，乙醇，二甲苯等。
4. Bouin 固定液配制

饱和苦味酸	75ml
37%～40%的甲醛	25 ml
冰乙酸	5ml

5. 改良 Weigert 染色液配制

称取 1g 碱性品红和 2g 间苯二酚，依次溶解于 100ml 温蒸馏水中，煮沸后，再加入 29%三氯化铁水溶液 12.5ml，再继续煮沸 3 min 后，冷却过滤，留取残渣，烘干，用 95%乙醇水浴加热溶解，4℃密封保存备用。

四、实验方法

1. 动物处理　健康成年大鼠 1 只，体重 200～250g。给予腹腔注射新配制的 0.5%台盼蓝生理盐水液（可不进行消毒处理，以激发机体的炎症反应，从而增加肠系膜内巨噬细胞数量），每次 5 ml，隔日一次，共注射 3 次。
2. 蜡盘制作　蜡盘应该在取材前提前制作完成。方法是将熔化均匀的石蜡倒入水平放置的培养皿底部，待自然凝固即可。注意预留培养皿的上半部分，以便在后续程序中，用于加注固定液和染色液等。
3. 取材　于末次注射的次日，断头处死大鼠；打开腹腔，立刻将肠系膜于根部连同肠管剪下；在蜡盘上，展平肠系膜，并用大头针将肠管钉紧在蜡盘上；用生理盐水充分洗去肠系膜表面的血液和污物；用 Bouin 固定液固定 2h。

为了镜下观察时能够清晰分辨出组织的各种成分，在用大头针固定肠管时，应适当牵拉肠系膜使其绷紧，使组织成分分散，以得到较薄的肠系膜铺片。并且应该特别注意，从固定到染色的整个过程中,都应该使肠系膜在蜡盘上保持绷持状态,防止因为弹性纤维回缩而增加铺片厚度。

4. 染色

(1) 75%乙醇洗脱苦味酸数次。

(2) 苏木素液染胞核 5min,盐酸乙醇分色,自来水蓝化。

(3) 95%乙醇脱水 5min。

(4) 改良 Weigert 染色液室温下浸染 10 min。

(5) 95%乙醇洗去浮色。

(6) 加入 0.5%复制伊红液浸染 5 min。

(7) 95%乙醇分色 5 min。

(8) 无水乙醇脱水 5 min。

(9) 将肠系膜从蜡盘上取下,浸入二甲苯中,用软毛刷清洁肠系膜的表面,透明。

(10) 重新将肠系膜固定于蜡盘上,展平,待其干燥后,将系膜剪成小片,中性树胶封片。

五、实验结果

胶原纤维,呈粉红色;弹性纤维,呈蓝褐色;巨噬细胞,胞质内含有大小不等的蓝色台盼蓝颗粒;肥大细胞,胞质颗粒大小均匀,呈浅红色;成纤维细胞,核呈浅蓝色,有明显核仁;各种白细胞。

六、作业与思考

1. 观察并记录在实验的过程中大鼠的变化,并结合理论知识分析原因。
2. 显微镜下观察肠系膜疏松结缔组织铺片,并绘图。

(李　冰　刘同慎)

实验五　脱钙骨冰冻切片法

一、实验目的

1. 掌握冰冻切片技术。
2. 了解组织脱钙的原理和方法。
3. 掌握脱钙骨切片的染色方法和结果。
4. 了解漂染法的原理和方法。

二、实验原理

石蜡切片耗时较长,且在制片过程中,要使用多步化学试剂,还需要经过加温过程,因而组织内某些不稳定的重要成分,如脂类、酶以及抗体等,可能被溶解或破坏。冰冻切片,是把组织和细胞的水作为支持剂,将新鲜组织或者固定后组织冰冻变硬后,直接进行切片,一般切片厚度 6~8μm。冰冻切片能够保持组织生活时原有状态,对于脂肪组织和神经组织的脂类物质,特别是酶的活性和抗原的抗原性保存较好,适宜酶组织化学和免疫组织化学技术染色。冰冻切片过程简单、快速，在外科临床病理活检的快速诊断中有重要应用价值。缺点是组织过大不易冰冻，连续切片困难。

骨组织是一种坚硬的结缔组织，由骨基质和骨细胞组成。骨基质是由有机质和以羟基磷灰石结晶的形式存在的无机质紧密结合而成。骨组织致密坚硬，以至于对其固定、脱水、透明、包埋等都很困难，因此，骨和其他一些钙化的组织，在制片前必须将组织中的钙盐用脱钙剂除去，才能进行石蜡切片或者冰冻切片。目前常用的脱钙剂主要有单纯酸类、混合酸类、螯合剂、离子交换树脂。骨组织固定的方法主要有先固定后脱钙、固定脱钙同时进行和先脱钙后固定三种方式。

三、实验器材

1. 实验材料　狗股骨骨干。
2. 实验器械　恒冷切片箱，钢锯，载玻片，盖玻片等。
3. 实验试剂　37%～40%甲醛，甲酸，苦味酸，硫堇，浓氨水，OCT 包埋剂等。
4. 固定兼脱钙液配制

37%～40%甲醛	10ml
蒸馏水	90ml
浓甲酸	20ml

5. 硫堇染色液配制

硫堇	200mg
蒸馏水	100ml

充分溶解后，滴加浓氨水 1～2 滴，过滤后立刻使用。

四、实验方法

1. 取材、固定与脱钙　取新鲜的狗股骨骨干，剔除周围的肌肉和结缔组织，将其横断锯成 1cm 长的小段，投入固定兼脱钙液中，固定和脱钙 1 周左右，中间隔日换液 1 次。

骨组织的固定和脱钙，传统做法是先对新鲜骨组织进行固定，然后再进行脱钙处理。但由于含有钙盐的骨组织坚硬，固定液渗透速度较慢，因此，截取的小段骨部分越深越难做到及时固定。本实验采用固定兼脱钙液，使固定和脱钙同时进行，一定程度上使脱钙对固定起到一定的促进作用。确定何时为脱钙的终点尤为重要，较为准确的方法是采用 X 线检查法，经验方法是针刺法，以细针头容易由骨长轴平行方向刺入而垂直方向不易刺入作为脱钙完成的标志。

2. 切片　采用冷冻切片法对脱钙骨进行切片。

(1) 首先将脱钙完全的股骨沿其纵轴方向修切成长条状组织块；组织块浸泡于蒸馏水中 24h（中间换液数次），以充分去除固定兼脱钙液；组织块再浸泡于 OCT 包埋剂中 2h 后进行冷冻切片。

(2) 提前开启恒冷切片箱，并调节到所需温度（-15～-20℃），准备好处理好的载玻片、切片刀片等用品。

(3) 取出组织支承器，放平，在中央滴上少量包埋剂，按照预先选择的切面，黏贴上脱钙骨组织块，再用包埋剂将其包埋，迅速放于冷冻台上冰冻。

(4) 将冷冻好的组织块，紧夹于切片机夹持器上，调节刀与组织块的距离，启动快速进退键,将组织修平。

(5) 调整切片厚度 5~10μm。

(6) 调整防卷板:制作冰冻切片,关键在于操作者细心、准确地将防卷板调校至适当的位置,才能切出完整、平滑的切片。

(7) 将切好的切片黏贴在干净的玻片上。方法是用载玻片顺着一个方向轻带切片,注意防止在摊片过程中发生皱褶,以保证组织结构的完整性。由于脱钙骨切片具有一定的硬度和弹性,不易发生皱褶,可以不使用防卷板,也不用直接贴片,直接放入盛有蒸馏水的培养皿中保存备染。

3. 染色 本实验采用的染色方法为漂染法,需要在染色过程中不断振荡染色器皿,以防止骨切片漂浮在溶液表面或者贴附染色器皿壁,影响染色液对骨组织的均匀渗透,出现染色不均现象。

(1) 骨切片用蒸馏水反复漂洗数次,彻底去除OCT包埋剂,以防止对后续的染色可能会造成的不利影响。

(2) 硫堇染色液漂染 5min。

(3) 蒸馏水速洗。

(4) 饱和苦味酸水溶液漂染 5min。

(5) 常规梯度乙醇脱水,二甲苯透明。

(6) 将骨切片转移到载玻片上,用吸水滤纸压平,滴加中性树胶,盖玻片封固。

五、实验结果

骨小管和骨陷窝,呈棕褐色;骨细胞和哈佛斯管,呈棕红色;骨质,呈淡绿色。

六、作业与思考

1. 查找文献资料,对"冰冻切片在医学科学研究和临床上的应用"做一综述。
2. 观察骨组织结构。

(李 冰 刘同慎)

实验六 血液涂片法

一、实验目的

1. 掌握血涂片制作的基本理论和操作步骤。
2. 观察分辨各种血细胞的形态特征。

二、实验原理

血液以及来源于机体的体液、分泌液、穿刺液,或者体外培养细胞,可以涂于清洁的载玻片上,制作成相应的细胞学涂片,然后经过固定染色后,对其中的细胞成分进行观察分析或诊断。细胞学涂片在临床上有广泛的应用价值,比如,穿刺和分泌液涂片对恶性肿瘤的早期诊断具有重要意义;血细胞形态学检查以及分类计数,是血液学一般检查的常规项目。

三、实验器材

1. 实验器械 普通光学显微镜，洁净的载玻片，推片，洗耳球，特种笔，棉签，一次性采血针等。
2. 实验试剂 瑞氏（Wright）染液，磷酸盐缓冲液（pH7.0），蒸馏水，聚维酮碘（碘伏）等。

四、实验方法

1. 瑞氏染液的配制

   瑞氏染料粉剂　　　　　　　　　　　　　0.1g
   纯甲醇　　　　　　　　　　　　　　　　60ml

将瑞氏染料粉剂全部放入乳钵内，加少量甲醇研磨。将已溶解的染料倒入洁净的玻璃瓶内。剩下未溶解的染料，再加入少量甲醇进行研磨，如此反复操作，直至全部染料溶解为止，装入玻璃瓶内，室温下密封保存一周后使用。

2. 载玻片的清洁 由于载玻片表面存在或多或少的油污，若用于涂片，难以形成均匀血膜，因此，新旧载玻片在用于涂片前，必须进行清洁。新载玻片先置于洗液中浸泡 24h，用自来水反复冲洗，再用蒸馏水冲洗 3～5 次。必要时再置于 95％乙醇中浸泡 1h，擦干备用。使用过的旧载玻片，可以经过下列程序处理后，重新使用：首先放入肥皂或洗衣粉中煮沸 20min 后，用热水将肥皂和血膜等污物洗去，再按照新载玻片处理程序处理。

3. 血液的采集

（1）无菌棉棒浸蘸聚维酮碘，按照无菌操作原则，将环指擦拭消毒 2 次。

（2）用一次性取血针刺破皮肤，使血液自然流出。注意切勿用力挤压。

（3）操作者手指捏着载玻片的相对边缘（勿触及载玻片表面），取清洁处理后载玻片一张，于一端离边缘 4～5 mm 处，滴少量血液。注意操作时，避免载玻片接触取血部位的皮肤，要求取血后迅速推片，以防血液凝固。

4. 血涂片的制备 取一块边缘平滑的推片，先将其一端于血滴的前方位置贴于载玻片上，再向后轻轻移动并触及血滴，血液即可均匀充填于两玻片之间夹角处，然后保持 30°～45°的角度，向另一端平稳地推出，即制作出涂布均匀的血膜。血膜自然晾干后，立即用甲醇固定 10min，备染。如果能够立刻染色，也可以不经过固定，直接滴加瑞氏染液于晾干的血膜上进行染色，因为染色液中的甲醇也能起到固定作用。

标准的血涂片，形状似火焰状，由头、体、尾三部分构成，血膜涂布均匀，镜下观察时体、尾部的血细胞分散，重叠少。血膜厚薄与推片的角度和速度有关，推的角度愈大、速度愈慢则血膜愈厚，反之血膜愈薄，血膜涂布不匀主要是由推片用力不均和（或）载玻片不洁所致。

5. 血涂片染色

（1）用特种笔或者石蜡块在血膜四周画出密闭线，防止染液外溢。

（2）滴加瑞氏染液将血膜覆盖，并用洗耳球轻吹，使染液分布均匀，染色 30s。由于染色液中的甲醇容易挥发，所以，滴加的染色液的量要合适，防止血膜干燥，特别是室温较高时，染液应该多一些，防止染液快速蒸发，染料沉积于细胞上。

（3）加等量缓冲液（或者蒸馏水），用洗耳球轻吹，使染色液与缓冲液混合均匀，继续染色 20min。

(4) 最后用自来水缓慢冲洗，去除染色液的沉渣和浮色。自然干燥后，即可观察。如果染色不理想，可按照上述步骤重染。

6. 显微镜观察　选取涂布较均匀、血细胞分散的血膜尾部进行观察。

五、实验结果

红细胞，呈紫红色；中性粒细胞，核分叶状呈紫色，胞质颗粒细小，分布均匀，呈淡紫或淡红色；嗜酸性粒细胞，核呈紫色，胞质颗粒粗大，分布均匀，呈橘红色；嗜碱性粒细胞，核呈淡蓝色，胞质颗粒大小不等，分布不匀，呈蓝紫色；淋巴细胞，核呈深紫色，胞质呈蔚蓝色；单核细胞，核略浅于淋巴细胞的核，胞质呈灰蓝色；血小板，周边浅蓝色，中央有细小的紫红色颗粒。

六、作业与思考

1. 根据血液涂片的制作和染色方法，推测胸腔积液涂片制作和染色的程序步骤。
2. 观察血涂片，并做绘图实验报告。

（李　冰　刘同慎）

实验七　鸡胚整装片制作法

一、实验目的

1. 认识、理解早期胚胎的发生、发育及其外形的演变过程。
2. 理解胚胎发生的时续性。

二、实验原理

人体胚胎发育的变化过程是长期进化的结果，鸡胚发育重复了人体早期胚胎发育演变过程，通过鸡胚整装片的制作和观察，使学生完整地了解人体各系统器官发生发育，以及人体外形演变，以便更深入地理解解剖学、组织学、病理学、遗传学等学科中的相关内容。

三、实验器材

1. 实验材料　新鲜鸡种蛋。
2. 实验器械　恒温培养箱，鸡蛋托，药勺，烧杯，眼科镊子，弯眼科剪刀，载玻片，盖玻片等。
3. 溶液的配制
(1) 0.75%生理盐水。
(2) Bouin 固定液：见实验四。
(3) 卡红染色液：1g 卡红加入到 100ml 4%硼砂水溶液中加热溶解，冷却过滤后，再加入 70%乙醇 100ml。

四、实验方法

1. 鸡卵的孵化 选正常受精的鸡卵，用温水洗净并做孵化时间标记后，平放于鸡蛋托上，置38℃恒温培养箱内孵化，湿度60%～70%。恒温箱内鸡卵之间要保持一定距离，每天翻转1～2次。

2. 取胚 根据观察的内容，分别于孵化时间至16h、19h、24h、36h等时期取胚。

（1）从温箱里取出鸡卵，轻轻摇动，让其大头向上（有气室端）放置于蛋托之上，静置片刻，以待胚位转正。

（2）用剪刀尖在卵的顶端钻一小孔，使气室与外界相通，再用弯眼科剪刀将气室的卵壳及与其贴在一起外层卵壳膜剪除，充分暴露出气室下方内层卵壳膜。

（3）沿内层卵壳膜边缘部位将其轻轻剪除，慢慢把卵白液倒出，再将卵壳的中部剪去，仅仅保留其下部。

（4）用玻璃棒轻拨胚盘，使其显露在卵黄的上表面。

（5）为了防止胚盘翻转，一边用镊子固定卵黄膜，一边用眼科小弯剪刀沿胚盘外缘剪切一周。

（6）用小药匙将胚盘取出，浸放在盛有温生理盐水的培养皿里。

3. 清洁 用滴管轻轻将生理盐水连同卵黄吸出，再加入生理盐水洗涤胚盘上的卵黄，再吸出，反复多次。在此过程中，用镊子将胚盘慢慢摆动或者用滴管轻吹，在清洁卵黄的同时，可以使卵黄膜与胚盘剥离；吸除卵黄膜，再将胚盘用生理盐水反复清洗数次，直至将胚盘黏附的卵黄彻底清洗干净。

4. 展胚 在培养皿内将胚盘展开铺平，将培养皿内的生理盐水全部吸出。取一平整的小纸片，在其中央剪一个略大于胚盘且小于胚膜的圆孔，平稳地放于胚膜之正上，轻压纸片边缘使其与胚膜贴紧。

5. 固定 向培养皿中，滴加Bouin固定液将胚膜覆盖，固定5～10 min后，用小药铲将胚膜从培养皿上揭下来。添加Bouin固定液，继续固定4～12h。

6. 染色
（1）70%乙醇洗涤数次，去除苦味酸。
（2）入硼砂卡红染色液染色1～2天。
（3）0.5%盐酸乙醇分色至胚体结构清晰为止。

7. 封固 常规脱水、透明，然后取鸡胚平贴在载玻片上，滴加浓树胶，加盖玻片封固。

五、实验结果

发育不同时期的鸡胚，能够观察到的结构：

1. 发育16h左右鸡胚，鸡胚已由原肠胚发育成为原条期，在原凹的前方可见原结，头突形成并在前方出现头褶。

2. 发育19h左右鸡胚，神经板变为神经沟，第一对体节出现。

3. 发育24h左右鸡胚，有4～5对体节，心泡以及神经沟下面的脊索出现。

4. 发育36h左右鸡胚，可见到前脑、中脑、菱脑、心脏、视泡、听泡、动脉干等结构，此时已有14对体节。

5. 发育48h左右鸡胚，可见到胚体的前部扭转到右边，头的前部弯曲使前脑与菱脑成直角,体节增加到 24~27 对,心脏和血管系统发育基本完整。

6. 鸡胚发育到 48h 后,就进入各器官的发育阶段,在鸡胚整装片上已不易观察清楚。

六、作业与思考

1. 观察不同孵化时间鸡胚的外形结构(如原条、原凹、神经沟、体节等),确定各个鸡胚的胚龄。根据胚龄由小到大顺序,挑选出一套鸡胚时续性发生的整装片。

2. 写出鸡胚时续性发生的实验报告。

（李　冰　刘同慎）

第二节　形态实验学染色方法

不经过染色的组织切片,在显微镜下进行观察时,不能明确地分辨组织和细胞的结构及其病理情况下的改变。需要实验者首先选择合适的染色方法,对切片进行染色,然后借助观察工具显微镜,通过色彩对比,对组织细胞的形态学结构进行观察研究或者做出病理诊断。所谓染色,就是利用染料与组织或细胞内的某种成分发生反应,使其各种微细结构或成分能显现不同颜色,这样在显微镜下就可显示出组织细胞的各种成分。所以,染色技术是形态实验学非常重要的研究工具,已经成为一门独立的科学,它在组织学、病理学等学科中已占有相当的地位。

实验一　苏木素-伊红（HE）染色

一、实验目的

1. 了解苏木素-伊红（HE）染色的染色原理。
2. 掌握苏木素-伊红（HE）染色程序和染色结果。

二、实验原理

苏木素-伊红染色简称 HE 染色,是形态学实验中最基本的常规染色方法。苏木素为形态学中最常用的碱性染料,但其本身没有染色能力,必须经过氧化后并在含金属离子的媒染剂的作用下,对嗜碱性结构或物质具有亲和力,着色后的结构呈紫蓝色;伊红是一种化学合成的酸性染料,在一定条件下可使嗜酸性结构或物质着色,着色后的结构呈粉红色。染色后的组织切片中,紫蓝色细胞核和粉红色细胞质形成鲜明的对比,易于观察分析。

三、实验器材

1. 实验器械　普通光学显微镜,恒温干燥箱,染色架,封片镊子,盖玻片,染色缸,切片盒,纱布等。

2. 实验试剂　二甲苯,乙醇,盐酸,中性树胶等。

3. Harris 苏木素染色液配制　先用无水乙醇 10ml 溶解苏木素 1g;用蒸馏水 200ml 加热溶解硫酸铝钾 20g 后,再将这两种液体混合,煮沸;离火后,向该混合液中迅速加入黄色氧化汞 0.5g（此时有大量气泡产生,故加热用的容器宜大,以防液体溢出）;迅速放置于冷水中，冷却，静置过夜；使用前，加入冰醋酸2ml，混匀，过滤后使用。

4. 复制伊红染色液配制　将0.5g伊红溶解于5ml蒸馏水中，加冰乙酸10滴，加蒸馏水10ml，再加冰乙酸10滴，产生沉淀，再加10ml蒸馏水，过滤。沉淀物连同滤纸于60℃烘干箱烘干后，用95％乙醇溶解，过滤后使用。

5. 盐酸乙醇分色液配制

75％乙醇	100ml
浓盐酸	0.5～1ml。

四、实验方法

1. 二甲苯脱蜡　采用两级二甲苯进行组织切片脱蜡（二甲苯Ⅰ和二甲苯Ⅱ），每级需要浸泡脱蜡10min。注意事项如下：

（1）组织切片在60℃左右的烘干箱中彻底烘干，此时组织周围的石蜡还呈现熔化状态，立刻浸入二甲苯Ⅰ中脱蜡，争取组织内和周围的石蜡可以在第一级二甲苯中基本完成。这种热脱蜡方式有利于石蜡快速溶解于二甲苯中，特别是在冬季气温低的情况下，脱蜡作用更加显著。

（2）随着脱蜡切片数量的增加，二甲苯Ⅰ中的石蜡浓度比二甲苯Ⅱ的高得多，因此，二甲苯Ⅰ和二甲苯Ⅱ千万不能混淆使用，否则石蜡会被带入下行入水程序或残留于组织上，从而影响到染色液的渗透染色。

2. 下行入水　下行入水是指切片由无水乙醇经过梯度浓度乙醇进入蒸馏水的过程，程序包括无水乙醇、95％乙醇、75％乙醇、50％乙醇和蒸馏水各一级。各级间乙醇浓度梯度不宜过大，以防组织发生脱片或者龟裂现象，对于处理细胞成分多而间质稀少的组织（如肝）更应慎重。每级一般需要5～10min，但无水乙醇不应少于10min，以保证无水乙醇将二甲苯尽量去除。

3. 苏木素染色　苏木素染色液的配制方法很多，需要根据实验要求和染色组织的不同进行选择。最常用的配方是Harris苏木素染色液，染色时间为8～10min。该苏木素染色液常常会有硫酸铝钾和苏木素色素沉淀析出，后者很容易牢固地吸附沉着于组织上，影响观察结果，因此，每次使用前，都要对染色液进行过滤；染色完成后，尽快将切片放入盛满自来水的缸中，流水冲洗，使附着的染色液随流水溢出。

4. 分色和蓝化　分色是HE染色的关键点，目的在于去掉组织中不应有的着色，以及把应该着色的结构的色度退化到合适的程度。分色液应用0.5％盐酸乙醇分色液。着色的深浅用分色时间来控制，一般需要20s左右，也就是说，将组织片浸入盐酸乙醇再提出，连续浸、提5次即可，但对于细胞密集的组织（如淋巴结），要加强两次。分色完成后，立刻浸入自来水中，反复冲洗3～4次，分色即可终止，同时呈碱性的自来水可以使苏木素着色的结构由紫红色变为紫蓝色，即蓝化。不主张使用氨水进行蓝化，因为经过氨水蓝化的组织与伊红的亲和能力会显著减弱。

5. 伊红染色前的处理　复制伊红染色液是用95％乙醇配制的，因此，在伊红染色前，首先应用蒸馏水清洁和替换载玻片及组织内的自来水，然后将切片浸入75％乙醇来提高组织内的乙醇浓度梯度。蒸馏水和75％乙醇两级各作用5～10min。

6. 伊红染色　复制伊红着色能力较强，几秒钟即能着色，随时间延长色度会逐步加深。一般情况下，染色液浸染5min，经过后续两级95％乙醇的分色，脱水透明封片后，伊红与苏木素两者着色的对比适当、鲜艳。

7. 95%乙醇Ⅰ和95%乙醇Ⅱ分色　两级乙醇分色作用时间的长短决定了伊红对组织结构着色的深浅。为和伊红的染色时间相适应，每级应作用 5min。

在作用过程中，要求两级分色乙醇始终保持足量，以便将整个载玻片浸没，以达到分色充分并清洁载玻片的目的。随着进入 95%乙醇Ⅰ中的伊红染色液量的不断增加，95%乙醇Ⅰ的色泽会逐渐加深，分色作用不复存在，因此 95%乙醇Ⅰ要经常更换，方法是，95%乙醇Ⅱ作为 95%乙醇Ⅰ使用，95%乙醇Ⅱ用新液。

8. 无水乙醇Ⅰ和无水乙醇Ⅱ脱水　使用两级无水乙醇是为了保证组织的脱水彻底，脱水时间每级不少于 10min，但也不能脱水时间过长，因为无水乙醇对伊红也有一定的脱色作用。随着使用时间的延长，无水乙醇Ⅰ的浓度会有一定下降，因此，无水乙醇Ⅰ要换掉（可配成 95%乙醇用于分色），无水乙醇Ⅱ作无水乙醇Ⅰ使用，无水乙醇Ⅱ用新液。

9. 二甲苯透明　使用三级二甲苯透明，每级 10min。

10. 封固　滴加适量的合适浓度的中性树胶，盖玻片封固。

五、实验结果

细胞核呈蓝色；细胞质、肌肉、结缔组织、红细胞和嗜伊红颗粒呈不同深浅程度的红色。钙盐和各种微生物也可染成蓝色或紫蓝色。

六、作业与思考

1. 用简图和箭头表示形式，写画出常规 HE 染色程序。
2. 想一想，如何观察 HE 染色的切片？

（李　冰　刘同慎）

实验二　过碘酸-雪夫反应

一、实验目的

1. 了解糖类的组织化学染色的原理。
2. 掌握 PAS 反应染色的步骤和染色结果。

二、实验原理

组织中糖类物质的种类较多，可分为多糖、中性黏液、酸性黏液、黏蛋白等，其化学本质为多羟基化合物。过碘酸-雪夫反应（PAS 反应），是利用强氧化剂过碘酸氧化功能，氧化糖类物质二羟基形成二醛基或多醛基，二醛基或多醛基进而与 Schiff 试剂中的无色品红亚硫酸复合物结合，形成紫红色反应产物。阳性部位即表示糖类物质的存在，以此来对其定性和定位。PAS 反应为一种特殊染色，可以用来清楚显示糖原、中性黏液物质、肾小球基底膜、真菌孢子或菌丝等。因此，PAS 反应被广泛应用于人体和实验动物组织的诊断和研究。

三、实验器材

1. 实验材料　裱好的肝组织或者肾组织石蜡切片。

2. 实验器械　常规组织切片制作的仪器设备和耗材，普通光学显微镜，加热设备，冰箱，玻璃棒，烧杯，带有橡皮塞的试剂瓶，小口试剂瓶等。

3. 1mol/L 盐酸配制　取比重为 1.16 的浓盐酸 98.3ml，加入蒸馏水至 1000ml。

4. Schiff 氏试剂配制

碱性品红	1g
蒸馏水	200ml
1mol/L 盐酸	20ml
偏重亚硫酸钠或钾	1g

碱性品红 1g 加入 200ml 蒸馏水，搅拌加热沸腾，待冷却至 50℃ 过滤，加入 1mol/L 盐酸，冷却至 25℃ 时加入 1g 偏重亚硫酸钠。加入少量活性炭并震荡，密封，4℃ 冰箱保存备用。过滤后使用。

5. 0.5% 高碘酸水溶液。

6. 1% 唾液酸淀粉。

7. 苏木素染色液。

四、实验方法

1. 切片常规脱蜡入水。
2. 浸入 0.5% 高碘酸水溶液氧化，室温，5min。

注意：高碘酸氧化时间不宜过长，否则会产生非特异着色。

3. 蒸馏水洗。
4. 入 Schiff 试剂反应，室温，15min。
5. 自来水洗 5min。
6. 苏木素染色液复染核 1min。
7. 自来水洗 5min。
8. 常规脱水、透明，中性树胶封固。
9. 对照实验　切片脱蜡至水后，用 1% 唾液酸淀粉于 37℃ 消化 20～30min，然后与实验切片一起染色。

五、实验结果

PAS 反应阳性物质——糖原、中性黏蛋白、中性唾液性黏蛋白，呈红紫色或红色；细胞核，蓝色。对照实验切片为阴性。

六、作业与思考

1. 简述 PAS 反应的原理和应用价值。
2. "固定液对 PAS 反应的影响"的问题，查找文献，设计验证实验。

（李　冰　刘同慎）

实验三　Feulgen 反应显示 DNA

一、实验目的

了解显示 DNA 原理和方法。

二、实验原理

Feulgen 反应的原理是在 60℃温度下，细胞经 1mol/L 稀盐酸处理后，DNA 双链水解打开，先释放出碱基，然后脱氧核糖释放出醛基，再用 Schiff 试剂处理，该醛基与 Schiff 液反应，形成紫红色反应产物。

三、实验器材

1. 实验材料　裱好石蜡组织切片。
2. 实验器械　染色缸，试剂瓶等。
3. 1mol/L 盐酸水溶液
4. Schiff 试剂
5. 亚硫酸水溶液配制

10% 偏重亚硫酸钠	5ml
1mol/L 盐酸	5ml
蒸馏水	9ml

四、实验方法

1. 切片常规脱蜡入水。
2. 冰醋酸与纯乙醇（1∶3V/V）中固定 10min。
3. 蒸馏水洗。
4. 用 1mol/L 盐酸洗。
5. 浸入预热到 60℃的 1mol/L 盐酸中 6min。
6. 浸入室温的 1 mol/L 盐酸洗。
7. 浸入 Schiff 试剂，暗处反应 60min。
8. 用新配制的亚硫酸水溶液浸洗 3 次（脱掉未反应的 Schiff 液）。
9. 蒸馏水浸洗净。
10. 常规脱水、透明，中性树胶封固。

对照实验：仅将第 5 步按照 1mol/L 盐酸室温 15min。

注意事项：

1. 不用醛类固定剂如 Bouin 固定液、戊二醛、丙烯醛等，常用 Carnoy 固定液、甲醇等。

2. 控制水解时间，不同的固定液用不同的时间，最适条件应该通过预试验选择。常用固定液使用的参考水解时间：Carnoy 固定液 8 min，Zenker 固定液 5 min，Susa 固定液 18 min。

3. 控制水解温度，一般 1mol/L 盐酸温度为 60℃；如果 5 mol/L 盐酸则为 18～25℃。

4. Schiff 试剂应该新鲜配制,并需要保持其纯净度。
5. SO_2 要新配制,目的是除去多余的 Schiff 液。
6. 必须设置对照实验。

五、实验结果

核内 DNA 染为红紫色,对照实验的细胞核为阴性。

(李 冰 刘同慎)

实验四 钙-钴法显示碱性磷酸酶

一、实验目的

以钙-钴法显示碱性磷酸酶为代表,了解酶组织化学的原理和方法。

二、实验原理

酶具有高度的特异性,一种酶只能催化一种底物或物质,并且只有酶具有活性才能催化这种反应。酶组织化学(enzyme histochemistry)技术是利用细胞内酶具有特异性催化反应,将反应的产物变为可见物,沉淀在酶所在的部位,以显示酶在组织、细胞中的分布,并对其进行定性、定量。

碱性磷酸酶(ALP)为水解酶,在合适的条件(孵育液 pH9.4,有激活剂镁离子存在)下,将底物磷酸盐(β-甘油磷酸钠)分解,产生磷酸离子,后者被孵育液中的钙离子所捕获,生成磷酸钙沉淀,钴离子再置换钙离子生成磷酸钴沉淀,最后通过硫化铵处理后,在有酶活性存在的部位形成棕黑色硫化钴颗粒沉淀,从而在光学显微镜下对 ALP 进行定性、定量。本实验通过钙-钴法显示碱性磷酸酶,测定血涂片中、中性粒细胞内 ALP 活性。

三、实验器材

1. 10%甲醛甲醇固定液配制

甲醇	90ml
甲醛	10ml

2. 孵育液配制

3%β-甘油磷酸钠	4ml
2%巴比妥钠溶液	4ml
2%氯化钙	8ml
5%硫酸镁	0.4ml
蒸馏水	2ml

    调整 pH9.0~9.4。

3. 2%硝酸钴溶液。
4. 1%硫化铵溶液。
5. 0.5%伊红染色液。

四、实验方法

以血涂片中显示血细胞 ALP 为例。

1. 新鲜血涂片浸入 10%甲醛甲醇固定液固定,4℃,30s。
2. 蒸馏水洗数秒。
3. 浸入新配制的 37℃孵育液中孵育 2h。
4. 蒸馏水冲洗数秒。
5. 浸入 2%硝酸钴,5min。
6. 用蒸馏水洗。
7. 浸入 1%硫化铵溶液 10s。
8. 用蒸馏水洗。
9. 用 0.5%伊红染色液复染 10s。
10. 用蒸馏水洗,待干镜检(也可用瑞氏染液复染)。
11. 对照实验 在孵育液内去除酶底物 β-甘油磷酸钠,用相应量的蒸馏水代替。

注意事项:

1. 必须注意温度、试剂质量、孵育液 pH 及固定液对碱性磷酸酶活性均有影响,孵育液 pH 以 9.4 为宜,若 pH 再升高,细胞可发生破溶现象,酶扩散,黑色颗粒散于细胞外。
2. 固定液以 95%乙醇或甲醇-乙醇、甲醇-甲醛混合液为宜,不能单独用甲醇作为固定液,因为对酶有抑制作用。
3. 涂片应新鲜,厚薄适宜,标本存放过久,酶活性降低。

五、实验结果

部分成熟中性粒细胞胞质阳性反应,呈灰黑色至深黑色颗粒状或片块状沉淀;其他血细胞阴性,胞质呈粉红色;对照实验血涂片,为阴性。

(李 冰 刘同慎)

第三节 免疫组织(细胞)化学技术

免疫组织(细胞)化学技术是应用免疫学基本原理——抗原抗体特异性反应,用带有标记物的已知抗体或者抗原去检测待检组织或细胞内抗原或抗体,根据标记物的呈色反应,在镜下对组织(细胞)内抗原或抗体进行定性、定位或者相对定量研究。抗原是一类可以刺激机体的免疫系统并促进其发生免疫应答,与免疫应答产物即抗体和效应细胞在体内或体外发生特异性结合的物质。作为体液免疫应答产物的抗体则是 B 淋巴细胞活化、增殖、分化为浆细胞,由浆细胞合成、分泌,并与该抗原发生特异性反应的免疫球蛋白。抗原物质的化学结构复杂,但是能够刺激机体并与抗体发生结合反应的,仅仅是抗原物质表面的一些具有活性的化学基团,称为抗原决定簇。即一种抗体只能与相应的抗原起反应而不能与其他的抗原起反应,这就是抗原和抗体的特异性,称之为特异性抗原(抗体)。形态学最常用的检测方法是用已知抗体对组织(细胞)的相应抗原进行定性、定位和定量。

免疫组织(细胞)化学技术方法,按照抗原抗体反应的结合步骤,可分为:①直接法

——用标记物直接标记在特异性抗体上,以检测相应的抗原成分,该方法操作简便,特异性高,但敏感性较差;②间接法——先用未标记的特异性抗体(简称一抗)与标本中相应的抗原结合,然后再用标记的抗特异性抗体的抗体(抗抗体,简称二抗)与特异性抗体(一抗)相结合,形成抗原-特异性抗体-带标记物二抗的复合物。通过这样的放大作用,使最终形成的复合物分子上的标记物大大增多,故间接法较直接法,敏感性增高5~10倍,故应用更为广泛。

在实际操作中,常常按照标记物的种类将免疫组织(细胞)化学技术分为免疫荧光组织(细胞)化学技术、免疫酶组织(细胞)化学技术、免疫铁蛋白组织(细胞)化学技术、免疫金组织(细胞)化学技术等。形态学实验和诊断中,主要使用免疫荧光和免疫酶组织(细胞)化学技术,另外还有亲和免疫组织(细胞)化学技术。

实验一 免疫荧光组织(细胞)化学技术

一、实验目的

掌握免疫荧光组织(细胞)化学技术的基本原理、技术方法和结果。

二、实验原理

免疫荧光法的基本原理是,将已知的抗体或抗原分子标记上荧光染料,当与其相对应的抗原或抗体起反应时,在形成的复合物上就带有一定量的荧光染料,在荧光显微镜下就可以看见发出荧光的抗原抗体结合部位,检测出抗原或抗体。

传统应用于荧光标记的荧光染料有异硫氰酸荧光素(FITC,ex490nm/em 520nm)、四甲基异硫氰酸罗丹明(TRITC,ex550nm/em620nm)、罗丹明(ex560 nm/em540~660nm)、四甲基罗丹明(TMR,ex570nm/em595~600nm)、德克萨斯红(ex592nm/em610nm)、氨甲基香豆素(AMCA,ex345nm/em425nm)等,结合激光共聚焦显微镜技术的发展,这些经典的荧光染料逐渐被层出不穷的新型荧光染料所替代。如Cyanine类荧光染料,其中Cy3(ex554 nm/em568nm)的激发峰值更接近于新型固体561nm激光器,且比TRITC等更亮、更稳定,已被广为应用于免疫荧光抗体标记;Alexa Fluor系列荧光染料激发和发射光谱窄,可用于多重荧光标记而更少光谱重叠;ATTO系列荧光染料具有较强的光稳定性和热稳定性,已被应用于STED(Stimulated Emission Depletion,受激发射损耗)超高分辨率显微成像技术;DyLigh、CF等更多新型荧光染料系列都将因其较高的激发效率、良好的光稳定性、宽泛的pH稳定性等优越的特性而被广泛应用于组织及细胞免疫荧光标记。细胞核标记采用DAPI(4,6-联脒-2-苯基吲哚,ex359nm/em461nm),其特点是专一性强、灵敏度高、稳定性好、毒性小,且可被405 nm激光器有效地激发,获取明亮的核标记荧光图像。

免疫荧光法具有抗原抗体反应特异性、染色快速性、细胞或组织上定位准确性,以及荧光效应灵敏性等方面的优势。但是,由于免疫荧光法必须使用荧光显微镜,标本荧光强度随时间的延长而逐渐消退,结果不易长期保存,在普及应用上受到一定限制,而逐渐被免疫酶法所取代。

三、实验器材

1. **实验器械**　常规组织切片制作的器材、仪器设备和耗材、荧光显微镜。

2. 实验试剂 特异性一抗，荧光素标记的抗特异性抗体的二抗，封闭血清。

3. 0.01 mol/L 磷酸盐缓冲液（PBS）配制

（1）母液的配制：

1）0.2 mol/L Na_2HPO_4：称取 71.632g $Na_2HPO_4 \cdot 12H_2O$，加入蒸馏水溶解，定容至 1000ml。

2）0.2 mol/L NaH_2PO_4：称取 31.2g $NaH_2PO_4 \cdot 2H_2O$，加入蒸馏水溶解，定容至 1000ml。

（2）0.2 mol/L PB（pH=7.4）的配制：取 19ml 0.2 mol/L 的 NaH_2PO_4 和 81ml 0.2mol/L 的 Na_2HPO_4，充分混合即可。

（3）0.01 mol/L PBS：取 50ml 0.2 mol/L PB，加入 8~9g NaCl，加水溶解稀释至 1000ml 即可，调节 pH 达 7.2~7.4。

4. 枸橼酸缓冲液（PH6.0）配制

（1）0.1 mol/L 枸橼酸：枸橼酸 21.01g，加入蒸馏水溶解，定容至 1000ml。

（2）0.1 mol/L 枸橼酸钠：枸橼酸钠 29.41g，加入蒸馏水溶解，定容至 1000ml。

使用时取 0.1 mol/L 枸橼酸 9ml 和 0.1 mol/L 枸橼酸钠 41ml，再加入蒸馏水，定容至 500ml，即配成 0.01 mol/L 的枸橼酸缓冲液（pH6.0±0.1）。

5. 缓冲甘油配制

纯甘油（分析纯）　　　　　　　　　　20ml

0.5 mol/L 碳酸缓冲液（pH9.5）　　　　20ml

取纯甘油 20ml，加入碳酸缓冲液 20ml，充分混合，待气泡完全消失后，即可使用。

四、实验方法

1. 常规石蜡切片，脱蜡到水，用 pH7.2~7.4 的 0.01mol/L 磷酸盐缓冲液（PBS）洗 3 次，每次 5min；冰冻切片、涂片、印片，或将单层细胞培养物的细胞玻片按要求进行固定，冷风吹干。

2. 抗原修复 在使用醛类固定剂固定的过程中，组织和细胞内的蛋白质（抗原）之间会发生交联，引起蛋白质空间结构的改变，从而封闭了部分抗原决定簇，降低抗原与抗体的结合位点。抗原修复技术可修复因固定而发生封闭的抗原，暴露抗原上被封闭的抗体结合位点，以达到提高免疫组织（细胞）化学染色结果的阳性表达率，以及免疫组织（细胞）化学技术的可靠性。常用的抗原修复技术有酶消化修复法、热修复法。酶消化修复法是以化学的方式使醛基断裂，从而暴露抗原决定簇。在操作的过程中，应选择最佳的消化酶浓度和消化时间，避免因酶浓度过高、消化时间过长等处理后影响组织抗原的活性，并造成背景染色，最终影响结果。热修复法是在高温条件下，通过抗原修复液中离子与蛋白质相互作用，充分暴露抗原决定簇，是一种较为简单、经济的方法。热修复法按操作方法，可进一步分为高压加热、微波加热及单纯加热。目前最为广泛使用的是微波加热法，此法不仅可以修复变性的抗原，还可以使组织通透性提高，从而获得良好的染色效果。据多年来的实践证明，pH6.0 柠檬酸盐缓冲液是目前使用较为理想的抗原修复液，它适合于大多数的抗原。经过该液修复后的抗原，定性和定位理想，表达增强。应用 pH6.0 柠檬酸盐缓冲液进行抗原微波加热法修复，在常规应用的临床标记抗体中基本上能够满足要求。

抗原修复具体操作方法，是将切片放入盛有枸橼酸盐缓冲液（pH6.0）的抗原修复盒中，置微波炉内持续 10min 后，取出容器，室温冷却。特别应该注意以下两点：一是由于微波辐射加热产热快，液体容易蒸发，使用抗原修复液的量，一定要充足，防止切片干涸；二是抗原修复持续时间过后，立刻从微波炉中取出抗原修复盒，于室温中让其自然冷却，如果采用强力降温，效果不好或达不到抗原修复的目的。

只有石蜡切片必须进行抗原修复。

3. PBS 洗 3 次，每次 5min。

4. 封闭非结合位点　由于组织切片内的电荷吸附抗体，会造成非特异性背景染色。在免疫组织（细胞）染色中，应该减少或者全部消除这种非特异性着色，突出特异性染色。消除非特异性着色的方法是，使用二抗动物来源的非免疫血清或者其他无关蛋白，如小牛血清白蛋白，用 PBS 稀释为 3%～10%溶液孵育切片，以吸附封闭位点。

操作方法是，滴加正确的封闭血清覆盖切片组织，放入湿的孵育盒内，密封孵育盒，水平放置于 37℃恒温培养箱内，孵育 30min。

5. 将封闭血清吸出，勿干，滴加经稀释的特异性抗体（一抗），与上一步操作方法相同，37℃孵育 30min 或 4℃冰箱过夜。

注意，根据待检抗原的特性和来源，选用相配套的特异性抗体（一抗）特别重要，如果特异性抗体为与其他种属间无交叉抗人的抗体，则不能用于其他动物检测。

特异性一抗有原液和工作液两种类型。对于原液来说，试剂说明书一般都会对抗体的稀释度（抗体效价）给出一定的使用范围，但是，由于使用者的组织标本和处理过程不尽相同，抗体效价也不会相同。所以，实验者在进行正式的大批量标本染色之前，应做抗体效价的测定，找出合适的稀释度后再进行批量染色。一般应用梯度浓度测试法，在阳性物质发出明亮荧光而背景又较暗时的稀释度是较为合适的。一般而言，高稀释度的荧光抗体可以减少非特异性着色使染色结果更具特异性，但稀释度过高会导致假阴性的出现；低稀释度的荧光抗体使结果较易观察，但会带来非特异性着色，甚至出现假阳性的结果。若购买的为工作液，则无须稀释。

6. PBS 洗 3 次，每次 5min。

7. 滴加荧光素标记的抗特异性抗体的二抗，37℃孵育 30min。

8. PBS 洗 3 次，每次 5min。

9. 50%甘油缓冲液封片。

10. 对照染色　为了确保免疫荧光染色的特异性，排除非特异性，在每次实验中，必须设立对照试验。

（1）阳性对照：用已经证实的含有靶抗原的组织切片与待检标本同样处理，结果应为阳性。

（2）阴性对照：用明确不存在靶抗原的组织切片与待检标本同样处理，结果应为阴性。

（3）空白对照：用免去特异性抗体稀释液或 PBS 替代特异性抗体与待检标本同样处理，结果应为阴性。

五、实验结果

荧光显微镜下观察，对应的抗原部位发出相应的荧光。

六、作业与思考

1. 简述免疫荧光组织（细胞）化学染色步骤。
2. 选购免疫组织化学染色试剂时，应该注意哪些问题？

（李 冰 刘同慎）

实验二 免疫酶组织（细胞）化学技术

一、实验目的

掌握免疫酶组织（细胞）化学技术的基本原理、基本方法和结果。

二、实验原理

免疫酶组织（细胞）化学技术的基本原理与免疫荧光法基本相似，是将标记酶代替荧光染料以共价键的形式结合在抗体上，制成酶标抗体，再借助标记酶对底物的特异催化作用，生成有色的不溶性产物或具有一定电子密度的颗粒，于光镜或电镜下进行各种抗原成分的定位和定性。与免疫荧光组织（细胞）化学技术相比较，免疫酶技术具有以下优点：①酶反应产物呈现的颜色能够在普通生物显微镜下观察，最适宜进行石蜡切片的染色，为回顾性研究创造了条件；②染色后的切片标本可以长期保存，并能加设常规 HE 染色或其他复染，有利于将被检测物质与病变部位的组织和细胞的形态学改变联系起来，进行定性、定位和图像分析。

免疫酶组织（细胞）化学技术中最为常用的标记酶是辣根过氧化物酶（HRP），其次是碱性磷酸酶（ALP）。HRP 催化的显色反应，需要底物和电子供体同时存在才能得以进行。过氧化氢是 HRP 的特异性底物，在电子供体存在的情况下，被分解为水，同时电子供体被氧化聚合，再氧化环化，最后形成引哚胺多聚体。在酶反应部位，形成有色的终产物——不溶性沉淀。显色液中电子供体不同，终产物的颜色各异，例如使用 DAB（3,3—二氨基联苯胺四盐酸盐）时，标本上的阳性部位呈棕黄色，而使用 AEC（3-氨基-9-乙基卡巴唑）则为红色。ALP 标记抗体主要用于内源性过氧化物酶含量丰富的组织的免疫酶组化染色。

三、实验器材

1. 实验器械　常规组织切片制作的器材，仪器设备和耗材，普通显微镜等。
2. 实验试剂　特异性一抗，酶标记二抗，封闭血清，PBS 等。
3. DAB 显色液

DAB（3.3-二氨基联苯胺四盐酸盐）	50mg
TB（0.05M）	100ml
30%过氧化氢	30～40μl

   配制方法：先以少量 TB 溶解 DAB，充分溶解后加入剩余的 TB，摇匀后（避光）过滤，显色前加入 30%过氧化氢。注意：DAB 有致癌作用，操作时应格外小心，避免直接与皮肤接触，用后的器皿应充分冲洗，用后的 DAB 液不应冲入下水道，应集中深埋或使用清洁液处理后弃之。

4. AEC 显色液

AEC（3-氨基-9-乙基卡巴唑）	20mg
二甲酰胺（DMF）	2.5ml
0.05 mol/L 醋酸缓冲液（PH5.5）	50ml
30%过氧化氢	25μl

配制方法：先将 AEC 溶于 DMF 中，再加入醋酸缓冲液充分混匀。临显色前加入 30%过氧化氢液，镜下控制显色时间，阳性为深红色颗粒。

5. 碱性磷酸酶显色液（α-萘酚显色液）

α-萘酚	15mg
二甲酰胺（DMF）	0.5ml
坚固蓝 BB 盐	30mg
0.05M Tris-HCL（pH9.1）	50ml
左旋咪唑	12mg

配制方法：先将 α-萘酚溶于 DMF 中，加入坚固蓝，再加入 Tris-HCL 缓冲液，最后加入左旋咪唑，完全溶解过滤后立即使用。显色，37℃，15～30min。用 0.1%中性红复染 30s～1min，自来水冲洗，丙酮分化 5s，流水冲洗。阳性结果为蓝色，复染后的细胞核为红色或紫色。左旋咪唑的作用是封闭内源性碱性磷酸酶。

四、实验方法

1. 组织切片常规脱蜡入水。
2. 抗原修复同免疫荧光组织（细胞）化学技术。
3. 封闭内源性过氧化物酶，新配置 0.3%过氧化氢甲醇液，室温，30min；使用 ALP 标记抗体，不用在此步骤封闭内源性 ALP。

冰冻切片、细胞涂片从此步骤开始。

4. PBS 洗 3 次，每次 5min。
5. 滴加与二抗同种动物来源非免疫正常血清，37℃，30min。
6. 甩掉正常血清，滴加适当稀释度的特异性抗体，37℃，30min 或者 4℃过夜。抗体的选择和有效效价测定与免疫荧光组织（细胞）化学技术相同。
7. PBS 洗 3 次，每次 5min。
8. 滴加适当稀释度的酶标二抗，37℃，30min。二抗来源的选择应该与一抗相配套，比如一抗为兔来源，二抗选择羊抗兔；一抗为小鼠来源，二抗选择兔抗小鼠。
9. PBS 洗 3 次，每次 5min。
10. 显色。显微镜下观察控制呈色反应，以结果清晰、背景无非特异性染色为度。
11. 自来水充分冲洗。
12. 需要时用苏木素复染胞核。
13. 封片。若用 DAB 呈色，可经乙醇脱水，二甲苯透明，中性树胶封片；若用 AEC 则不能用乙醇脱水，用吸水纸吸去组织周围多余的水分，直接滴加水溶性封片剂（例如明胶甘油）封片。
14. 对照染色同免疫荧光组织（细胞）化学技术。

五、实验结果

阳性部位呈棕黄色、红色或者蓝色。

六、作业与思考

1. 在进行免疫组织（细胞）化学染色时，如何准确确定特异性一抗的有效效价？
2. 免疫酶组织（细胞）化学技术有多种酶标记系统，在应用时如何进行选择？

（李　冰　刘同慎）

实验三　亲和免疫组织（细胞）化学技术

一、实验目的

1. 了解亲和免疫组织（细胞）化学技术的原理。
2. 掌握 ABC 法方法步骤和结果。

二、实验原理

亲和免疫组织（细胞）化学技术是一种将亲和化学和免疫组织（细胞）化学相结合的技术。亲和化学是利用两种物质之间高度亲和能力而相互结合的化学反应。亲和物质之间不但有高度亲和力，而且与荧光素、酶、同位素，以及铁蛋白、胶体金等标记物结合，将一些亲和物质引入免疫细胞化学，从而提高组织化学的定位专一性、敏感性，同时减少非特异性染色。目前，亲和免疫组织（细胞）化学技术中最常用的亲和物质是卵白素（avidin）和生物素（biotin）。

卵白素是一种碱性蛋白质，其分子由四个相同亚基构成，与生物素、荧光素、酶等具有高度的亲和力，能够牢固结合而又不影响彼此的生物学活性。生物素（又称维生素 H）为分子量较小的一种维生素。由于卵白素和生物素之间具有高度的亲和性，生物素可与抗体偶联，不论生物素还是卵白素均能与酶（过氧化物）结合并不影响酶的活性，这样就将亲和化学和免疫细胞化学结合起来而形成卵白素-生物素免疫染色技术。目前常用的方法是亲合素-生物素-过氧化物酶复合物法（ABC 法）。由于一个卵白素分子具有可与生物素结合的四个位点，其中一部分可与生物素标记的过氧化物酶结合，另一部分可与生物素标记的免疫球蛋白反应。生物素通过氨基与抗体或过氧化物酶分子相结合，一个过氧化物酶或免疫球蛋白可以结合多个生物素分子，从而增强了免疫球蛋白或过氧化物酶结合卵白素的能力。这样卵白素就可作为桥梁，把生物素-抗体结合物及生物素-酶结合物连接起来进而有可能偶合更多的酶分子，并且这种相互作用的连接能形成一种较大的类似晶体的复合物，从而大大提高了标记酶染色的灵敏度；并且还有以下优势：由于特异性强、敏感性提高，第一抗体和第二抗体都可被稀释至尽可能高的浓度，减少了非特异性染色，背景淡。由于卵白素和生物素间的极高亲和力，使得结合时间明显缩短，复合物的制备操作简便快捷；由于生物素和卵白素具有和多种示踪物高度亲和的能力，可用于双重或多重免疫染色。

三、实验器材

1. 实验器械　常规组织切片制作的器材、仪器设备和耗材、普通显微镜。
2. 实验试剂　特异性一抗、封闭血清、PBS；稀释鸡蛋清液；ABC法试剂盒；DAB显色或AEC显色试剂盒。

四、实验方法

以ABC法基本步骤：

1. 石蜡切片脱蜡入水。
2. 消除内源性过氧化物酶，微波抗原热修复，以及免疫酶组织（细胞）化学技术。
3. PBS洗3次，每次5min。
4. 减少非特异性着色，用稀释20倍的正常血清（产生二次抗体动物的非免疫血清）封闭，37℃，30min。
5. 勿洗，滴加合适稀释度的特异性一抗，4℃过液或37℃，30min。
6. PBS洗3次，每次5min。
7. 封闭内源性生物素，内源性生物素广泛地存在于肝、肾及某些肿瘤等组织细胞中，同时微波抗原热修复法也可以使内源性生物素活性加强，在使用ABC法染色时会产生假阳性结果。解决的方案是用卵白素封闭内源性的生物素结合位点，进行卵白素-生物素阻断。方法是用PBS（pH7.4）将鸡蛋清配成5%～20%的溶液，混匀，4℃冰箱保存备用。使用时，将上述溶液滴加到切片上，并在37℃或室温下孵育30min。
8. PBS洗数次即可。
9. 滴加生物素化的二抗，37℃，30min。
10. PBS洗3次，每次5min。
11. 滴加ABC复合物，37℃，30min。
12. PBS洗3次，每次5min。
13. 显色等后续步骤同免疫酶组织（细胞）化学技术。

五、实验结果

棕褐色反应产物代表抗原阳性定位。

六、作业与思考

1. 简述消除内源性的过氧化物酶和生物素的方法和重要性。
2. 比较三种免疫组织化学技术方法的优缺点以及应用范围。

（李　冰　刘同慎）

第三章 人体组织学与胚胎学实验

实验一 上皮组织
Epithelial Tissue

一、实验目的

1. 掌握单层扁平上皮、单层立方上皮、单层柱状上皮、假复层纤毛柱状上皮、复层扁平上皮和变移上皮的光镜结构。
2. 掌握上皮组织特殊结构的超微结构特征。

二、实验内容

取材	染色	组织切片
大动脉	HE	单层扁平上皮（内皮）
蛙肠系膜	$AgNO_3$	单层扁平上皮（间皮）
甲状腺	HE	单层立方上皮
空肠	HE	单层柱状上皮
人气管	HE	假复层纤毛柱状上皮
人食管	HE	复层扁平上皮
小鼠膀胱（空虚状态）	HE	变移上皮
狗下颌下腺	HE	腺上皮

三、切片描述

（一）单层扁平上皮（simple squamous epithelium）

1. 内皮（endothelium）

（1）肉眼观察：此标本是大动脉管壁横切面。

（2）低倍镜观察：大动脉的腔面可见一细线状结构，为内皮。

（3）高倍镜观察：可见到此线状结构由一层细胞构成，细胞胞质菲薄，染为粉红色，细胞核扁椭圆形，紫蓝色，略凸向管腔。

2. 间皮（mesothelium）

（1）肉眼观察：标本呈棕黄或棕黑色，为形态不规则、厚薄不一的薄片。

（2）低倍镜观察：示单层扁平上皮的表面观。选择标本透亮处进行观察，可见标本中有许多黄褐色细线条纹，此即细胞界限。

（3）高倍镜观察：细胞排列紧密，为不规则的多边形，边缘棕黑色，呈锯齿状，相邻细胞边缘互相嵌合。胞质呈棕褐色。部分胞核椭圆形，位于细胞中央，呈浅黄色，部分胞核显示不清（图 3-1）。

（二）单层立方上皮（simple cuboidal epithelium）

1. 肉眼观察　表面有薄层粉红色被膜，被膜下隐约可见许多粉红色小圆块，即为甲状腺滤泡。

2. 低倍镜观察　可见甲状腺由许多大小不等的囊泡即甲状腺滤泡构成。滤泡腔内充满粉红色的胶状物，为胶质，滤泡壁由单层立方上皮构成，滤泡间为结缔组织，找到结构清晰的滤泡放于视野中央换高倍镜观察。

3. 高倍镜观察　滤泡壁的上皮细胞紧密排列成单层，胞体呈立方形，核圆居中、染成紫蓝色，胞质弱嗜碱性。细胞可因功能状态不同而有形态差异。

（三）单层柱状上皮（simple columnar epithelium）

1. 肉眼观察　为小肠横断面，其腔面被染成紫蓝色，为黏膜，黏膜向表面伸出小突起，称为绒毛。

2. 低倍镜观察　找到黏膜表面突起的绒毛，呈纵、横、斜切面，后两者多与肠壁分离。绒毛表面可见一层排列较整齐的上皮，即单层柱状上皮。选择结构完整的纵切面换高倍镜观察。

3. 高倍镜观察　大部分上皮细胞是柱状细胞，细胞呈高柱状，胞质淡红色，界限不清，细胞核呈长椭圆形，位于基底部，其长轴与细胞长轴一致。细胞的游离面有细纹状的窄带，染成红色，为纹状缘。杯状细胞散在分布于柱状细胞之间，其顶部膨大似空泡状，基部狭窄，可见染为深蓝色的三角形或半圆形的核（图 3-2）。

（四）假复层纤毛柱状上皮（pseudostratified ciliated columnar epithelium）

1. 肉眼观察　切片呈弧形，气管的腔面染色较深，为假复层纤毛柱状上皮。

2. 低倍镜观察　上皮游离面与基底面较整齐，但细胞的核位置高低不等，有的近游离面，有的近基底面，形似复层。

3. 高倍镜观察　上皮细胞高矮不一，界限不清，胞核分布大致三层：基部的核近似圆形，为锥形细胞的核，该细胞胞体小、呈锥形，位于上皮深部；浅部的核为长椭圆形，是柱状细胞（纤毛细胞）的核，该细胞数量最多，呈高柱状，其游离面较宽、达腔面，有密集、规则排列的纤毛；中间的核为椭圆形，是梭形细胞的核，该细胞界限不清，故不易分辨。杯状细胞形似高脚酒杯，游离端大而染色浅，核近基底部，呈三角形或半圆形。上皮基底面的基膜较为明显，为均质粉红色带状（图 3-3）。

（五）复层扁平上皮（stratified squamous epithelium）

1. 肉眼观察　标本为食管横切面，呈半椭圆形或椭圆形，位于腔面的紫蓝色的部分为复层扁平上皮。

2. 低倍镜观察　上皮由数层细胞密集排列组成，细胞的形态是逐渐变化的。表层是染成淡红色的几层扁平细胞，中间层染色较深，为数层多边形细胞，于近表层处渐变为梭形细胞，基底层的细胞呈矮柱状，染色最深，呈蓝色。上皮与深部结缔组织交界处呈波浪状（图 3-4）。

3. 高倍镜观察　由浅至深观察各层上皮细胞：表层的数层扁平细胞，核扁平而色深；中间层的多边形细胞，胞核圆形，胞质浅红色；基底层为立方或低柱状细胞，细胞间界限不清，胞质嗜碱性，核圆形，染色深，排列整齐。

（六）变移上皮（transitional epithelium）

1. 肉眼观察　凹凸不平的一面即为腔面，被覆变移上皮，着色稍深。
2. 低倍镜观察　变移上皮较厚，由多层细胞构成，各层细胞形态不一。
3. 高倍镜观察　上皮的基底部为一层立方形细胞，中间为数层多边形细胞，表层是一层盖细胞，盖细胞较大，呈立方形或矮柱状，有1～2个细胞核，胞质染成粉红色。一个盖细胞可覆盖几个中间层细胞（图3-5）。

（七）腺上皮（glandular epithelium）

1. 肉眼观察　组织被分隔成许多紫蓝色小块。
2. 低倍镜观察　腺组织被结缔组织分隔成许多小叶，小叶内有许多大小不等，圆形、卵圆形或不规则形的腺泡和导管断面。着色深者是浆液性腺泡，着色浅者是黏液性腺泡，还可见深浅不一的混合性腺泡。其间染色较红的管状结构为导管。
3. 高倍镜观察　①浆液性腺泡：由锥体形的腺细胞构成，核圆位于偏基底部，细胞基部嗜碱性强，呈紫蓝色，顶部常见嗜酸性分泌颗粒，腔小而不明显。②黏液性腺泡：由锥体形细胞构成，核扁圆形，位于基底部；核周少量胞质嗜碱性，呈蓝色，其余胞质几乎不着色呈空泡状；腔较大而明显。③混合性腺泡：由黏液性和浆液性两种腺细胞组成；大部分混合性腺泡主要由黏液性腺细胞组成，浆液性腺细胞常形成半月形结构贴附着黏液性腺细胞，为浆半月。④导管：由单层立方上皮或单层柱状上皮围成，管腔明显。

四、思考题

1. 根据你所观察的切片，请总结出上皮组织的结构特点。
2. 请总结出上皮组织的特殊结构及其功能。

（张洪芹　蔡　恒）

实验二　结缔组织
Connective Tissue

一、实验目的

1. 掌握结缔组织的结构特点、分类及分布。
2. 掌握疏松结缔组织各种细胞结构特点及功能。
3. 掌握疏松结缔组织的纤维和基质的结构及功能。
4. 了解致密结缔组织、脂肪组织和网状组织的结构特点。

二、实验内容

取材	染色	组织切片
兔肠系膜	HE+品红	疏松结缔组织铺片
人食管	HE	疏松结缔组织
人皮肤	HE	不规则致密结缔组织
人肌腱	HE	规则致密结缔组织
人皮下组织	HE	脂肪组织
人淋巴结	$AgNO_3$	网状组织

三、切片描述

（一）疏松结缔组织（loose connective tissue）铺片

1. 肉眼观察　铺片较小，呈不规则形，深红色，厚薄不一。

2. 低倍镜观察　选择标本最薄处，可见纤维粗细不等，纵横交错成网，纤维间散在有细胞（图3-6）。

3. 高倍镜观察　①胶原纤维：数量多，染成粉红色，粗细不等，呈条带状或波纹状，交织成网，可有分支。②弹性纤维：数量较胶原纤维少，多单根走行，染成紫红色，较细，有分支，相互交织，断端有卷曲。③成纤维细胞：数量多，细胞轮廓不清，胞体大，有突起，胞质弱嗜碱性，染色淡；核较大，卵圆形，染色浅，核仁明显。④巨噬细胞：形态多不规则，有突起，胞质丰富，嗜酸性；其内可见被它吞噬的蓝色色素颗粒，颗粒大小不等，分布不均；核小呈卵圆形，染色深。⑤肥大细胞：胞体呈圆形或卵圆形，胞质内充满粗大的紫色分泌颗粒；核小而圆，多位于中央，颗粒可掩盖细胞核；在纤维和细胞之间，生活状态下充满不着色的均质状基质。

（二）疏松结缔组织（loose connective tissue）切片

1. 肉眼观察　切片呈半圆形或椭圆形，其一面呈曲折的紫蓝色条带状，为食管的黏膜层，另一面染成红色的部分为肌层。在黏膜层和肌层间有一较宽的浅红色区，此为黏膜下层。

2. 低倍镜观察　黏膜下层由疏松结缔组织构成，其结构稀疏，染色较淡，可见粉红色的纤维束，其间散在少量细胞。

3. 高倍镜观察　胶原纤维束粗细不等，被切成各种不同的断面，呈粉红色。弹性纤维不能辨认。细胞少，染成紫蓝色的梭形核，多为成纤维细胞的细胞核，其他细胞不易辨别。

（三）不规则致密结缔组织（irregular dense connective tissue）切片

1. 肉眼观察　切片呈半圆形，表面深红色，深部紫蓝色，此为表皮；其下方粉红色的为真皮（不规则致密结缔组织）。

2. 低倍镜观察　胶原纤维纵横交织，排列紧密，呈粉红色，其间散在少量细胞。

3. 高倍镜观察　胶原纤维之间分布有成纤维细胞和纤维细胞，细胞轮廓不清，可根据核的形态来辨认。成纤维细胞核大，椭圆形，着色浅，常可见核仁；纤维细胞核小，扁椭圆形，着色深（图3-7）。

(四) 规则致密结缔组织 (regular dense connective tissue) 切片

1. 肉眼观察　粉红色长条形组织为肌腱纵切面，圆形组织为横切面。
2. 低倍镜观察　纵切面上，大量粉红色胶原纤维紧密平行排列成束，其间有腱细胞。
3. 高倍镜观察　纵切面上，腱细胞胞核呈长椭圆形，色深。横切面上，腱细胞呈星形，核圆，其胞体伸出翼状突起插入纤维束之间 (图3-8)。

(五) 脂肪组织 (adipose tissue) 切片

1. 肉眼观察　脂肪组织着色浅淡。
2. 低倍镜观察　脂肪细胞聚集成群，被疏松结缔组织分隔成许多脂肪小叶。脂肪细胞体积大，呈圆形或多边形，空泡状。
3. 高倍镜观察　脂肪细胞体积大，呈圆形或多边形，在 HE 标本中胞质中的脂滴被溶解，细胞呈空泡状。细胞核呈扁圆形，偏于细胞一侧 (图3-9)。

(六) 网状组织 (reticular tissue) 切片

1. 肉眼观察　棕黑色椭圆形组织。
2. 低倍镜观察　找到着色浅的部位观察，网状纤维呈黑色，粗细不等，有分支，相互交错成网，其间散在分布网状细胞及淋巴细胞。
3. 高倍镜观察　网状细胞依附于网状纤维，胞体呈星形，胞质丰富，着色浅。核大，圆形或椭圆形，着色浅，核仁明显 (图3-10)。

四、思考题

1. 疏松结缔组织分布于哪些部位？有何特点及意义？
2. 疏松结缔组织又叫蜂窝组织，蜂窝组织炎是临床上比较常见的一种软组织炎症，请问蜂窝组织炎好发的原因是什么？

（张洪芹　蔡　恒）

实验三　血　液
Blood

一、实验目的

1. 掌握各种血细胞的光镜结构及功能。
2. 学会制作血涂片。
3. 学会正确使用油镜观察标本。

二、实验内容

1. 血涂片的制作

(1) 材料用具：一次性取血针，载玻片，医用稀聚维酮碘，医用棉签，瑞氏染液，蒸馏水（或缓冲液），特种玻璃铅笔等。

(2) 方法步骤：①消毒，先按摩取血部位（如左手无名指指腹），使血流通畅；用棉签蘸取少许稀聚维酮碘消毒取血部位；②取血，取一次性取血针针尖刺破已消毒指尖的皮肤，使血自然流出，勿挤；取一干净载玻片，将血滴滴在距离载片一端5~10mm处，注意用手持握载片的边缘，勿触及其表面；③推片，取一块边缘光滑的载玻片做推片；将推片的一端置于血滴前方，向后移动至其接触血滴，使血液沿推片的边缘成线状铺展开；向载玻片另一端平稳地推推片，注意使推片与载片呈30°～45°，涂片推好后，使之自然干燥；④染色，用特种玻璃铅笔在血膜两侧画两条线，防止染液外溢；将瑞氏染液（伊红-亚甲基蓝）滴在血膜上，至覆盖血膜，染半分钟；加等量蒸馏水（或缓冲液），使之与染液充分混合，再染5min；最后用蒸馏水冲掉染液，待涂片自然干燥后，进行观察。

2. 油镜的使用方法　①在高倍镜下找到所要观察的标本后，将需要进一步放大的部分移至视野中心。②把集光器上升到最高位置，光圈开到最大。③转动物镜转换器，移开高倍镜，在要观察部位的盖玻片上滴加一滴香柏油作为介质（香柏的折射率和玻璃的折射率大致相同）。④稍稍上升镜筒或下降载物台，转动物镜转换器使油镜对准通光孔，然后从侧面观察油镜与标本之间的距离，慢慢转动粗调螺旋，使油镜与油滴接触，再小心地使它贴近盖玻片表面。这步操作要特别小心，调节时速度不要过快。一般显微镜也可不上升镜筒，而直接转动物镜转换器换至油镜，油镜即可浸在油滴中。⑤用眼观察目镜，同时小心地转动细调螺旋使镜头微微上升或载物台下降，直到出现清晰的物像。如果是直接转换油镜，则只要转动细调螺旋，稍微下降或上升载物台，即能清楚观察到物像。切忌使用粗调螺旋，或在视野中看不到模糊的像时，一直单方向转动细调螺旋使镜头下降，这样会压碎标本或损坏镜头。⑥油镜使用完毕，必须把镜头和玻片标本上的香柏油擦净，先用拭镜纸蘸少许二甲苯将镜头上的大部分油去掉，再用干拭镜纸擦拭。擦拭时要顺镜头的直径方向，不要沿镜头的圆周擦。

三、涂片描述

1. 肉眼观察　血液被涂染成粉红色薄膜，选择薄且细胞分布较均匀的部位镜下观察。
2. 低倍镜观察　可见大量大小均匀的圆形、粉红色、无核的红细胞，其间散在数量较少的有核的白细胞，核呈紫蓝色。
3. 高倍镜（或油镜）观察

(1) 红细胞（erythrocyte, red blood cell）：数量最多，满布视野，呈圆形，染红色或暗红色，中央比周边着色淡，无核（图3-11）。

(2) 白细胞（leukocyte, white blood cell）：①中性粒细胞（neutrophilic granulocyte, neutrophil），易见，体积比红细胞大，呈圆形，胞质染淡红色（为大量特殊颗粒），其内可见细小紫色颗粒（为嗜天青颗粒）；核紫蓝色，呈弯曲杆状或为分为2～5叶的分叶核，叶间有纤细的缩窄部相连；②嗜酸性粒细胞（eosinophilic granulocyte, eosinophil），少见，细胞呈圆形，胞质中充满粗大、大小一致、分布均匀、染为橘红色的嗜酸性颗粒，核紫蓝色，多为两叶；③嗜碱性粒细胞（basoophilic granulocyte, basophil），极少见，细胞呈圆形，胞质中分散有粗大，大小不一，分布不均，染为紫蓝色的嗜碱性颗粒；核呈紫蓝色，呈S形或不规则形，有些颗粒盖在核上，致使核的轮廓不清楚；④淋巴细胞（lymphocyte），较多见，细胞呈圆形，胞体大小不一，小的如红细胞大小，数量多，大的与粒细胞相近；胞质较少，多围绕核呈狭窄的天蓝色环或月牙形；胞核大，圆形，染色致密，呈天蓝色，有的核一侧有凹陷；⑤单核细胞（monocyte），较少见，是血细胞中体积是最大的细胞，呈圆形或椭圆形；胞质丰富，染成淡灰蓝色，其内分布细小的紫红色的嗜天青颗粒；核呈肾形、马蹄铁形，有时呈S形扭曲或折叠，染色质较松散，较淋巴细胞的核淡（图3-11，图3-12，图3-13）。

（3）血小板（blood platelet）：多成群分布于其他血细胞之间，为大小、形态不一的胞质小块，中央有紫蓝色颗粒为颗粒区；周边呈均质浅蓝色，为透明区（图 3-11，图 3-12）。

四、思考题

1. 试比较三种粒细胞光镜下形态结构的异同点。
2. 你知道临床上为什么要进行血液（血常规）检验吗？如果血液检验中红细胞及血红蛋白指标出现异常，表明机体发生了怎样的改变？

（张洪芹　蔡　恒）

实验四　软骨和骨
Cartilage and Bone

一、实验目的

1. 掌握透明软骨、骨组织及骨的光镜结构。
2. 了解弹性软骨和纤维软骨的光镜结构。

二、实验内容

取材	染色	组织切片
气管	HE	透明软骨
耳廓	来复红	弹性软骨
人椎间盘	HE	纤维软骨
长骨磨片	大力紫染色	骨组织

三、切片描述

（一）**透明软骨**（hyaline cartilage）

1. 肉眼观察　切片呈椭圆环状，有的为圆弧形，管壁内染为紫蓝色的部分为透明软骨，边界清晰。
2. 低倍镜观察　找到软骨区，其内、外边缘为软骨膜，由致密结缔组织构成，染成粉红色。深部为软骨组织，可见软骨细胞和软骨基质。靠近软骨膜的软骨细胞小且扁圆，软骨深部的软骨细胞体积较大，圆形或椭圆形，多成群分布，即同源细胞群（图 3-14）。
3. 高倍镜观察　软骨细胞大小不等，由于胞质收缩，常呈三角形。软骨细胞位于软骨陷窝内，陷窝周围的软骨基质被染成深蓝色，即软骨囊。有的软骨细胞与软骨囊之间存在较大的缝隙，可能与细胞的收缩有关。

（二）**弹性软骨**（elastic cartilage）

1. 肉眼观察　标本中央紫蓝色的部分为弹性软骨。
2. 镜下观察　软骨表面有薄层软骨膜，软骨细胞较密集，位于软骨陷窝内，其形态不规则，染成粉红色。软骨基质中被染成紫蓝色的弹性纤维相互交织成网（图 3-15）。

(三) 纤维软骨 (fibrous cartilage)

1. **肉眼观察** 切片周围染为粉红色的是由纤维软骨构成的纤维环，中央染为蓝色的为髓核。
2. **镜下观察** 大量粗大的胶原纤维束平行或交叉排列，软骨细胞小而少，软骨基质较少。

(四) 骨组织 (osseous tissue)

1. **肉眼观察** 切面呈楔形，较宽的弧形一侧为外环骨板，其对侧不规则，为内环骨板。
2. **低倍镜观察** ①外环骨板：位于骨的外周，较厚，为较整齐的、多层平行排列的环形骨板；②内环骨板：位于骨的内层，较薄，为不规则的几层骨板，内环骨板有的标本缺如；③骨单位（哈弗斯系统）：于内环骨板与外环骨板之间，可见许多呈同心圆状排列的骨板（哈弗斯骨板），大小不一，此即骨单位骨板，其中央染成深蓝色的管腔为中央管；④间骨板：为骨单位之间或骨单位与环骨板之间的不规则骨板；⑤穿通管：相邻中央管之间有时可见横行的管道，为穿通管。
3. **高倍镜观察** ①骨陷窝：骨板内和骨板间有许多小的腔隙，椭圆形，深染，即骨陷窝，是骨细胞胞体所在的腔隙；②骨小管：由骨陷窝向各方向发出的一些深色的细小管道，即为骨小管，为骨细胞突起所在的腔隙，相邻骨陷窝之间的骨小管彼此相通（图3-16）。

四、思考题

广义的结缔组织从液态的血液到固态的软骨和骨，物理状态差距很大，为什么它们都归为结缔组织？

（张洪芹　蔡　恒）

实验五　肌组织
Muscle Tissue

一、实验目的

1. 掌握三种肌组织的光镜结构。
2. 掌握骨骼肌纤维的超微结构。

二、实验内容

取材	染色	组织切片
人骨骼肌	HE	骨骼肌
羊心	HE	心肌
人小肠	HE	平滑肌

三、切片描述

(一) 骨骼肌 (skeletal muscle)

1. **肉眼观察** 长条形的组织片为骨骼肌的纵切面，椭圆形的组织片为骨骼肌横切面。

2. 低倍镜观察 ①纵切面：肌纤维呈长带状，核扁圆，贴近肌膜，其长轴与肌纤维长轴一致，每条肌纤维有多个核。②横切面：肌肉外表面的结缔组织为肌外膜。肌外膜伸入肌肉内，包绕每一束肌纤维，形成肌束膜，肌束大小不等。分布在每条肌纤维周围的少量结缔组织，称肌内膜；肌纤维的断面呈圆形，核扁圆、一至多个，靠近肌膜。

3. 高倍镜观察 ①纵切面：肌纤维内有纵行的细丝状结构即肌原纤维，肌纤维呈现均匀的横纹，深色为暗带，浅色为明带，二者相间排列。②横切面：肌原纤维呈细散的小红点状（图 3-17）。

（二）心肌（cardiac muscle）

1. 肉眼观察 绝大部分组织被染成红色，为心肌。

2. 低倍镜观察 可见心肌的各种切面。纵切的肌纤维呈不规则的短带状，有分支，肌纤维互相吻合，核椭圆形，位于细胞中央。横切的心肌纤维呈圆形或多边形，核卵圆形，居中。

3. 高倍镜观察 纵切面上，心肌纤维有明暗相间的横纹，但不及骨骼肌的清晰。相邻心肌纤维之间有染色较深、呈直线或阶梯状的线条，为闰盘。横切面上，心肌纤维呈不规则的圆形，切到核的肌纤维可见核呈卵圆形，居中，核周围色浅（图 3-18）。

（三）平滑肌（smooth muscle）

1. 肉眼观察 标本上凹凸不平的一侧呈紫蓝色，为肠的黏膜层，另一侧呈红色，此为肌层和外膜。

2. 低倍镜观察 找到肌层，分清横切和纵切的肌纤维，肌纤维染成红色（图 3-19）。

3. 高倍镜观察 纵切的肌纤维呈长梭形，胞质嗜酸性染为粉红色。核呈长椭圆形或杆状，位于细胞中央。横切的肌纤维断面大小不一，呈圆形或多边形，有的断面上可见圆形的核，位于细胞中央。

四、思考题

比较光镜下骨骼肌、心肌的形态结构特点。

（张洪芹 蔡 恒）

实验六 神经组织
Nervous Tissue

一、实验目的

1. 掌握神经元的光镜结构特点。
2. 掌握神经纤维的光镜结构特点。
3. 了解神经末梢的光镜结构特点。

二、实验内容

取材	染色	组织切片
脊髓（横切）	HE	神经元
人坐骨神经（纵、横切）	HE	神经纤维
人指皮	HE	触觉小体和环层小体
脊髓（横切）	镀银染色	神经原纤维（示教）
豚鼠肋间肌	氯化金法	运动终板（示教）

三、切片描述

（一）神经元（neuron）

1. **肉眼观察** 脊髓横切呈椭圆形，周围浅红色部分为白质，在中央可见到呈"H"形染色较深的灰质。灰质分为前角、后角和侧角，前角比较宽大，主要在此处观察运动神经元。

2. **低倍镜观察** 先分辨白质和灰质，及灰质的前角、后角和侧角，位于两侧灰质交界狭窄处可看到被单层细胞围成的脊髓中央管。白质颜色浅，为神经纤维。灰质主要成分是多极神经元的胞体和突起、神经纤维和神经胶质细胞。脊髓前角宽大，神经元数量多，体积较大，单个或成群分布为运动神经元（多极神经元），选择突起较多并切到胞核的神经元高倍镜下仔细观察。

3. **高倍镜观察** 主要观察多极神经元的结构。①胞体：呈多角形，较大；细胞核大而圆，多位于胞体中央，染色浅淡，可见清楚的较大而圆的核仁；胞质呈浅红色，内有呈蓝色的块状或颗粒状的尼氏体（Nissl body），大小不等，分布不均；②突起：分为树突和轴突；树突可切到一至多个树突根部，由胞体伸出时较粗，逐渐变细，内有尼氏体；轴突只有一个，起始部因无尼氏体，染色浅，呈圆锥状，称轴丘，因为切面的原因，轴突（轴丘）常不容易看到。在神经元的周围有许多小而圆的细胞核，为神经胶质细胞核，中央管周围的室管膜细胞呈单层立方形或柱状。白质内可见大量神经纤维，有髓神经纤维多见（图3-20）。

（二）神经纤维（nerve fiber）

1. **肉眼观察** 呈长条形的为纵切面，圆形的为横切面。

2. **低倍镜观察** ①横切面：包裹在神经表面的结缔组织是神经外膜。神经内可见多个呈圆形、大小不一的神经纤维束，在神经纤维束表面可见1~2层扁平细胞，其与周围的结缔组织构成神经束膜。在神经纤维束内每条神经纤维周围，由薄层结缔组织构成神经内膜；②纵切面：在标本两侧有结缔组织，为神经外膜，染色较深；可见若干神经纤维平行排列，粗细不等，局部可见到膨大的浅染区为郎飞结（Ranvier node）。

3. **高倍镜观察** ①横切面：有髓神经纤维呈圆形，粗细不一；每条神经纤维中央都有一粉红或蓝色的圆点，为轴突；髓鞘较厚，因制片时髓鞘的脂类溶解，仅见粉红色细网状蛋白质；有的神经纤维上可见新月形的施万细胞核；②纵切面：有髓神经纤维的轴突位于每条神经纤维中央，粗细不等；施万细胞呈竹节状包在轴突外周；髓鞘呈粉红色细网状，沿平行排列的神经纤维仔细寻找，间隔一定距离便可见髓鞘中断，神经纤维在此略窄，呈十字状，为郎飞结，此处颜色最浅，其中可见与纤维方向一致的染成灰或蓝色的轴突断面；在有髓神经纤维之间的无髓神经纤维排列紧密，呈深红色线条，其中夹有椭圆形的施万细胞核（图3-21）。

（三）触觉小体和环层小体 (tactile corpuscle and lamellar corpuscle)

1. 肉眼观察　标本一侧染成紫蓝或红色的弧形线条，为表皮，其下方染淡红色部分为真皮。

2. 镜下观察　细胞排列成层的一侧为表皮，其深面为真皮。真皮的结缔组织向表皮突出形成乳头状结构，称真皮乳头。真皮乳头内可见有椭圆形的触觉小体，触觉小体内有扁平细胞与皮肤表面平行排列（图3-22）。在真皮的深面或皮下组织内，可见有较大的由许多扁平细胞呈同心圆状排列形成的圆形或椭圆形的环层小体（图3-23）。触觉小体和环层小体的外周都包有薄层结缔组织。

（四）神经原纤维 (neurofibril)

1. 低倍镜观察　神经元胞体和突起染成棕褐色。前角内有许多多突起的神经元，核大而圆，淡染。选一清晰的、棕黄色多极神经元，换高倍镜观察。

2. 高倍镜观察　神经原纤维呈棕黑色细丝状，在神经元胞体内，交错排列成网，伸入树突和轴突内，渐成平行排列。

（五）运动终板 (motor end plate)

1. 低倍镜观察　骨骼肌纤维呈紫蓝色，神经纤维呈紫黑色，成束存在，其分支末端膨大，贴附于骨骼肌纤维表面。

2. 高倍镜观察　单根神经纤维末端分支膨大呈爪状或葡萄状，并与骨骼肌纤维相贴，形成运动终板（图3-24）。

四、思考题

1. 如何在脊髓标本中快速找到运动神经元？
2. 神经元与所学过的上皮细胞和结缔组织中的细胞在光学显微镜下最主要的区别是什么？
3. 指皮中的环层小体和触觉小体在结构上有什么区别？
4. 如何从髓鞘形成过程来理解周围神经系统的有髓神经纤维的结构特点？

（李红星　侯　云）

实验七　神经系统
Nervous System

一、实验目的

1. 掌握大脑、小脑皮质的分层结构特点。
2. 掌握脊髓的光镜结构特点。
3. 了解脊神经节的光镜结构特点。

二、实验内容

取材	染色	组织切片
人大脑	HE	大脑
人小脑	HE	小脑
脊髓横切面	HE	脊髓
人脊神经节	HE	脊神经节
大脑	COX 镀银法	大脑锥体细胞（示教）

三、切片描述

（一）大脑（cerebrum）

1. **肉眼观察** 表面皮质凹陷形成沟，隆起处为回。切片周边染色深的区域为皮质，中央染色浅的区域为髓质。

2. **低倍镜观察** 被覆在大脑皮质表面的软脑膜由薄层结缔组织组成，内含小血管。

（1）皮质：大脑皮质的神经元胞体分层排列，但在 HE 染色切片中并没有明显分界，主要显示神经元的胞体、胞核及神经胶质细胞核。一般分为六层，但由于切片取材部位不同，可有一定差别。寻找细胞层次较清楚的部位，由浅至深依次观察，①分子层位于最表层，细胞少而小，排列稀疏；②外颗粒层较薄，细胞密集，其中可见少量胞体呈锥形的小型锥体细胞；③外锥体细胞层较厚，细胞排列较稀疏，主要由中、小型锥体细胞构成，其中以中型占多数；④内颗粒层不明显；⑤内锥体细胞层主要为分散的大、中型锥体细胞；⑥多形细胞层较厚，有多种细胞，以梭形细胞为主，该层与内锥体细胞层和髓质分界不清。

（2）髓质：染色浅，可见粉红色的神经纤维和深染的神经胶质细胞核。

3. **高倍镜观察** 着重观察锥体细胞的结构特点，其胞体呈锥形，核圆，位于中央；胞体尖端发出顶树突（只见根部），伸向皮质表面；轴突自胞体底部发出，因切面关系不易见到。

（二）小脑（cerebellum）

1. **肉眼观察** 切面中染色深的部位呈树枝状，浅层可见有一紫蓝色曲折线条，其外侧呈粉红色，由此紫蓝色线条向表面为小脑皮质，深面为小脑髓质。

2. **低倍镜观察** 重点观察小脑皮质。

（1）皮质：由浅至深可分三层，①分子层较厚，浅粉红色，神经元少，轮廓不清楚，只能看清细胞核；②浦肯野细胞层位于分子层深面，由一层大的梨形的神经元构成，有的细胞顶部向分子层发出许多树枝状的树突，轴突不易见到；③颗粒层位于浦肯野细胞的深面，较厚，色深；细胞核圆形，排列密集，不能区分细胞的形态；其中染成红色的颗粒为小脑小球（图 3-25）。

（2）髓质：位于颗粒层的深的面，染色浅，由神经纤维和少量神经胶质细胞构成。

（三）脊髓（spinal）

1. **肉眼观察** 脊髓横切呈椭圆形，周围浅红色部为白质，在中央可看到呈"H"形染色较深的灰质。灰质腹侧的两个角比较宽大，为前角。背侧的两个角比较细长，为后角。

2. 镜下观察　先分辨白质和灰质，及灰质的前角、后角和侧角，脊髓中央的空腔为脊髓的中央管，腔面衬室管膜细胞。

（1）白质内可见大量粗细不等的有髓神经纤维和少量无髓神经纤维切面，其间有神经胶质细胞核。

（2）灰质主要成分是多极神经元的胞体和突起、神经纤维和神经胶质细胞。脊髓前角宽大，神经元数量多，体积较大，单个或成群分布为运动神经元（多极神经元），选择突起较多并切到胞核的神经元高倍镜下仔细观察。侧角可见成群分布较小的交感神经元胞体。后角细长，神经元较小，数量少，分散排列。

（四）脊神经节（spinal ganglion）

1. 肉眼观察　标本中椭圆形膨大是脊神经节，与脊神经节相连、较细的是脊神经背根。

2. 低倍镜观察　在标本局部可看到成群出现的较大的细胞，此处为需要观察的脊神经节，神经节表面有由致密结缔组织构成的被膜，神经节内可见许多神经元的胞体。细胞群之间有平行排列的神经纤维（图3-26）。

3. 高倍镜观察　神经元的胞体多呈圆形，大小不等，胞质嗜酸性，含有细小的嗜碱性颗粒状的尼氏体。核浅染，核膜及核仁清楚可见。在每个神经元胞体周围均可见一层较小的细胞，即为卫星细胞，有的神经元与卫星细胞之间出现裂隙，可能为细胞收缩所致，标本因切面原因常看不到直接由神经元胞体发出的纤维。神经纤维成束分布于神经元之间，可见到有髓神经纤维的横切面和纵断面（图3-27）。

（五）大脑锥体细胞（pyramidal cell）

在镜下可见大小不一的锥体细胞，胞体为锥体形，染棕黑色，顶部向表层伸出一条粗大的顶树突，顶树突上又发出许多分枝。在底部向深层伸出一条较细的轴突，较少分支。

四、思考题

1. 脊髓中的运动神经元、小脑中的浦肯野细胞和脊神经节中的神经元的光镜结构有什么异同点？

2. 叙述大脑皮质和小脑皮质的分层特点。

3. 如何理解脊髓白质中的神经纤维在神经冲动上传下达中的作用？

（李红星　侯　云）

实验八　循环系统
Circulatory System

一、实验目的

1. 掌握大、中、小动脉的组织结构特点。

2. 掌握心脏壁的组织结构特点。

3. 熟悉毛细血管的结构特点。

4. 了解静脉的组织结构特点。

二、实验内容

取材	染色	组织切片
心室壁	HE	心脏
降主动脉（横切）	HE	大动脉
股动、静脉	HE	中动、静脉
人指尖横断面	HE	小动脉和小静脉
肠系整装片	HE	毛细血管网（示教）
人大动脉	HE	主动脉粥样硬化（示教）

三、切片描述

（一）心脏（heart）

1. 肉眼观察　标本染成红色，壁薄部为心房，壁厚部为心室。二者交界处可见浅染扭曲状的心瓣膜，且这一侧的心壁凹凸不平，为心腔面。

2. 低倍镜观察　先分清心内膜和心外膜。

（1）心内膜：①内皮，位于表面，为单层扁平上皮；②内皮下层，分为内层和外层；内层为薄层、比较细密的结缔组织；外层又称心内膜下层，为疏松结缔组织。

（2）心肌膜：较厚，主要由心肌纤维构成，可见各种断面心肌纤维。

（3）心外膜：为浆膜，较心内膜厚，由疏松结缔组织及间皮构成，其中可见小血管、神经和脂肪组织等。

（4）心瓣膜：表面为内皮，内部为致密结缔组织。

3. 高倍镜观察

（1）心内膜：心内膜下层中可见浦肯野纤维，浦肯野纤维比心肌纤维粗大，形态常不规则，可见不同的切面；核大，位于中央，1～2个；肌浆丰富，染色较浅，肌原纤维较少，呈较松散的细丝状，横纹不明显；细胞间有闰盘。

（2）心肌膜：可见不同断面心肌纤维，胞质中肌丝丰富，染色较深。肌纤维间的结缔组织中可见到小动脉、小静脉及毛细血管等，心肌膜中有时也可见到浦肯野纤维（图3-28）。

（3）心外膜：由表面的间皮和薄层结缔组织构成，结缔组织中有大量脂肪细胞和血管分布。

（二）大动脉（large artery）

1. 肉眼观察　大而圆，且管壁很厚。

2. 低倍镜观察　内膜与中膜分界不明显，染色浅。中膜较厚，染色深。外膜由疏松结缔组织构成，其间有时可见到中动脉级别的滋养动脉。

3. 高倍镜观察

（1）内膜：由内皮和内皮下层构成。

（2）中膜：主要由数十层平行排列、折光性强、呈波浪状、淡粉红色的弹性膜构成，其间有少量的平滑肌纤维。

（3）外膜：由疏松结缔组织构成，内含有小动脉、小静脉和神经纤维束等（图3-29）。

(三) 中动脉和中静脉 (medium-sized artery and vein)

1. 肉眼观察 可见有两个较大管腔。壁厚、腔小而圆、染色较深者为中动脉；壁薄、腔大而不规则、染色较浅者为中静脉，部分标本出现动脉腔不规则，静脉腔圆的情况也属正常，应注意区别。

2. 低倍镜观察 先找到中动脉的内、外弹性膜，即可分清内膜、中膜和外膜三层，周围结缔组织中有时可见神经纤维束横断面。

(1) 内弹性膜：靠近管腔面可见有染色均匀、发亮的粉红色的波纹状线条，即为内弹性膜，由此向管腔面即为内膜，向外为中膜。

(2) 外弹性膜：在中膜与结缔组织交界处，可见有发亮、断续的多层粉红色线条，即外弹性膜。

注意观察中动脉和中静脉各相应各层厚度的差别。

3. 高倍镜观察 由腔面向外逐层观察。

(1) 中动脉：①内膜，由内皮和内皮下层构成；内皮细胞胞质菲薄，不易看清，仅可见一层淡蓝色的扁圆形细胞核突向腔内；内皮下层极薄，由比较细密的胶原纤维和弹性纤维构成，二者不易区分，有时可见少量平滑肌纤维；与中膜交界处可见呈波浪状、均匀亮粉红色的内弹性膜；②中膜，较厚，位于内弹性膜与外弹性膜之间，主要由数十层环行平滑肌纤维构成，平滑肌纤维的细胞核常因肌纤维收缩而呈扭曲状；③外膜，厚度与中膜大致相等，由疏松结缔组织构成，内有营养血管及神经，与中膜相连处有呈波浪状、不连续的外弹性膜。

(2) 中静脉：与中动脉对比，其内膜薄，内弹性膜不明显；中膜薄，环形平滑肌纤维层数少；外膜比中膜厚，没有外弹性膜，有的切片上可见纵行平滑肌束（图3-30）。

(四) 小动脉和小静脉 (small artery and small vein)

1. 低倍镜观察 小动脉壁厚、腔小，呈圆形或椭圆形，小静脉腔大、壁薄。

2. 高倍镜观察 较大的小动脉内弹性膜明显，中膜有3～5层平滑肌。较小的小动脉看不到内弹性膜，中膜2～3层平滑肌。小静脉壁薄，内皮外有1～2层平滑肌，外膜结缔组织与周围的结缔组织连续，无明显界限。

在此标本中还可见到许多毛细血管，毛细血管管径细，横切面上可见由1～2个内皮细胞围成，有的腔内可见红细胞。

(五) 毛细血管网 (示教)

在微动脉和微静脉之间可见相互吻合的毛细血管网。毛细血管上可见椭圆形内皮细胞核，以及血管周围结缔组织细胞和纤维。

(六) 主动脉粥样硬化 (示教)

注意观察病变部位主要在动脉壁的哪一层？与正常的动脉壁结构有什么不同？

四、思考题

1. 如何快速找到心脏浦肯野纤维？
2. 大动脉和中动脉的管壁在光镜下有什么区别？
3. 纵切面的小血管有什么结构特点？与横切面有什么区别？

（李红星 侯 云）

实验九 免疫系统
Immune System

一、目的要求
1. 掌握淋巴结的组织结构特点。
2. 掌握脾的组织结构特点。
3. 掌握胸腺的组织结构特点。

二、实验内容

取材	染色	组织切片
胸腺（幼儿）	HE	胸腺
胸腺（成人）	HE	胸腺
人淋巴结	HE	淋巴结
人脾	HE	脾

三、切片描述

（一）胸腺（幼儿）(thymus)

1. 肉眼观察　表面有薄层粉红色被膜，内部分成许多大小不等的小叶，小叶周边深蓝色的是皮质，中央部分染色浅是髓质。

2. 低倍镜观察　表面染成红色的薄层结缔组织是被膜，结缔组织伸向胸腺内形成小叶间隔，将胸腺分成许多不完全分离的胸腺小叶。胸腺小叶外周细胞密集，呈较深的紫蓝色，此为皮质。胸腺小叶中央细胞成分较少，染色较浅，为髓质。相邻小叶的髓质相互连续。髓质中有粉红色的圆形或近似圆形的结构为胸腺小体（图 3-31）。

3. 高倍镜观察　皮质主要由密集的胸腺细胞和少量胸腺上皮细胞组成。胸腺细胞体积小，圆形，核染色深，胞质少，嗜碱性染色。胸腺上皮细胞散在分布，形态不规则，体积较大，细胞轮廓不易分辨；核卵形，较大，染色浅，有明显核仁；胞质较多，呈弱嗜酸性染色。髓质与皮质相比，胸腺上皮细胞较多，胸腺细胞较少。胸腺小体散在分布，大小不等，圆或不规则形，由多层扁平的胸腺上皮细胞呈同心圆状排列而成，周边的细胞核多呈半月形，染色浅，中央部细胞退化，无核，呈均质状，染红色；其内可见淋巴细胞、巨噬细胞等（图 3-32）。

（二）胸腺（成人）(thymus)

1. 低倍镜观察　与幼儿胸腺相比，胸腺小叶不明显，实质少，有大量染色极浅的脂肪组织。

2. 高倍镜观察　大量脂肪组织包围着少量不规则形的胸腺组织，胸腺小叶不明显，皮质和髓质均少，皮质薄，皮质和髓质界限不清，胸腺小体很少。

（三）淋巴结 (lymph node)

1. 肉眼观察　切面呈椭圆形，一侧略凹陷为门部（有的标本未切到），浅表的薄层淡红色的结构为被膜，实质浅层呈深紫蓝的区域，即皮质；中央为髓质。

2. 低倍镜观察

(1) 被膜与小梁：最外面可见到薄层染成红色的组织即为被膜，被膜内可见输入淋巴管，有时可见瓣膜。门部有较粗的血管和输出淋巴管。实质内有呈条索状或不规则形的小梁断面，可见血管。

(2) 皮质：淋巴细胞密集，呈深紫蓝色。由浅层皮质、副皮质区及皮质淋巴窦构成。

1) 浅层皮质：其中可见许多淋巴小结及小结间的弥散淋巴组织。看到的淋巴小结多为次级淋巴小结，大小不等，可辨出小结帽，明区和暗区。纵切的淋巴小结呈椭圆形，小结帽朝向被膜，暗区远离被膜。横切的淋巴小结呈圆形，环状的小结帽包绕生发中心。经小结边缘的切线切面，仅见小结帽，呈着色深的圆形。

2) 副皮质区：位于皮质深层，为厚度不一的弥散淋巴组织，与浅层皮质及髓质均无明显界限；有的标本在此区可见到淋巴小结，毛细血管后微静脉有时可见。

3) 皮质淋巴窦：位于被膜与皮质间的狭窄浅色区，分为被膜下方的被膜下窦与小梁周围的小梁周窦，两者相通连，窦中细胞稀疏，在低倍镜下不易辨认。

(3) 髓质：位于淋巴结的中心部位，皮质深面，由染色深的髓索和染色浅的髓窦组成。

1) 髓索与副皮质区相互连结成网，细胞密集。

2) 髓窦是位于髓索之间及髓索与小梁之间的浅染区，较皮质淋巴窦宽（图3-33）。

3. 高倍镜观察

(1) 弥散淋巴组织：可见大量小、圆、蓝色的淋巴细胞；网状细胞稀疏，核为不规则的卵圆形，染色浅，核仁明显，核周胞质较多，呈粉红色，有的细胞可见突起；巨噬细胞的核比网状细胞的小而染色深，胞质呈强嗜酸性。

(2) 淋巴小结：选择正中纵切面的淋巴小结进行观察，发现生发中心的暗区较小，其内淋巴细胞密集而较大，胞质强嗜碱性，故整体着色深；明区较大，淋巴细胞相对稀疏而略小；两区都有网状细胞，明区有较多巨噬细胞以及滤泡树突状细胞，后者形态和网状细胞相似，不易鉴别。小结帽由密集的小淋巴细胞构成，以近被膜下窦处最厚。

(3) 高内皮微静脉：位于弥散淋巴组织内，其管径略粗，内皮细胞呈立方形或柱状，细胞较周围淋巴细胞大，核大，椭圆形，染色浅，胞质较多，常见正在穿越内皮的淋巴细胞（图3-34）。

(4) 淋巴窦：包括皮质淋巴窦和髓窦。窦壁由扁平的内皮细胞围成，窦内有散在的星状内皮细胞、巨噬细胞和淋巴细胞分布。

(5) 髓索：有密集的淋巴细胞、网状细胞和巨噬细胞等（图3-35）。

(四) 脾 (spleen)

1. 肉眼观察　标本一侧表面粉红色的为被膜，实质大部分呈深红色，为红髓，在其中有许多散在蓝色的小点即白髓。

2. 低倍镜观察

(1) 被膜及小梁：被膜较厚，为致密结缔组织，染成红色，表面被覆间皮，从被膜发出许多小梁伸入实质呈块状或条索状分散于实质内，其内可见明显的小梁动脉和小梁静脉。被膜和小梁的结缔组织中含有较多平滑肌纤维。

(2) 实质：

1) 白髓：淋巴细胞密集，在实质中表现为形状各异，大小不一的蓝色区域，可分为脾小体、动脉周围淋巴鞘和边缘区。在白髓内可见中央动脉，中央动脉周围的弥散淋巴组织为动脉周围淋巴鞘。动脉周围淋巴鞘的一侧可见脾小体，脾小体的小结帽朝向红髓，小结内有中央动脉的分支，在未受到抗原攻击的脾小体中不容易看到。边缘区为红髓和白髓交界区，无确切边界，为弥散淋巴组织，但淋巴细胞较稀疏。

2）红髓：实质中介于白髓之间或白髓与小梁之间的区域，因含较多血液故染成红色，由脾窦与脾索构成。脾索为不规则的索条状的淋巴组织，互连成网，网孔即脾血窦。脾血窦为不规则形腔隙，大小不等，窦内含大量的血细胞（图3-36）。

3. 高倍镜观察　寻找不含血细胞的血窦观察，窦腔不规则，窦壁的杆状内皮细胞多为横切面，在切片中表现为高矮不一的断面，细胞间可见小间隙，核圆突向窦腔。脾索是含血细胞较多的淋巴组织。

（五）腭扁桃体（palatine Tonsil）

1. 肉眼观察　标本一侧为扁桃体的咽腔面，覆以咽黏膜，紫蓝色部分是上皮，上皮下的淋巴组织着色较深；其咽壁侧是粉红色的被膜。

2. 镜下观察

（1）上皮：为未角化的复层扁平上皮，上皮向固有层凹陷形成隐窝，隐窝上皮内可见有许多淋巴细胞、浆细胞及一些巨噬细胞。

（2）固有层：位于上皮下及隐窝周围，有大量淋巴小结和弥散淋巴组织，淋巴小结的生发中心明显，弥散淋巴组织内可见毛细血管后微静脉断面，其内皮细胞呈立方形，核圆形，染色浅。上皮内可见穿越管壁进行淋巴细胞再循环的淋巴细胞。

（3）被膜：为淋巴组织深面的结缔组织。

四、思考题

1. 胸腺、淋巴结和脾在组织结构上的主要区别是什么？
2. 简述毛细血管后微静脉的结构特点和功能。

（李红星　侯　云）

实验十　内分泌系统
Endocrine System

一、目的要求

1. 掌握甲状腺、脑垂体、肾上腺的光镜结构特点。
2. 了解甲状旁腺的组织结构特点。

二、实验内容

取材	染色	组织切片
人甲状腺	HE	甲状腺
狗甲状腺	镀银染色	滤泡旁细胞（示教）
人甲状旁腺	HE	甲状旁腺
人肾上腺	HE	肾上腺
人垂体	HE	垂体

三、切片描述

(一) 甲状腺 (thyroid Gland)

1. 肉眼观察　表面有薄层粉红色被膜，内部隐约可见许多红色小圆点，即甲状腺滤泡的胶质。

2. 低倍镜观察　被膜由薄层结缔组织构成。实质内可见许多大小不等的甲状腺滤泡，呈圆形、椭圆形或不规则，单层立方状滤泡上皮包绕均质且被染成红色的胶质。滤泡之间为结缔组织，内含丰富血管。

3. 高倍镜观察　滤泡上皮细胞呈单层，立方状、矮柱状或扁平状。滤泡上皮细胞顶端与胶质边缘之间常见许多小空泡，为上皮细胞吸收胶质所致。滤泡与滤泡之间有丰富的毛细血管，滤泡之间及滤泡上皮细胞之间尚可见单个或成群分布的滤泡旁细胞，细胞体积较大，椭圆或多边形，核圆，胞质染色浅（图3-37）。

(二) 滤泡旁细胞 (parafollicular cell)

1. 肉眼观察　标本整体呈黄色。

2. 镜下观察　背景呈黄色，大体可以看出甲状腺滤泡的轮廓。在甲状腺滤泡上皮细胞或滤泡与滤泡之间，可见滤泡旁细胞，体积较大，胞质内含有大量嗜银性颗粒，呈黑棕色，有的甚至整个胞质染成黑色，核不着色或呈浅黄色，位于细胞中央（图3-38）。

(三) 甲状旁腺 (parathyroid Gland)

1. 肉眼观察　标本小，紫蓝色。

2. 低倍镜观察　表面包有薄层结缔组织被膜。实质内腺细胞呈索团状，偶见围成小滤泡，其间有少量结缔组织和丰富的毛细血管，还可见散在的脂肪细胞。

3. 高倍镜观察　实质主要由主细胞和嗜酸性细胞组成。主细胞数量最多，体积较小，呈多边形；核圆，居中；胞质染色浅。嗜酸性细胞较少，单个或成群分布；胞体比主细胞大，核染色深；胞质呈嗜酸性染色。

(四) 肾上腺 (adrenal Gland)

1. 肉眼观察　标本大致呈三角或半月形，外周大部分为皮质，中央狭窄区浅紫蓝色的是髓质。

2. 低倍镜观察　浅表为薄层致密结缔组织构成的被膜，实质分为皮质和髓质。

（1）皮质：由表及里，分为球状带、束状带和网状带。球状带较薄，细胞呈球团状排列，染色略深；束状带较厚，细胞着色浅，胞体较大，排列成单行或双行的细胞索，细胞索之间有血窦；网状带细胞呈嗜酸性，彼此吻合成网，网眼内为血窦。三个带之间及皮质和髓质之间均没有明显的界限，网状带的细胞索常伸入髓质中。

（2）髓质：面积小，与皮质网状带交界参差不齐，细胞排列成索团状，其间有血窦和少量结缔组织，髓质细胞呈嗜碱性。中央可见中央静脉，静脉管腔不规则，管壁内可见横断的平滑肌束；有时可见多个中央静脉断面（图3-39）。

3. 高倍镜观察　球状带细胞较小，呈锥体形或多边形，核小，染色深；胞质少，弱嗜酸性或弱嗜碱性染色，胞质内空泡小而少。束状带细胞较大，呈多边形；核圆，较大，着色浅；胞质内含大量空泡，故着色浅，呈泡沫状。网状带细胞较小，圆形或立方形；核小，染色较深；胞质呈嗜酸性，其内可见棕黄色的脂褐素颗粒，有时可见到核凝固变深。髓质细胞较大，呈多边形核圆，位于中央；胞质弱嗜碱性，含细小颗粒。细胞索或细胞团之间，可见散在的交感神经节细胞。皮质及髓质中皆有丰富的窦状毛细血管，位于细胞团或索之间。

（五）脑垂体（hypophysis）

1. 肉眼观察　标本大致呈椭圆形，面积大而染色深的部分为腺垂体的远侧部，染色浅的部分为神经垂体的神经部，两者之间有一狭窄深色区是腺垂体的中间部。

2. 低倍镜观察　外有薄层结缔组织被膜。实质由染色深的腺垂体和染色浅的神经垂体两部分组成。腺垂体分为远侧部、中间部和结节部。远侧部细胞密集，呈团索状排列，少数围成小滤泡；细胞大致分为红色、蓝色和粉红色三种，即嗜酸性细胞、嗜碱性细胞和嫌色细胞，细胞间有丰富的血窦。中间部较狭窄，由大小不等的滤泡及一些呈团、索状的细胞组成，滤泡内红色或蓝色物为胶质。

神经垂体包括神经部和漏斗，神经部着色淡，细胞数量少，主要为神经纤维、神经胶质细胞（垂体细胞）和毛细血管。

3. 高倍镜观察

（1）远侧部：嗜酸性细胞分布不均，数量多，胞体较大，呈圆形或椭圆形，胞质强嗜酸性，核圆形。嗜碱性细胞数量较少，体积较大，但大小不一，圆形或多边形，胞质强嗜碱性。嫌色细胞数量最多，分散或成群分布，细胞小，多为多边形，核圆，胞质色淡，细胞轮廓不清。细胞团之间有丰富的毛细血管。

（2）中间部：呈狭带状，位于远侧部和神经部之间，可见大小不等的滤泡及散在分布的嗜碱性细胞、嫌色细胞等，滤泡腔内含胶质。

（3）神经部：可见有少量的细胞，大小不一，形态不规则，其中胞体较大者为垂体细胞，轮廓不清，仅可见细胞核。神经纤维占据了广大区域，染色淡，其间有丰富的毛细血管。赫令体为大小不一，圆形或近圆形，呈均质状的红色团块。

四、思考题

1. 内分泌腺在形态结构上有哪些共同特征？与外分泌腺有何区别？
2. 肾上腺皮质细胞和髓质细胞的光镜结构、电镜结构及与功能的关系如何？

（李红星　侯　云）

实验十一　消化管
Digestive Tract

一、目的要求

1. 掌握光镜下各段消化管结构的异同点。
2. 掌握胃底腺的光镜结构特点。
3. 掌握小肠绒毛的光镜结构特点。
4. 了解食管、结肠和阑尾的光镜结构特点。

二、实验内容

取材	染色	组织切片
人食管（横切）	HE	食管
狗胃底	HE	胃
狗空肠	HE	小肠
人结肠（纵切）	HE	结肠
人阑尾（横切）	HE	阑尾
人胃	HE	慢性胃溃疡病（示教）

三、切片描述

（一）食管（esophagus）

1. **肉眼观察** 管腔不规则，有皱襞突入管腔，管壁内侧紫红色的部分为黏膜，黏膜外的浅红色的结构为黏膜下层，再往外着色较深的部分为肌层。

2. **低倍镜观察** 浏览整个切片，区分食管壁的四层结构，由内向外逐层观察。

（1）黏膜：①上皮，未角化的复层扁平上皮；②固有层，细密的结缔组织，可见小血管及食管腺等；③黏膜肌层，可见一层纵行平滑肌束的横切面，这是食管特征之一。

（2）黏膜下层：由疏松结缔组织构成，可见黏液性食管腺。

（3）肌层：由内环、外纵两层组成，注意组成食管各段肌层的肌组织类型是不同的，可以根据肌组织的类型判断切片取自食管的哪一段？所观察的标本是食管的哪一段？

（4）外膜：为纤维膜，由疏松结缔组织组成。

3. **高倍镜观察** 上皮为未角化的复层扁平上皮，在上皮内可见食管腺的导管；固有层有较多的淋巴细胞；在黏膜下层和两层肌层之间可以观察到黏膜下神经丛或肌间神经丛，神经丛内可见几个神经元胞体，胞质呈蓝色，核大而圆，呈空泡状，核仁明显，神经元周围有无髓神经纤维和神经胶质细胞，神经丛周围由结缔组织包被（图3-40）。

（二）胃（stomach）

1. **肉眼观察** 切片呈长方形，呈紫蓝色的一侧为黏膜，染成深粉红色者为肌层，两者之间的浅粉红色层为黏膜下层。黏膜侧可见大的突起，为皱襞。

2. **低倍镜观察** 移动视野，分清管壁的四层结构，重点观察黏膜层。

（1）黏膜：①上皮，为单层柱状上皮，上皮形成许多凹陷，即胃小凹，胃小凹底部与腺体通连；②固有层，充满大量的胃底腺，腺体被切成不同的断面。找纵切面进一步观察。腺体之间有少量的结缔组织，可见许多小血管；③黏膜肌层，大致分为内环、外纵两层（图3-41）。

（2）黏膜下层：由疏松结缔组织构成，其中可见小血管及神经丛。

（3）肌层：较厚，为平滑肌，层次多分不清，其中可见肌间神经丛。

（4）浆膜：由结缔组织和表面的间皮组成。

3. **高倍镜观察**

（1）上皮：是单层柱状上皮。主要由表面黏液细胞组成，胞核椭圆形，位于细胞基部；

顶部胞质充满黏原颗粒，着色浅淡。

(2) 胃底腺：①在胃底腺的上半部分可见较多壁细胞，呈圆形或三角形，胞质嗜酸性强，核圆形，位于细胞中央，可有双核；②主细胞分布在胃底腺的下半部分，细胞呈柱状，胞质嗜碱性，染成浅蓝色，细胞核圆形，位于细胞的基底部；③其他腺细胞不易分辨（图3-42）。

(三) 小肠 (small intestine)

1. 肉眼观察　凹凸不平、有皱襞的一侧为管腔面，皱襞表面可见许多细小突起，为小肠绒毛。染成紫蓝色部分为黏膜，红色部分为肌层，两层之间为黏膜下层（图3-43）。

2. 低倍镜观察

(1) 黏膜：由上皮、固有层和黏膜肌层组成。上皮为单层柱状上皮。固有层中可见许多肠腺，细胞多，有时可见淋巴小结。固有层深面为黏膜肌层，由内环、外纵行两薄层平滑肌组成（图3-43，图3-44，图3-45）。

(2) 黏膜下层：由疏松结缔组织构成，其中有丰富的血管，有时可见黏膜下神经丛。

(3) 肌层：为内环、外纵两层，两层间可见肌间神经丛。

(4) 外膜：浆膜。

3. 高倍镜观察

(1) 小肠绒毛：①上皮，为单层柱状上皮，界限清晰，卵圆形核位于细胞基底部。柱状细胞表面可见纹状缘，呈红色。在柱状细胞之间可见浅淡的杯状细胞，似高脚酒杯；②绒毛中轴，是固有层的结缔组织，可见丰富的毛细血管和散在平滑肌纤维，中央乳糜管常因管壁闭合而不易分辨。

(2) 小肠腺：由单层柱状上皮围成的单管状腺，镜下可见各种断面。构成小肠腺的柱状细胞和杯状细胞与小肠绒毛上皮处的相同。在小肠腺底部有三五成群的潘氏细胞，细胞呈锥体形，核位于细胞基部，顶部胞质充满粗大的嗜酸性颗粒（图3-46）。

(3) 肌间神经丛：神经元的胞体较大，胞质色深，核较大染色浅，圆形，可见清晰的核仁。

(四) 结肠 (colon)

1. 肉眼观察　由于无皱襞和绒毛，黏膜面比较规则，在横切的切片可见结肠带。

2. 低倍镜观察　区分结肠壁的四层结构，比较与小肠的区别（图3-47）。

(1) 黏膜：可见上皮、固有层和黏膜肌层。①上皮，为单层柱状上皮，其中杯状细胞较多；②固有层，有许多密集排列的单管状腺为大肠腺，可见不同断面的肠腺；腺上皮中含有许多杯状细胞；固有层中有时可见孤立淋巴小结；③黏膜肌层：与小肠相同，由平滑肌构成（图3-48）。

(2) 黏膜下层：为疏松结缔组织，有时可见黏膜下神经丛。

(3) 肌层：较厚，为内环、外纵两层平滑肌组成。在结肠带处，可见纵行平滑肌增厚。

(4) 外膜：大部分为浆膜，由结缔组织和间皮组成，其结缔组织中含较多的脂肪细胞。

(五) 阑尾 (appendix)

1. 肉眼观察　管腔小，呈圆形，内侧的黏膜层被染成蓝色；黏膜成外侧为粉红色的黏膜下层，往外为肌层和浆膜。

2. 低倍镜观察　先分清肠壁的四层结构，注意其特点：

(1) 肠腺短而少，杯状细胞较少。

(2) 固有层与黏膜下层中可见大量的弥散淋巴组织与密集排列的淋巴小结。
(3) 黏膜肌层不完整。
(4) 无绒毛（图 3-49）。

(六) 慢性胃溃疡病（示教）

观察胃壁缺损的深度，以及溃疡底部的结构特点，比较和正常胃壁的差异。

四、思考题

1. 光镜下如何区别消化管各段（食管、胃底、小肠、大肠）？
2. 如何在光镜下区分皱襞、绒毛、微绒毛？其功能意义是什么？
3. 光镜下区别十二指肠、空肠和回肠的主要依据是什么？
4. 如何区别横切的小肠绒毛与肠腺吗？

五、病理标本观察

慢性胃溃疡切片。通过大体观察该标本，试比较和正常胃的差异之处。

（王　东）

实验十二　消化腺
Digestive Gland

一、实验目的

1. 掌握胰腺、肝的光镜结构。
2. 了解下颌下腺、胆囊的光镜结构。

二、实验内容

取材	染色	组织切片
人下颌下腺	HE	下颌下腺
人腮腺	HE	腮腺
豚鼠胰腺	HE	胰腺
人肝	HE	人肝
猪肝	HE	猪肝
人胆囊	HE	胆囊
兔肝	PAS 反应	肝糖原（示教）
人肝	镀银染色	胆小管（示教）

三、切片描述

(一) 下颌下腺 (submaxillary gland)

1. 肉眼观察　被膜位于腺体外周，呈粉红色。腺组织被结缔组织分割成许多小叶，小叶间组织内可见较大的腺体导管。

2. **低倍镜观察** 被膜包绕腺体的表面，由结缔组织构成。结缔组织深入实质将腺组织分割成大小不等的小叶。小叶内可见许多染色稍暗的腺泡和一些大小不等的导管。

3. **高倍镜观察**

（1）腺泡可分为浆液性腺泡、黏液性腺泡和混合性腺泡三种：①浆液性腺泡，切面呈圆形或椭圆形，由浆液性腺细胞组成，腺泡腔较小；腺细胞呈锥体形，顶部胞质内充满嗜酸性分泌颗粒，呈红色；基部胞质嗜碱性，呈紫蓝色；细胞核圆形，位于细胞的中下部；②黏液性腺泡，数量少，由黏液性腺细胞组成，腺泡腔较大；腺细胞呈锥体形或柱状，胞质弱嗜碱性，呈空泡或泡沫状，染浅蓝色。细胞核多呈扁圆形，位于细胞基部；③混合性腺泡，数量少，主要由黏液性腺细胞组成，腺泡的一端附着几个浆液性腺细胞，浆液性腺细胞形成半月形结构即浆半月。

（2）导管：注意观察各段导管的上皮细胞的变化规律。①闰管，开始于腺泡；管径细，由单层立方上皮或单层扁平上皮构成；细胞胞质着色淡；因为闰管较短，切片中不易找到；②纹状管，位于腺泡之间；管径较粗，管壁较厚，由单层柱状上皮构成；细胞质嗜酸性，染红色；核圆形，靠近细胞游离面；细胞的基底部可见纵纹；③小叶间导管，位于小叶间结缔组织内，管径较粗，由单层柱状上皮或假复层柱状上皮构成（图3-50）。

（二）腮腺（parotid gland）

1. **肉眼观察** 表面有薄层被膜，染成粉红色；腺实质被分割为许多呈紫蓝色的团块，即小叶。

2. **低倍镜观察** 被膜位于腺体表面，由结缔组织构成。腺实质被结缔组织分割成许多小叶，小叶内充满浆液性腺泡、各种切面的闰管和纹状管。小叶间结缔组织内可见小叶间导管。

3. **高倍镜观察**

（1）腺泡属于浆液性腺泡。

（2）闰管：由于腮腺的闰管长，故镜下容易找见，管壁为单层扁平上皮或单层立方上皮。

（3）纹状管由单层高柱状上皮构成，细胞质嗜酸性。

（4）小叶间导管位于小叶间结缔组织内，管径较粗，由单层柱状上皮或假复层柱状上皮构成。

（三）胰腺（pancreas）

1. **肉眼观察** 表面有薄层染成粉红色的组织，为被膜。内部紫红色的部分为胰腺组织，被分割成许多胰腺小叶。

2. **低倍镜观察** 胰腺的被膜为薄层结缔组织，结缔组织深入腺实质将其分割成许多小叶。先在小叶内分清内、外分泌部，再找到大的导管。

（1）腺泡：为浆液性腺泡，和导管一起构成外分泌部，呈紫红色。

（2）胰岛：散在分布于外分泌部之间，为大小不等、染色浅淡的细胞团（图3-51）。

3. **高倍镜观察**

（1）外分泌部：①腺泡，为浆液性腺泡，腺泡腔小。腺细胞顶部胞质含嗜酸性的酶原颗粒，基底部胞质强嗜碱性。核圆形，靠近细胞基底部，腺泡腔中央可见泡心细胞，泡心细胞小，核圆形，胞质染色浅淡；②闰管，管腔小，由单层立方上皮或单层扁平上皮构成，细胞染色较浅；③小叶内导管，位于小叶内，由单层立方上皮构成；④小叶间导管，位于小叶之间的结缔组织内，管腔比小叶内导管大，上皮为单层高柱状上皮。

(2) 内分泌部：胰岛内细胞排列成团、索，胞质呈粉红色，深浅不一，细胞较小，可为圆形、椭圆形或多边形，细胞种类不易区分。细胞间有丰富的毛细血管（图 3-52）。

（四）猪肝 (pig liver)

1. 肉眼观察　切片一侧边缘的薄层粉红色结构为被膜。肝实质中可见许多多边形小区，为肝小叶。

2. 低倍镜观察

(1) 被膜：在切片一侧可见由致密结缔组织构成的被膜，其表面覆盖一层间皮。

(2) 肝小叶：结缔组织将实质分隔为许多多边形的肝小叶，肝小叶中央有圆形或椭圆形的管腔为中央静脉。中央静脉周围有许多粉红色条索状排列的肝细胞索，以中央静脉为中心向周围呈放射状排列，并相互吻合成网。肝细胞索之间的不规则腔隙为肝血窦。

(3) 肝门管区：在几个肝小叶之间由结缔组织构成，内含有小叶间静脉、小叶间动脉、小叶间胆管和淋巴管等。

(4) 小叶下静脉：位于非门管区肝小叶间的结缔组织内，为管腔较大、单独行走的静脉。

3. 高倍镜观察

(1) 中央静脉：管壁由一层内皮围成，肝血窦开口于此。

(2) 肝细胞：呈多边形，胞质嗜酸性；核圆形，位于细胞中央。小叶周边的细胞较小，胞质嗜酸性略强，即为界板。

(3) 肝血窦：位于肝索之间，窦壁由内皮细胞围成，窦腔内可见散在的细胞，形状不规则，胞质嗜酸性，即为肝巨噬细胞。

(4) 小叶间静脉：腔大而不规则，管壁薄，由一层内皮和少量平滑肌组成。

(5) 小叶间动脉：管腔小而圆，管壁厚，内皮外可见有环行的平滑肌。

(6) 小叶间胆管：管腔小，管壁为单层立方上皮。细胞核圆形，位于细胞中央，细胞质染色浅，呈粉红色。

(7) 小叶下静脉：管径比小叶间静脉粗，管壁层次明显。

（五）人肝 (human liver)

观察切片时，注意和猪的肝切片进行比较。

1. 肉眼观察　切片一侧表面可见一层粉红色的组织，为肝的被膜。人肝小叶分界不明显。

2. 低倍镜观察

(1) 被膜：位于切片一侧，由一层粉红色的致密结缔组织构成，其表面可见覆盖一层间皮。

(2) 肝小叶：相邻肝小叶常连成一片，分界不明显。小叶中央有圆形或椭圆形管腔为中央静脉，其周围有许多粉红色条索状排列的肝细胞索，以中央静脉为中心向周围呈放射状排列，并相互吻合成网。肝细胞索之间可见有不规则的腔隙，为肝血窦（图 3-53）。

(3) 门管区：位于肝小叶之间的结缔组织内，包括小叶间静脉、小叶间动脉、小叶间胆管和淋巴管（图 3-54）。

(4) 小叶下静脉：在肝小叶之间的结缔组织内可见管腔较大、没有胆管和动脉伴行的静脉，为小叶下静脉。

3. 高倍镜观察

（1）中央静脉：位于肝小叶中央，管壁由一层内皮构成。切面上，有时可见肝血窦开口于中央静脉。

（2）肝细胞：较大，呈多边形。胞质嗜酸性，有时可见弥散分布的嗜碱性团块。核圆形，位于中央，可见双核。注意观察双核细胞主要分布的位置。

（3）肝血窦：位于肝索之间，形状不规则，相邻肝血窦相互通连，腔内可有血细胞。肝血窦内皮间隙大，故窦壁不完整，窦腔内可见散在的肝巨噬细胞；肝巨噬细胞较大，有突起，形状不规则；胞质嗜酸性，核圆形，色深。有时可见窦周隙，位于肝细胞与内皮之间的不规则的腔隙。

（4）小叶间静脉：腔大而不规则，管壁薄，由一层内皮和少许平滑肌组成。

（5）小叶间动脉：管腔小而圆，管壁厚，内皮外有环行的平滑肌。

（6）小叶间胆管：管腔较小，管壁为单层立方上皮。细胞排列整齐，胞质淡染。胞核圆形，位于细胞中央。

（7）小叶下静脉：位于非门管区肝小叶之间的结缔组织内，为单独行走的静脉，管径比小叶间静脉粗，管壁厚。

（六）胆囊（gallbladder）

1. 肉眼观察　标本一侧高低不平，染紫蓝色，即为黏膜。肌层染成粉红色，较致密。外膜位于最外面，表面光滑。

2. 低倍镜观察

（1）黏膜：皱襞突向管腔，高低不等，而且有分支。皱襞表面覆盖单层柱状上皮。皱襞间的上皮向固有层内凹陷形成黏膜窦，在切面上可呈现封闭的腔。上皮深面为固有层，较薄，含有丰富的血管，可见有黏液性腺。

（2）肌层：厚薄不一，可见各种切面的平滑肌。

（3）外膜：为较厚的结缔组织，大部分为浆膜。

3. 高倍镜观察　黏膜上皮为单层柱状上皮，主要由柱状细胞构成，有时可见杯状细胞。外膜表面可见有间皮覆盖。

（七）肝糖原（hepatic glycogen，示教）（PAS 反应）

高倍镜下可见肝细胞呈多边形，核圆形，染蓝色，胞质中有许多红色的颗粒，即为肝糖原（图3-55）。

（八）胆小管（bile canaliculus，示教）（硝酸银染色）

镜下可见胆小管被染成棕黑色，互相连接成网（图3-56）。

（九）门脉性肝硬化（示教）

观察肝小叶、门管区及间质的变化，比较和正常肝结构的差异。

四、思考题

1. 浆液性腺泡和黏液性腺泡在光镜下有什么区别？
2. 下颌下腺和胰腺的腺泡在显微镜下异同点有哪些？
3. 如何区分肝门管区内的小叶间动脉、小叶间静脉和小叶间胆管？

五、病理标本观察

观察肝硬化的病理标本,指出肝硬化和正常肝标本的不同之处。

(王　东)

实验十三　呼吸系统
Respiratory System

一、实验目的

掌握气管和肺的光镜结构。

二、实验内容

取材	染色	组织切片
人气管	HE	气管
人肺	HE	肺
人肺	HE	大叶性肺炎

三、切片描述

(一) 气管 (trachea)

1. 肉眼观察　靠近管腔的紫红色部分为黏膜,管壁内深蓝色部分为气管软骨,管壁外周染色较浅部分为外膜的结缔组织。

2. 低倍镜观察　先分清黏膜层、黏膜下层和外膜,然后再逐层仔细观察。

(1) 黏膜层:由上皮和固有层构成。上皮为假复层纤毛柱状上皮,上皮基底部有基膜。基膜向外为细密的结缔组织即固有层,含有较多的血管和淋巴管。

(2) 黏膜下层:为疏松结缔组织,与固有层及外膜之间无明显界限。此层含有血管、淋巴管和混合性腺。

(3) 外膜:由结缔组织和半环状(有的为块状)透明软骨构成,软骨缺口处可见有平滑肌。

3. 高倍镜观察　上皮内可见散在分布、顶部着色浅淡、呈泡状的细胞,即为杯状细胞。纤毛细胞为主要细胞,其游离面有许多纤毛。上皮与结缔组织交界处可见呈粉红色较明显的基膜。黏膜下层内可见混合性腺,由浆液性腺细胞和黏液性腺细胞构成,其导管穿黏膜层开口于气管腔内(图3-57)。

(二) 肺 (lung)

1. 肉眼观察　标本的一侧光滑,为被膜。肺组织呈蜂窝状。

2. 低倍镜观察　肺实质分为导气部及呼吸部。

(1) 导气部:包括叶支气管、段支气管、小支气管、细支气管和终末细支气管,在切片中主要观察小支气管、细支气管和终末细支气管。①小支气管,管腔较大,管壁由黏膜、黏膜下层、外膜构成。黏膜，表面被覆假复层纤毛柱状上皮，柱状细胞间夹有杯状细胞，深层有平滑肌束。黏膜下层，位于黏膜深层平滑肌束的外侧，由结缔组织构成，其中含有混合腺。外膜，由透明软骨和结缔组织构成，软骨呈大小不一的块状。②细支气管及终末细气管：管腔小于小支气管，管壁薄，黏膜突入管腔形成许多皱襞。细支气管结构特点是黏膜上皮中的杯状细胞和黏膜下层中的混合腺及外膜的软骨片明显减少甚至消失，而黏膜深层的平滑肌相对增多。终末细支气管上的杯状细胞、混合腺、软骨片完全消失，平滑肌形成完整的环行层（图3-58）。

导气部附近常见肺动脉的分支。肺静脉常单独行走，不与支气管及其分支伴行，应注意与细支气管相鉴别。

（2）呼吸部：由呼吸性细支气管、肺泡管、肺泡囊和肺泡构成。①呼吸性细支气管，管壁上有少量肺泡开口，管壁不完整；上皮为单层立方上皮，靠近肺泡开口处则为单层扁平上皮；上皮深面有少量结缔组织和环行平滑肌；②肺泡管，管壁有许多肺泡开口，管壁仅在相邻肺泡开口间呈结节状膨大，上皮为单层立方或单层扁平上皮，上皮下方有横切的环行平滑肌；③肺泡囊，为几个肺泡开口的囊腔，囊壁由肺泡围成，相邻肺泡开口处无结节状膨大；④肺泡，呈半球状或圆形的薄壁囊泡，肺泡壁很薄。相邻肺泡之间的结缔组织为肺泡隔（图3-59）。

3. 高倍镜观察　①克拉拉细胞，细支气管和终末细支气管上皮内较多；细胞呈柱状，细胞游离面无纤毛，呈圆顶状凸向管腔，核卵圆形，居中；②肺泡上皮，Ⅰ型肺泡细胞核扁平，胞质很薄；Ⅱ型肺泡细胞散在分布，突向肺泡腔，细胞呈立方形或圆形，胞质染色较浅，核大而圆；③肺泡隔，位于相邻肺泡之间，有少量结缔组织，内含丰富的毛细血管和尘细胞；肺巨噬细胞（或称尘细胞）较大，不规则形或椭圆形，单个或成群分布，胞质内有棕黑色尘粒，亦可见于肺泡腔或肺内其他部位。

（三）大叶性肺炎（示教）

观察肺泡壁及肺泡腔病变特点，比较和正常肺结构差异。

四、思考题

1. 显微镜下，如何区分细支气管、肺动脉和肺静脉？
2. 哮喘发作时，肺导气部哪些部位的管壁平滑肌发生痉挛导致呼吸困难？为什么？

（王　东）

实验十四　泌尿系统
Urinary System

一、实验目的

1. 掌握肾的光镜结构。
2. 了解膀胱和输尿管的光镜结构。

二、实验内容

取材	染色	组织切片
人肾	HE	肾
人膀胱	HE	膀胱
人输尿管	HE	输尿管
人肾	HE	急性弥漫增生性肾小球肾炎

三、切片描述

(一) 肾 (kidney)

1. 肉眼观察　切片多呈扇形，其外周深红色部分为皮质，深部浅红色部分为髓质。

2. 低倍镜观察

(1) 被膜：包在皮质外面，为致密结缔组织，呈深红色。

(2) 皮质：由皮质迷路和髓放线构成。①皮质迷路：此区主要结构有肾小体和肾小管。肾小体呈圆形或椭圆形，由血管球和肾小囊构成。血管球中心有大量细胞密集，染色较深，可见毛细血管的横切面。在血管球周围有一空白区，为肾小囊腔。肾小管呈不同形状的断面，但以横断面为主，它们属于近曲小管和远曲小管；②髓放线：此区的特点是没有肾小体，可见平行排列的管道，主要为肾小管直部和集合小管（图3-60）。

(3) 髓质：由肾锥体和肾柱构成，肾锥体部主要为各种切面的管道，它们属集合小管和髓袢。管道间有结缔组织，染红色。肾柱中可见少量肾小体。

3. 高倍镜观察

(1) 肾小体：细胞密集，染深红色，可分辨出血管球毛细血管的各种断面和管腔内的红细胞。肾小囊脏层与血管球紧贴，细胞不易分辨。壁层是单层扁平上皮。脏层与壁层间的肾小囊腔在切片上常见呈环形或C字形的空白区。

(2) 肾小管：重点观察皮质迷路部分，分清近曲小管和远曲小管。①近曲小管：管腔小而不规则，管壁较厚，细胞界限不清，胞质呈深红色，近基底部胞质可见模糊的纵纹，部分细胞游离缘可见刷状缘；核圆，靠近基底部；②远曲小管：管腔大而整齐，管壁薄，染色浅，管壁上皮无刷状缘；细胞界限不清，也可见到基底纵纹。核圆，位于中央或近游离缘；③肾小管的细段：少见，在髓质可见单层扁平上皮围成的小管腔的断面，此即为细段；上皮细胞核较圆，无核的部分有薄层胞质，由此可与毛细血管相区别。

(3) 球旁复合体：①球旁细胞：入球微动脉管壁的平滑肌细胞转变为上皮样细胞，位于内皮的外方。细胞呈立方或多边形，体积稍大，胞质丰富；②致密斑：有些肾小体的血管极附近可见远曲小管靠肾小体侧管壁上皮增厚，上皮细胞呈柱状，核排列紧密，即致密斑（图3-61）。

(4) 集合小管：髓放线和髓质内皆可见到。管腔较大，管壁上皮呈单层柱状，细胞染色淡，细胞界限清楚（图3-62）。

(二) 输尿管 (ureter，横切)

1. 肉眼观察　靠近管腔面的紫蓝色部分为黏膜，向外侧红色的部分为肌层，最外层染色浅的部分为外膜。

2. 低倍镜观察　黏膜向管腔内突出形成皱襞，管腔不规则。管壁由内向外分为黏膜、肌层、外膜三层。

3. 高倍镜观察

（1）黏膜：上皮为变移上皮，固有层中有丰富的血管，黏膜形成数条皱襞突向管腔。

（2）肌层：环行肌较厚，明显；纵行肌欠清晰。

（3）外膜：为疏松结缔组织，含有丰富的血管。

（三）膀胱（bladder）

1. 肉眼观察　切片多为长条形，凹凸不平的一侧为黏膜面

2. 低倍镜观察　分清黏膜、肌层和外膜。

3. 高倍镜观察

（1）黏膜：上皮为变移上皮，特点是表层细胞胞体大，一个细胞可覆盖数个深层细胞。上皮游离缘呈深红色，胞质为淡红色。中层细胞为多边形或倒梨形，基底层细胞呈矮柱状或立方状。上皮深部为红色细密的结缔组织，此为固有层。

（2）肌层：黏膜深面可见不同断面的平滑肌束，肌束间有染色较淡的疏松结缔组织。平滑肌的层次不很明显，大致可分为内纵、中环、外纵三层，在切片上呈现各种切面。

（3）外膜：肌层外有薄层疏松结缔组织，此即外膜。

（四）急性弥漫增生性肾小球肾炎（示教）

观察肾小球、肾小管及肾间质的病变特点，比较和正常肾结构的差异。

四、思考题

1. 镜下如何区分近曲小管和远曲小管？
2. 对于肾的皮质来说，平行于被膜的切面和垂直于被膜的切面在显微镜下有什么异同点？
3. 何为球旁复合体？其功能是什么？

（王　东）

实验十五　皮　肤
Skin

一、目的要求

1. 掌握指皮、头皮的组织结构特点。
2. 熟悉汗腺、触觉小体和环层小体的结构。

二、实验内容

取材	染色	组织切片
人手指皮肤	HE	指皮
人头皮	HE	头皮
人体皮肤	DOPA 组织化学反应	黑素细胞（示教）

三、切片描述

(一) 指皮 (finger Skin)

1. 肉眼观察 染色较深，外表深红色、深部紫蓝色的部分为表皮，余下粉红色的部分为真皮，皮肤深部为浅染的皮下组织。

2. 低倍镜观察 (图 3-63)

(1) 表皮：表面紫色的是表皮，表皮为角化的复层扁平上皮，由基底到表面可分为五层：基底层、棘层、颗粒层、透明层和角质层，基底部凹凸不平。

(2) 真皮：位于表皮下方，由致密结缔组织组成，分为乳头层和网状层。两者间无明显界限。乳头层位于真皮浅层，向表皮深面形成的乳头状隆起为真皮乳头，乳头内可见触觉小体；网织层位于乳头层深部，由致密结缔组织构成，此层中可见环层小体及汗腺。

(3) 皮下组织：与网织层无明显分界，由疏松结缔组织和脂肪组织组成，也可见环层小体。

3. 高倍镜观察

(1) 表皮：①基底层，由一层矮柱状的基底细胞组成，胞核椭圆形，胞质少，嗜碱性较强，染成蓝色；②棘层，由4~10层多边形棘细胞组成，镜下可见细胞的表面有许多短小的棘状突起；细胞界限清楚，体积大，胞质弱嗜碱性；③颗粒层，由3~5层梭形细胞组成，胞质内充满强嗜碱性的透明角质颗粒，细胞核浅染或退化消失；④透明层，较薄，为一层淡红色区域，由2~3层扁平细胞组成，细胞界限不清，胞核已消失，细胞均质透明，胞质强嗜酸性，折光度高；⑤角质层，较厚，由多层扁平细胞组成，细胞已完全角化，细胞轮廓不清，胞质呈嗜酸性均质状，淡红色，胞核已消失，角质层中串状的小腔隙为螺旋状走行的汗腺导管的断面。

(2) 汗腺：分泌部位于真皮深层和皮下组织中，由单层锥体形腺细胞围成，腺腔较小，腺细胞染色较浅，核圆，位于细胞近基底部，腺细胞基底侧可见肌上皮细胞。导管较直，由两层立方形细胞围成，细胞较小，弱嗜碱性。

(3) 触觉小体：卵圆形，外包结缔组织被囊，其中含有数个横列的扁平细胞。

(4) 环层小体：圆形或卵圆形，体积较大，由多层扁平细胞呈同心圆状环绕而成。

(二) 头皮 (scalp)

1. 肉眼观察 染色深的一侧为表皮，可见露在表皮外的毛干，真皮中可见毛根。

2. 低倍镜观察 其结构与无毛皮基本相似，但表皮薄，基底层细胞胞质内可见黄褐色黑素色素，角质层薄。真皮乳头层不明显，真皮及皮下组织可见大量毛根、皮脂腺、汗腺和立毛肌等结构。

(1) 毛：分清毛干、毛根和毛囊。毛囊包裹毛根，分两层，内层为上皮性鞘，与表皮相连续，结构似表皮；外层为结缔组织性鞘。毛根和毛囊末端膨大为毛球，其底面内凹处结缔组织伸入形成毛乳头 (图 3-64)。

(2) 立毛肌：为一束斜行的平滑肌束，位于毛囊与表皮呈钝角一侧。

(3) 皮脂腺：位于毛囊与立毛肌之间，分泌部染色浅，呈泡状，其导管由复层扁平上皮围成，多开口于毛囊上部 (图 3-65)。

(4) 真皮深层和皮下组织中可见盘曲成团的汗腺分泌部，腺细胞为一层淡染的锥体形细胞；汗腺导管由两层立方形细胞围成，细胞较小，胞质弱嗜碱性。

3. **高倍镜观察** 皮脂腺分泌部的周边为一层较小的多边形细胞，核染色浅，位于细胞中央，胞质弱嗜碱性；越近腺泡中心的细胞体积越大，呈多边形，胞质呈空泡状。

（三）黑素细胞（melanocyte）

高倍镜观察，表皮基层细胞间可见到染成棕褐色的细胞，即为黑素细胞，胞体位于表皮基底层，体积大，胞体圆，有细长突起伸至棘层细胞间。

四、思考题

1. 试述表皮的组成及结构特点。
2. 简述光镜下皮肤附属器的种类及组织结构。

（时　彦）

实验十六　眼和耳
Eye and Ear

一、实验目的

1. 掌握眼球壁各层的光镜结构。
2. 掌握内耳膜迷路的组织结构特点。

二、实验内容

取材	染色	组织切片
人眼球（矢状切）	HE	眼
人眼睑（上眼睑矢状面）	HE	眼睑
豚鼠内耳	HE	内耳

三、切片描述

（一）眼球（eye）

1. **肉眼观察** 切片近似圆形，辨认角膜、巩膜、虹膜、睫状体和晶状体。
2. **低倍镜观察** 由外向内依次观察观察纤维膜、血管膜和视网膜（图3-66）。

（1）纤维膜：包括前1/6的角膜和后5/6的巩膜。角膜着色均匀浅淡，稍向前凸，巩膜为致密结缔组织，呈浅红色，巩膜前方和角膜移行处为角膜缘。

（2）血管膜：位于巩膜内侧呈棕黑色。自前向后依次为虹膜基质、睫状体基质和脉络膜构成。① 虹膜，游离于角膜之后，晶状体之前的薄膜，其根部与睫状体相连；② 睫状体，自虹膜向后增厚的部分，切面呈三角形；③ 脉络膜，紧贴巩膜内面，与睫状体相连续。脉络膜的最内层是一层均质透明的薄膜即玻璃膜。

（3）视网膜：位于脉络膜的内侧，分为盲部与视部。大部分区域都可分成四层细胞，有的切片上有视盘。

（4）晶状体：虹膜后方的椭圆形结构，染深红色。

3. 高倍镜观察

(1) 角膜：由前向后依次分为五层。①角膜上皮，为未角化的复层扁平上皮，上皮基底部平直，无乳头结构；②前界层，为一层染成浅红色的均质膜；③角膜基质，较厚，由许多与表面平行排列的胶原纤维组成，纤维间可见少量扁平的细胞；④后界层，为一层比前界层更薄的均质膜；⑤角膜内皮：单层扁平上皮或立方上皮（图 3-67）。

(2) 巩膜：厚，主要由大量胶原纤维构成。巩膜前部表面有球结膜。巩膜与角膜交界处，巩膜向前内侧伸出一较短的嵴状突起，为巩膜距，其内侧有小梁网，后端有睫状肌附着。

(3) 角膜缘：是角膜和巩膜相接的部分，由表向内观察。上皮较厚，常超过十层，细胞较小，核深染，基底层的矮柱状细胞为角膜缘干细胞。巩膜静脉窦位于角膜缘内侧，圆形或椭圆形的小腔，腔壁可见扁平的内皮细胞核。

(4) 虹膜：自前向后分为三层，①前缘层，高低不平，由一层不连续的成纤维细胞和色素细胞组成，色素细胞呈黑褐色，细胞界限不清；②虹膜基质，较厚，为富含血管和色素细胞的疏松结缔组织，故染色深；近瞳孔缘处的平滑肌为瞳孔括约肌，肌纤维多被横切；③虹膜上皮，由前后两层色素上皮细胞组成，前层为肌上皮细胞，后层上皮为单层立方状色素上皮，胞质富含黑素颗粒。

(5) 睫状体：分为三层，由外向内依次观察。①睫状肌，为平滑肌，按肌纤维走向分为三组，外侧是被称为脉络膜张肌的纵行肌，中间为放射状肌，内侧为环形肌；②基质，较薄，结缔组织内有丰富的血管和色素细胞，主要分布在睫状体内侧和睫状突中；③睫状体上皮，位于内表面，表面浅色的单层立方上皮为非色素上皮层，其外侧的黑褐色一层即为色素细胞层，睫状体借睫状小带与晶状体相连（图 3-68）。

(6) 脉络膜：血管膜的后 2/3 部分，为富含血管及色素细胞的疏松结缔组织。

(7) 视网膜：细胞层次清晰，由外向内分为四层。①色素上皮层，位于最外层，由单层立方色素上皮细胞构成；②视细胞层，中部有大量圆形细胞核堆积，核小深染，胞体难以区分；视细胞的外突伸向色素上皮层，细杆状的为视杆细胞，锥体形而染色深的为视锥细胞，内突短，淡粉红色；③双极细胞层，位于视细胞层的内侧，主要由双极细胞和水平细胞组成，细胞界限不清楚；④节细胞层，位于最内侧，细胞数量少，胞体大，核圆形，染色浅，核仁清晰。此层内可见小血管，为视网膜中央动、静脉的分支。中央凹是黄斑中心的小凹，位于眼球后极的视网膜上，此处除色素上皮层外，仅有视锥细胞而无视杆细胞。视神经乳头位于中央凹的一侧，为视神经纤维穿出眼球之处，此处无视细胞和其他神经元（图 3-69，图 3-70）。

(8) 晶状体：为红色，椭圆形，外表浅色均质的薄膜为晶状体囊，前方单层立方上皮为晶状体上皮，向后为晶状体纤维。在赤道部周边，可见晶状体上皮细胞逐渐变成长柱状晶状体短纤维。新形成的晶状体纤维纵轴与表面平行，环层排列，构成晶状体皮质。中心部的晶状体纤维排列致密，胞核多消失，融合均质状，为晶状体核。

(二) 眼睑 (eyelid)

1. 肉眼观察　眼睑断面呈三角形，边缘染成蓝紫色；稍凹侧蓝色边缘为睑结膜，稍凸侧蓝色边缘为皮肤；二者相接处为睑缘，可见睫毛。睑缘对侧为眼睑基部。

2. 镜下观察　自皮肤面向睑结膜面依次观察，分为五层。

(1) 皮肤：表皮较薄，睑缘处可见睫毛，睫毛根部的皮脂腺为睑缘腺。

（2）皮下组织：为一层疏松结缔组织。

（3）肌层：主要为骨骼肌横切面。

（4）睑板：为致密结缔组织，含有许多平行排列的分支管泡状皮脂腺，即睑板腺，其导管腔大，开口于睑缘。

（5）睑结膜：上皮为复层柱状，上皮内夹有杯状细胞。上皮下方固有层为薄层结缔组织。

（三）内耳（inner ear）

1. 肉眼观察　由于内耳切面方位不同，各种结构显示的位置关系不一。首先识别出耳蜗，其中央深红色锥体状结构是蜗轴，其两侧各有3~4个圆形断面即骨蜗管的切面。每个骨蜗管被中央的膜蜗管分隔为上、下两部分，上方为前庭阶，下方为鼓室阶。

2. 低倍镜观察

（1）蜗轴：由松质骨构成，底宽顶窄，其中可见血管和神经束；蜗轴骨组织向外延伸形成骨螺旋板，骨螺旋板根部有成群的神经元胞体，即耳蜗神经节。

（2）膜蜗管：切面呈三角形，其顶壁为前庭膜，较薄；外侧壁的上皮为复层柱状，上皮内有血管分支穿入，故称血管纹，血管纹下方为增厚的骨膜，称螺旋韧带；底壁由内侧的骨螺旋板和外侧的基底膜构成。骨螺旋板起始部骨膜增厚并突入膜蜗管形成螺旋缘。螺旋缘上皮形成的粉红色胶质盖膜盖在螺旋器上方。基底膜为薄层结缔组织膜，其上皮增厚，形成螺旋器。

3. 高倍镜观察　重点识别、观察螺旋器的组织结构。

螺旋器又称Corti器，由支持细胞和毛细胞组成，支持细胞又分柱细胞和指细胞等。柱细胞基部较宽，中部细长，排列为内、外两行，分别称内柱细胞和外柱细胞。内、外柱细胞在基底部和顶部彼此连接，中部分离，围成一条三角形的内隧道。内柱细胞内侧有1个内指细胞，外柱细胞外侧有3~4个外指细胞。指细胞核圆，位于中部，细胞界限不清。每个指细胞上方有一个毛细胞，呈烧瓶状，核圆，居中，顶部有许多静纤毛（图3-71，图3-72）。

四、思考题

1. 为什么常以黄斑的视觉作为检查视力的标准？它的组织结构基础是什么？
2. 视网膜的细胞可分为哪几层？你知道视网膜脱落常发生于哪个部位吗？

（时　彦）

实验十七　男性生殖系统
Male Reproductive System

一、实验目的

1. 掌握睾丸生精小管的组织结构，睾丸间质细胞的光镜结构。
2. 掌握前列腺的光镜结构。

二、实验内容

取材	染色	组织切片
人睾丸	HE	睾丸
人前列腺	HE	前列腺
人附睾	HE	附睾
精液涂片	铁苏木素	精液涂片

三、切片描述

(一) 睾丸 (testis)

1. 肉眼观察　睾丸为大的半圆形断面,表面包有一层染成红色的白膜;位于睾丸一侧小的圆形断面,为附睾。

2. 低倍镜观察　睾丸表面覆以浆膜,即鞘膜脏层,色稍淡。深部为致密结缔组织构成的白膜,白膜下疏松结缔组织中有丰富的血管,深部为各种不同断面的生精小管,管壁由多层细胞组成。生精小管间有少量疏松结缔组织,结缔组织中可见许多血管,有成群分布的间质细胞。间质细胞呈圆形或多边形,胞质嗜酸性,核圆,居中(图3-73)。

3. 高倍镜观察　重点观察生精小管和睾丸间质细胞。

(1) 生精小管:基膜明显,染成粉红色,基膜外侧可见有胞质嗜酸性的扁平细胞,此为肌样细胞,呈梭形,基膜内侧可见各期生精细胞和支持细胞。

1) 生精细胞:

精原细胞:贴附基膜的一层细胞,胞体较小,呈圆形或椭圆形;核圆,染色较深,呈紫蓝色。

初级精母细胞:位于精原细胞近生精小管近腔侧,排成2~3层。初级精母细胞圆形,体积最大,核大而圆,染色略浅。

次级精母细胞:位于初级精母细胞近腔侧,切片中不易看到。位置靠近管腔面。结构特点与初级精母细胞相似,但体积较小。

精子细胞:位于近腔面,体积小。核圆,染深紫蓝色,细胞常密集成群。

精子:管腔面附于支持细胞的顶端或在管腔内,可见变态中的各期精子。多成群存在,形似蝌蚪,头呈三角形,染色最深,尾部常被切断而看不到其全貌。

2) 支持细胞:位于生精细胞之间,轮廓不清,在精原细胞的内侧可见其胞核。核呈三角形、卵圆形或不规则形,染色淡,核仁清晰。

(2) 间质:位于生精小管间的结缔组织内,常三五成群分布,细胞体积较大,细胞呈圆形或多边形,胞质嗜酸性较强,染红色,核大而圆,染色浅,核仁明显(图3-74)。

(二) 附睾 (epididymis)

1. 肉眼观察　为小而疏松的结构。

2. 低倍镜观察　可见两种不同的管道。一种壁薄,腔不规则,此为输出小管;另一种壁厚,腔面较整齐,此为附睾管(图3-75)。

3. 高倍镜观察

(1) 输出小管（efferent duct）：上皮由高柱状纤毛细胞群与低柱状无纤毛细胞群相间排列而成，故腔面高低不平。高柱状细胞核长形，位于细胞近腔面，胞质深染，游离面有大量静纤毛，低柱状细胞核靠近基底部。小管周围有少量环形平滑肌纤维。

(2) 附睾管（epididymal duct）：管壁上皮为假复层纤毛柱状上皮，由柱状细胞和基细胞组成。柱状细胞排列整齐，游离端直达腔面，在腔面形成一条红色的线条，此即细胞的游离面，由此有纤毛伸向管腔，纤毛染色淡，皆指向管腔中心。固有层与输出小管相似。

（三）前列腺（prostate gland）

1. 肉眼观察　中央有不规则的管腔，为尿道切面，染紫蓝色。周围有大小不等、形状不一的小腔隙，染色浅，为腺泡和导管。
2. 低倍镜观察　腺实质主要由大量腺泡组成。腺泡呈各种不同的切面。腺泡腔大小不一，形状不规则，腔内有染成红色的前列腺凝固体（图3-76）。
3. 高倍镜观察　腺上皮为单层柱状或假复层柱状上皮。腺泡间为结缔组织，其中有较多的平滑肌。平滑肌走行不一，含量丰富。

四、示教

精子（spermatozoon）涂片、铁苏木素染色。显微镜下可见精子呈蝌蚪状。其头部呈椭圆形或梨形，染色深；尾部细长，可呈弯曲状。

五、思考题

1. 试述生精小管的光镜结构和精子发生的过程。
2. 联系组织学结构特点，解释为什么前列腺肥大时会导致排尿困难？
3. 试述睾丸间质细胞的分布部位和形态结构。

（时　彦）

实验十八　女性生殖系统
Female Reproductive System

一、实验目的

1. 掌握卵巢的结构，识别各级卵泡。
2. 掌握子宫壁的结构，区分增生期、分泌期子宫内膜的结构特点。

二、实验内容

取材	染色	组织切片
猫卵巢	HE	卵巢
人输卵管	HE	输卵管
人子宫	HE	子宫
人乳腺	HE	乳腺

三、切片描述

(一) 卵巢 (ovary)

1. 肉眼观察 切片呈卵圆形,卵巢周围着色深、宽阔部分为皮质,其中有许多空泡,是发育中的各级卵泡的切面。中央染色较浅、狭窄部分为髓质。

2. 低倍镜观察 自外向内依次观察,被膜、皮质、髓质。

(1) 被膜:表面上皮为单层立方或扁平上皮。白膜不明显,为薄层致密结缔组织。

(2) 皮质:占卵巢的大部分,主要由不同发育阶段的卵泡及大量的结缔组织构成,结缔组织中富含梭形的基质细胞。

(3) 髓质:为结缔组织,只占实质的一小部分,染色浅,含丰富的血管。在卵巢门的附近有一些平滑肌。

3. 高倍镜观察 仔细辨认各种卵泡。

(1) 原始卵泡:位于皮质浅层,靠近白膜,数量多,体积小。中央有一大的初级卵母细胞,胞质染色较淡;核圆形,呈空泡状。周围有一层扁平的细胞,此为卵泡细胞,细胞轮廓不太清楚。

(2) 初级卵泡:初级卵母细胞较原始卵泡的大。卵泡细胞呈立方形或柱状,由单层变为多层。最里面的一层卵泡细胞为柱状,呈放射状排列,称为放射冠,在卵母细胞与卵泡细胞之间出现一层均质的嗜酸性膜,称为透明带。

(3) 次级卵泡:

1) 卵泡腔:卵泡细胞间出现大小不等的腔隙,并逐渐合并成一个大腔,腔内充满卵泡液,染成粉红色。

2) 卵丘:初级卵母细胞及其周围的透明带,放射冠及部分卵泡细胞凸入卵泡腔内形成,因切面关系,有的卵泡只切到卵泡腔或部分卵丘,而未切到卵母细胞。

3) 颗粒层:由卵泡腔周围的数层卵泡细胞构成。

4) 卵泡膜:卵泡膜分为内、外两层,内层主要是一些多边形或梭形的膜细胞及丰富的毛细血管;外层主要由结缔组织构成,与周围结缔组织无明显分界(图3-77)。

(4) 成熟卵泡:很少见到,突向卵巢表面,卵泡腔很大。颗粒层较薄。

(5) 闭锁卵泡:可发生在卵泡发育的各个阶段,因此形态不一。早期者可见初级卵母细胞核固缩,形成形状不规则的团块。透明带染色浅淡,呈不规则环状、厚薄不均或不完整。卵泡细胞数量减少,排列稀疏。另外还可见数量众多的细胞团,胞体大,染色浅,外包结缔组织,此为间质腺。

(6) 黄体:为体积很大的粉红色细胞团,由颗粒黄体细胞和膜黄体细胞组成。颗粒黄体细胞:数量多,位于中央,细胞体积大,呈多边形;核大,圆或椭圆形,居中;胞质染粉红色。膜黄体细胞:少,多位于黄体周边,细胞小,形态不规则,核与胞质染色均较深。

(二) 子宫 (uterus)

1. 增生期子宫

(1) 肉眼观察:切片一侧染紫蓝色,为子宫内膜,较薄。内膜向外为肌层,染色较红。肌层表面覆盖浆膜或纤维膜。

(2) 低倍镜观察:先分清内膜、肌层或浆膜。

1) 内膜:染成深紫蓝色,上皮为单层柱状,由大量分泌细胞和散在的纤毛细胞组成。

固有层细胞密集，其中可见血管和少量子宫腺，腺腔狭而直。增生期子宫内膜厚度比分泌期薄（图3-78）。

2）肌层：最厚，肌纤维纵横交错，分层不明显。肌束间结缔组织中可见大量血管。

3）外膜：为浆膜。

(3) 高倍镜观察：内膜上皮为单层柱状，大多数细胞游离面无纤毛，为分泌细胞；少数细胞游离面有纤毛，为纤毛细胞，呈散在分布。子宫腺腔较小，大多比较规则，无分泌物，上皮与内膜上皮形态基本一致。

2. 分泌期子宫

(1) 肉眼观察：分泌期子宫内膜比增生期明显增厚，而且比较疏松。

(2) 低倍镜观察：

1）内膜：子宫腺数量多，管腔大，弯曲多，呈各种形状的断面，有的腺腔内可见有染成淡红色的分泌物。固有层近宫腔侧属于功能层，此部分染色稍淡，细胞较稀疏。近肌层的部分即基底层，细胞密集，与增生期差别不明显。固有层中可见密集成串的小动脉断面，此即螺旋动脉（图3-79）。

2）肌层和浆膜与增生期无明显区别。

(3) 高倍镜观察：腺上皮细胞染色淡，基部胞质多呈空泡状，顶部胞质染成红色。

(三) 输卵管（uterine tube，fallopian tube，横切）

1. 肉眼观察　管腔内有许多皱襞。靠近管腔染紫蓝色部分为黏膜，外周染红色部分为肌层和浆膜。

2. 低倍镜观察

(1) 黏膜：有分支的皱襞突向管腔。上皮为单层柱状上皮，固有层为结缔组织，较薄。

(2) 肌层：为内环行和外纵行两层平滑肌构成。

(3) 浆膜：由结缔组织和间皮构成。

3. 高倍镜观察　黏膜上皮由分泌细胞和纤毛细胞构成。纤毛细胞较大，游离面有纤毛，胞质弱嗜酸性，核圆或卵圆形。分泌细胞较小，夹于纤毛细胞之间，核呈长圆形，染色较深，胞质嗜酸性较强。

(四) 乳腺（mammary gland）

1. 静止期乳腺

(1) 肉眼观察：标本染紫蓝色的一侧为表皮，由此向深面染粉红色，其中可见散在的紫蓝色团块即为乳腺小叶。

(2) 低倍镜观察：乳腺组织内有较多的结缔组织和脂肪组织，其中夹有少量腺组织。小叶内有腺泡稀少，腺腔小或无明显的腺腔。小叶内导管与腺泡不易区分。小叶间有较多结缔组织，内有小叶间导管或叶导管，管腔较大。

(3) 高倍镜观察：腺泡上皮为单层立方或柱状。小叶间导管和叶导管的上皮由单层柱状到复层柱状。

2. 活动期乳腺

(1) 肉眼观察：比静止期乳腺组织疏松。

(2) 低倍镜观察：结缔组织少，腺泡增多。腺腔大，其中有染成淡粉红色的分泌物。腺泡上皮为单层柱状或立方上皮。

(3) 高倍镜观察：腺上皮胞质内有脂滴。分泌物内有时可见有吞噬了脂肪滴的巨噬细胞即为初乳小体。

四、思考题

1. 你能区分开各级卵泡吗？试述生长卵泡的结构特点。
2. 试述黄体的结构、形成及功能。
3. 试述子宫内膜的周期性变化及内分泌调节。

（时　彦）

实验十九　胚胎学总论
General Embryology

一、实验目的

1. 掌握胚胎的分期，受精龄、月经龄的概念。
2. 掌握受精的过程和意义。
3. 掌握卵裂、胚泡的形成与植入。
4. 掌握二胚层、三胚层胚盘的形成与分化。
5. 了解胚胎外形的演变过程和胚胎各期的外部特征。
6. 熟悉胎膜的结构和功能。
7. 掌握胎盘的结构和功能。
8. 了解双胎、多胎和联胎的形成原因。

二、实验内容

1. 观看胚胎发生录像片。
2. 观察胚胎模型。
3. 观察胚胎模型。
4. 观察鸡胚标本。
3. 观察胚胎发育的各时期模型，注意不同时期的变化。
4. 观察标本室的不同发育时期的正常胚胎浸渍标本，注意胎儿外形、大小及所见器官的变化。
5. 观察畸胎标本，注意胎儿外形特征与正常胎儿的区别。
6. 观察多胎及与羊膜囊、胎盘的关系。

取材	染色	观察内容
孵化18h鸡胚（整装片）	胭脂红	胚盘
孵化18h鸡胚（横切）	胭脂红	胚盘
孵化24h鸡胚（整装片）	胭脂红	胚体
孵化33h鸡胚（整装片）	胭脂红	胚体

三、胚胎模型、胚胎标本和鸡胚标本观察

(一) 胚胎模型

1. 受精卵 (fertilized ovum) 模型　受精卵呈圆形，外有三个球形小细胞为第二极体。

2. 卵裂 (cleavage) 模型　2细胞期胚胎为两个（一大一小）卵裂球；4细胞期胚胎为4个（大小近似）卵裂球；8细胞期胚胎为8个卵裂球；16细胞期胚胎外形似桑椹，称桑椹胚 (morula)。

3. 胚泡 (blastocyst) 模型　胚泡又称囊胚，外表的单层扁平细胞为滋养层 (trophoblast)，中央的腔为胚泡腔，滋养层内附着的一群细胞为内细胞群 (inner cell mass)。内细胞群外面的滋养层为极端滋养层。

4. 植入 (implantation) 模型　植入开始时，极端滋养层与子宫内膜接触；植入过程中，胚泡部分埋入子宫内膜，滋养层细胞分为外面的合体滋养层 (syncytiotrophoblast) 和内面的细胞滋养层 (cytotrophoblast)；胚泡植入后，胚泡完全埋入子宫内膜。植入后子宫内膜叫蜕膜 (decidua)。其中，包在胚胎外表的蜕膜为包蜕膜，胚胎深面的蜕膜为基蜕膜，其余部分的蜕膜为壁蜕膜。

5. 二胚层胚盘（第2周）　①滋养层：自外向内为合体滋养层、细胞滋养层和胚外中胚层，滋养层向外的突起叫绒毛。合体滋养层、细胞滋养层和胚外中胚层为绒毛膜。胚外中胚层中的腔为胚外体腔。连接胚体和绒毛膜的结构为体蒂 (body stalk)。②胚体：柱状细胞为上胚层，立方形细胞为下胚层，上胚层与下胚层构成的胚盘叫二胚层胚盘 (embryonic disc)，上胚层上方的腔为羊膜腔，下胚层下方的囊为卵黄囊。上胚层也叫外胚层，下胚层也叫内胚层。

6. 三胚层胚盘（第3周）　①三周初：外胚层尾端中线上的隆起为原条 (primitive streak)，原条头端的膨大为原结 (primitive node)，原条和原结的凹陷部分分别为原沟和原凹；外胚层下方为中胚层和脊索，脊索的头端见口咽膜；原条的尾侧见泄殖腔膜；中胚层下方为内胚层。②三周末：显示胚盘及体蒂，胚盘边缘保留部分羊膜和卵黄囊的壁。外胚层头端中线两侧的隆起为神经褶，神经褶中的沟叫神经沟；中胚层脊索两侧为体节，间介中胚层、体壁中胚层和脏壁中胚层；内胚层胚盘腹面观原肠。

7. 体节期（第4周）　①四周初：胚体呈圆柱状，神经沟两侧的神经褶已愈合形成神经管，前、后神经孔未闭；见体节，腹侧出现心膨大，中肠缩小。②四周末：前、后神经孔均闭合，卵黄囊变细，口凹周围出现，三对鳃弓，体节明显，约25对，心膨大明显。

8. 胚体形成期（第5～8周）　胚体呈"C"字形，躯干变直，头部逐渐抬起，眼、耳、鼻、颜面逐渐形成，出现上、下肢芽，尾突渐不明显，直至消失；脐带明显；心、肝隆起明显；头颈部渐分明；外生殖器已发生，但不能分辨性别。

9. 胎膜 (fetal membrane)　绒毛膜 (chorion) 由合体滋养层、细胞滋养层和胚外中胚层组成；羊膜 (amnion) 为羊膜腔外的一层组织，与外胚层周缘延续；卵黄囊 (yolk sac) 为内胚层在胚体腹侧围成的囊。卵黄囊表面的结节状细胞团为血岛（属胚外中胚层）；尿囊 (allantois) 为卵黄囊向体蒂内生长形成的盲管；脐带 (umbilical cord) 胚胎脐部与胎盘间的条索。

10. 胎盘 (placenta)　母体面粗糙不平，为剥离后的基蜕膜，表面有不规则的浅沟，分割成15～30个胎盘小叶；胎儿面光滑平整，有羊膜覆盖，中央有脐带，脐带中可见脐血管。胎盘断面上有绒毛，绒毛之间为绒毛间隙。

（二）胚胎标本

1. 7 周人胚　外观呈白色，黄豆大小。

2. 8 周人胚　外观呈白色，花生米大小，已初具人形（图 3-80）。

3. 羊膜和绒毛膜　羊膜为半透明薄膜，透过羊膜可看见羊水、胎儿和脐带。羊膜外表一端有珊瑚状结构，为丛密绒毛膜；羊膜外表较光滑部分有平滑绒毛膜覆盖。

4. 12 周及以后各期胎儿　胎儿逐渐增大，各系统、器官原基逐渐建立，眼、耳、鼻、肢体等越来越明显（图 3-81，图 3-82，图 3-83）。

5. 胎盘　母体面粗糙，粗糙部分为基蜕膜，可见胎盘小叶；胎儿面光滑，有羊膜覆盖，中央的软索为脐带（图 3-84，图 3-85）。

6. 无脑儿　胎儿头颅后方有空洞，空洞周边有片状黑色组织，脑组织未完全形成。

7. 脊柱裂　胎儿脊柱后面尾端脊髓与外界相通。

8. 双卵孪生（dizygotic twins）　每个胚胎各自有自己的胎膜和胎盘。

9. 单卵孪生（monozygotic twins）　标本为两个胎儿共享一个胎盘，两个胎儿通过各自脐带连于胎盘（图 3-86，图 3-87）。

（三）鸡胚标本

1. 孵化 18h 鸡胚　①整装片：三胚层时期，胚盘呈梨形盘状，胚盘为明区，胚盘周围为暗区。胚盘已经形成，可见原条、原结、原沟和原凹；原条：胚盘正中线上有染色较深的索条状结构；原沟：在原条中央色较浅；原结：原条前端稍膨大为原结，其中央色浅为原凹。在胚盘周围染色较暗的部分，此处将发生为血岛与血管，并与胚体的血管相连。②过原条横切：鸡胚切面呈长条形，一侧有凹陷，即原沟；分三层细胞，沿原沟向两侧延伸的一层柱状细胞即外胚层，原沟深部的细胞团为原条的切面，原条略突向内胚层；外胚层深部的组织为中胚层；与外胚层相反的一侧的立方形细胞为内胚层。

2. 孵化 24h 鸡胚　整装片胚体呈长条形。膨大的一端为头端，膨大部分为左右神经褶，其间的凹陷为前神经孔，尾段两侧的节段性细胞团为体节，8～10 对。胚体中轴的细胞索为脊索。

3. 孵化 33h 鸡胚　神经褶前端膨大扩展为脑泡，前神经孔尚未闭合，仍可见脊索，脑泡与体节间的神经管一侧可见心膨大。体节增至 12～14 对。

四、思考题

1. 胚胎与母体的关系如何？是怎样维持的？母体与胎儿的血是混流的吗？母体和胎儿的血型不同会造成胎儿溶血吗？

2. 来源于早期胚的具有高度分化潜能的干细胞，称为胚胎干细胞。请对胚胎干细胞未来的研究前景及目前所面临的问题进行讨论，并提出你的想法。

附：体外受精-胚胎移植技术
In Vitro Fertilization and Embryo Transplantation

生殖医学是 20 世纪末从妇产科学中分化出来的一门新兴的学科，它以生殖内分泌理论为基础，并以辅助生殖技术（assisted reproductive technology，ART）为重点，即运用医学技术和方法对配子、合子、胚胎进行人工操作，以达到受孕目的的技术，也就是用人工方法辅助自然过程的某一或全部环节来完成生育的方法，其中应用最广泛的是体外受精-胚胎移植（in vitro fertilization and embryo transplantation，IVF-ET）。

体外受精-胚胎移植技术是人类辅助生殖技术中最重要的组成部分，是指从人体取出配子（精子和卵子），在体外条件下受精形成胚胎，再挑选优质胚胎移植入子宫腔着床发育成胎儿的技术，又被称为试管婴儿技术，其简要技术流程包括在自然周期中，在用人促性腺激素刺激多个卵泡发育，当卵泡成熟时，将其从卵巢中取出，在体外加入经过处理的精子，待卵子受精并分裂成 2~8 个分裂球时，将幼胚从体外移植到受孕子宫内，任其继续发育成长到足月分娩。

1978 年 7 月 25 日，在英国曼彻斯特市郊外的奥德姆总医院，由英国剑桥大学生理学家爱德华（Edwards RG，1925—2013）和英国妇产科学家斯特普托（Steptoe PC，1913—1988）合作完成的世界第一例试管婴儿——路易斯·布朗（Louise Brown）诞生。她的诞生为生殖科学的革命拉开序幕，成为医学史上的里程碑，被称为人类医学史上的奇迹，Edowrds 教授也因此在 2010 年获得诺贝尔医学奖。试管婴儿技术起初也曾被世界舆论界视为洪水猛兽而大加抨击，但时至今日，这项技术已经被全世界绝大多数国家所承认，并被认为是 20 世纪对人类有重大贡献的技术发明之一。中国在该领域的研究工作起步较晚，首例第一代试管婴儿于 1988 年 3 月 10 日于北京大学第三医院诞生。此后，试管婴儿在国内一些大城市医院相继获得成功。

体外受精-胚胎移植技术于早期主要是治疗因女性输卵管阻塞所导致的不孕，之后伴随着其他相关学科技术进步和发展及其相互渗透，体外受精-胚胎移植技术已获得了长足的进步，如在促排卵方案方面，经历了由促性腺激素释放激素激动剂（GnRH-a）与促性腺激素（Gn）联合超排卵到运用高纯度卵泡刺激素（HP-FsH）及基因重组卵泡刺激素（rec-FSH）。直到目前应用的新一代促性腺激素释放激素拮抗剂（GnRH-antagonist）的不断改进，未成熟配子经体外培养技术获得成熟，之后受精受孕成功；囊胚培养技术的成功使单胚移植成为可能，有效地降低了多胎妊娠率，并为植入前遗传学诊断提供了充裕的时间；卵子、胚胎及卵巢组织冷冻技术的不断改进，使长期保存生殖细胞或生殖组织成为可能，还能为肿瘤患者在手术、化疗或放疗前，以及目前不想生育但担心将来可能遭遇生育能力下降而导致不育的妇女储存生育能力；精子优化技术的出现、临床应用，能为IVF-ET 提供高质量的精子悬液，提高了卵母细胞受精率；而辅助孵化技术的出现促进了体外培养胚胎的孵出率，提高了体外培养胚胎的着床率；随着辅助生殖技术的蓬勃发展，跨学科组合的生殖医学将试管婴儿的研究不断推向学科前沿。新技术层出不穷，必将为千万不孕家庭带来更大的福音。

体外受精-胚胎移植技术的建立成为辅助生殖技术发展的一个里程碑，是科技史上的重大进步。该领域的研究成果不仅为不孕不育患者解决生育需求问题带来希望，而且促进生命科学领域中若干学科的发展，如生殖生理学、胚胎学等。但是 ART 的一系列进展毕竟是对生命最基本特性进行的人工干预，如果这类技术不加管理，任其发展，后果难以预料。此外，此类技术的历史发展已经引出许多社会、伦理及法律问题，这些问题的出现和导致的争论告诉我们，要使人类辅助生殖技术能够健康发展，不仅需要自然科学家的努力，也需要社会人文学者参与研究。忽视甚至排斥社会人文学科（如伦理学、社会学、医学史等）学者的工作，将使该领域的发展失去有效的理性评判，也不利于科学管理决策的制订。

（李雅娜　赵　伟）

第四章　人体病理学实验

实验一　细胞、组织的适应和损伤
Adaptation and Injury of Cell and Tissue

一、实验目的

1. 掌握萎缩、肥大、增生及化生的概念。
2. 掌握坏死的类型及结局。
3. 熟悉可逆性损伤的常见类型及其形态特点。

二、实验内容

题目	肉眼标本	病理组织切片
营养不良性萎缩	原发性颗粒性固缩肾	
压迫性萎缩	肾盂积水、脑积水	
肥大	心脏向心性肥大	
化生		子宫颈腺上皮鳞状化生
细胞水肿		肾小管上皮细胞水肿
脂肪变	脂肪肝	肝细胞脂肪变
纤维结缔组织玻璃样变	脾被膜玻璃样变	脾被膜玻璃样变
凝固性坏死	肾凝固性坏死	肾凝固性坏死
干酪样坏死		淋巴结结核干酪样坏死
液化性坏死	脑脓肿	
	阿米巴肝脓肿	
坏疽	足干性坏疽	
	肠湿性坏疽	
钙化	淋巴结结核并钙化	
空洞	肾结核伴空洞形成	

三、标本描述

（一）肉眼观察

1. 原发性颗粒性固缩肾（primary granular atrophy of kidney）　肾体积缩小，重量减轻，质地变硬。表面呈弥漫的细颗粒状。切面皮质变薄，皮髓质分界欠清晰。肾盂周围脂肪组织增生。

2. 肾压迫性萎缩（kidney atrophy due to pressure） 肾体积显著增大（正常约为11cm×5cm×3cm），切面肾盂肾盏高度扩张，呈囊状，肾实质受压萎缩而明显变薄，部分呈牛皮纸样，皮质、髓质分界不清（图4-1）。

3. 脑积水（hydrocephalus） 侧脑室明显扩张，周围脑组织受压变薄，大脑实质萎缩，体积缩小。

4. 心脏向心性肥大（concentric hypertrophy of heart） 心脏体积增大（以左心增大为主），重量增加（正常男性约260g，女性约250g），左心室壁明显增厚，可达1.5～2.2cm（正常左心室壁厚0.9～1.2cm），乳头肌和肉柱均增粗，心腔不扩张，相对缩小（图4-2）。

5. 脂肪肝（fatty change of liver） 肝体积略增大或正常，颜色淡黄，边缘圆钝，被膜光滑。切面呈淡黄色，有油腻感，质地均匀。

6. 脾被膜玻璃样变（hyaline degeneration of splenic capsule） 标本为慢性脾淤血之部分脾，被膜呈灰白色，局部明显增厚。切面显示增厚的被膜呈半透明状，坚韧而致密。

7. 肾凝固性坏死（coagulative necrosis of kidney） 肾表面呈灰白、暗褐色相间的花斑状，灰白色区域为凝固性坏死，其周围有黑褐色的充血出血带；切面见灰白色坏死区位于肾皮质，分布广泛，质地坚实而干燥，形状不规则，边界清楚，坏死灶直达被膜下（图4-3）。

8. 脑脓肿（brain abscess） 病变组织为小脑，其切面显示一侧小脑半球脓肿形成，直径约4cm，边界清楚，中央区脓液流失形成一个由厚囊壁包裹的囊腔，囊内侧壁附有灰黄色坏死组织，周围脑组织外观尚正常（图4-4）。

9. 阿米巴肝脓肿（amoebic liver abscess） 标本为肝冠状切面，边缘近被膜处见一囊腔，表面破溃，内容物已流失，腔内壁见黄白色坏死物，呈破棉絮状外观。囊腔周围无明显纤维包膜。

10. 足干性坏疽（dry gangrene of foot） 标本为由踝关节截除之右足，足趾皮肤呈黑褐色，污秽，干燥皱缩，并片状脱落。病变与正常组织分界清楚，交界处可见棕褐色炎性反应带分隔。

11. 肠湿性坏疽（moist gangrene of intestine） 标本为肠套叠（回肠末端套入盲肠内）导致肠出血性梗死后发生的湿性坏疽。坏死肠管增粗，色泽灰暗，表面可见纤维素渗出，坏死区与正常组织分界不清（图4-5）。

12. 淋巴结结核并钙化（calcification in tuberculous lymphadenitis） 标本为多个肿大淋巴结，彼此粘连或融合，被膜增厚，切面见钙化灶呈灰白色，质硬，粗糙，石灰石样外观，边界清楚。

13. 肾结核伴空洞形成（tuberculous cavity of kidney） 肾体积增大，表面呈半球状隆起。切面见肾结构大部分破坏，坏死物破入肾盂、肾盏，沿输尿管排出而形成多个大小不等的空洞，空洞壁内侧见干酪样坏死物，空洞周围纤维组织增生。肾盂及近端输尿管受累及，输尿管增粗，管壁增厚、变硬，管腔狭窄，黏膜面附有干酪样坏死物（图4-6）。

（二）切片观察

1. 子宫颈腺上皮鳞状化生（squamous metaplasia of glandular epithelium in cervix） 镜下观察，子宫颈原有的单层柱状上皮被鳞状上皮取代，个别黏膜下的黏液腺上皮细胞亦出现鳞状上皮化生，部分管腔被阻塞。子宫颈固有层内见淋巴细胞和浆细胞为主的慢性炎细胞浸润。

2. 肾小管上皮细胞水肿（cellular swelling of renal convoluted tubules） 肾曲管（主要

是近曲小管）上皮细胞肿胀，突向腔内，边缘不整，胞质内充满淡伊红色颗粒，细胞核结构仍清晰；肾小管管腔变窄，不规则（图4-7）。

3. 肝细胞脂肪变（fatty change of liver cells）　低倍镜观察，肝小叶结构存在。高倍镜观察大量肝细胞胞质内出现多个圆形空泡（该空泡为脂肪滴在制片过程中被有机溶剂溶解形成。在冰冻切片中，用油红O、苏丹Ⅳ染色可使之着色），空泡大小不等，边界清楚。空泡较大时，核常被挤至胞质一侧。肝血窦受压明显（以小叶中央区较重）（图4-8）。

4. 脾被膜玻璃样变（hyaline degeneration of splenic capsule）　低倍镜观察，脾被膜局部明显增厚，可见大量的胶原纤维，胶原纤维互相融合，呈均一红染的同质状，高倍镜观察大量的胶原纤维之间可见极少量梭形的纤维细胞（图4-9，图4-10）。

5. 肾凝固性坏死（coagulative necrosis of kidney）　切片用肉眼观察即可见坏死灶呈三角形，低倍镜下见结构不清的淡红色区即为坏死，其周围可见结构清楚的肾小球和肾小管等。高倍镜下坏死区细胞核消失但仍可见肾小球与肾曲管的组织结构轮廓。在坏死区与非坏死区交界处毛细血管扩张充血，并有出血及炎细胞浸润（图4-11）。

6. 淋巴结结核干酪样坏死（caseous necrosis in tuberculous lymphadenitis）　低倍镜观察，淋巴结结构破坏，可见分布不均匀的多发性结核结节。高倍镜下可见结核结节主要由淡红染、体积较大且境界不清的上皮样细胞组成，结节内可见朗格汉斯细胞（细胞体积巨大、多核、核排列成花环状或马蹄形），有的结节中央可见红染无结构的颗粒状坏死物，其内组织轮廓消失（干酪样坏死）。结节周围淋巴细胞浸润，外周有纤维组织增生。

四、思考题

1. 试分析肾盂积水的病因及其发生机制。
2. 成人脑积水可能产生什么严重后果？
3. 坏死与凋亡在形态上有何区别？

（刘鲁英）

实验二　损伤的修复
Injury Repair

一、实验目的

1. 掌握各种组织的再生能力，了解各种组织的再生过程。
2. 掌握肉芽组织的成分、形态特征、结局及其在创伤愈合中的作用。
3. 熟悉皮肤愈合的类型及骨折愈合的过程。
4. 了解影响创伤愈合的因素。

二、实验内容

题目	肉眼标本	病理组织切片
再生	肝硬化再生结节	
	创伤性神经瘤	
纤维性修复	瘢痕疙瘩	肉芽组织
创伤愈合	皮肤一期愈合	
	骨折愈合	

三、标本描述

(一) 肉眼观察

1. 肝硬化再生结节 (regeneration nodules in liver cirrhosis) 肝体积明显缩小，质地变硬，表面呈结节状，被膜增厚。切面呈结节状，结节弥漫性分布，大小不等，为粗细不等的灰白色纤维组织条索包绕。

2. 瘢痕疙瘩 (keloid) 胶原纤维组织过度增生而高起皮肤表面，超出原损伤部位表皮水平。其上被覆表皮可因受压而光滑、发亮、变薄。切面灰白色，质地硬，可见纵横交错或呈席纹状排列的胶原纤维束 (图 4-12)。

3. 皮肤一期愈合 (healing by first intention of skin) 皮肤表面见白色线状瘢痕，略凹陷，切面见凹陷处深部为少量灰白色的纤维结缔组织，富于光泽 (瘢痕)，瘢痕周围可见淡黄色皮下脂肪组织。

(二) 切片观察

肉芽组织 (granulation tissue) 低倍镜观察可见皮肤一侧表皮及真皮局部缺损，缺损区表面覆盖炎性渗出物及少许坏死组织，其下为增生的肉芽组织。高倍镜观察可见肉芽组织主要由新生的毛细血管、成纤维细胞和炎性细胞组成。毛细血管大多与表面垂直或呈袢状弯曲，内皮细胞增生肿胀，组织水肿 (图 4-13)。

四、思考题

1. 肉芽组织的结构及作用是什么？
2. 瘢痕疙瘩是如何形成的？
3. 为什么营养缺乏会影响创伤愈合？

(刘鲁英)

实验三 局部血液循环障碍
Disturbance of Located Blood Circulation

一、实验目的

1. 掌握慢性全身性淤血所致的肺、肝病理形态学特点。

2. 掌握血栓形成的条件、形态特点及可能产生的后果。
3. 掌握肺循环、体循环发生栓塞的规律性及其后果。
4. 了解梗死的形态特点、发生发展和可能产生的后果。
5. 了解血栓形成、栓塞和梗死的相互关系。

二、实验内容

题目	肉眼标本	病理组织切片
淤血	肝淤血（槟榔肝）	慢性肝淤血
	肺淤血（褐色硬化）	慢性肺淤血
出血	脑出血	
	脾外伤性出血	
	输卵管妊娠并出血	
血栓形成	静脉内血栓	混合血栓
	心瓣膜赘生物	机化血栓
栓塞	肺动脉栓塞	
贫血性梗死	肾贫血性梗死	肾贫血性梗死
	脾贫血性梗死	
出血性梗死	肠出血性梗死	肠出血性梗死
	卵巢囊肿扭转	

三、标本描述

（一）肉眼观察

1. 慢性肝淤血（congestion of liver） 肝的冠状切面，肝体积增大，被膜紧张，表面光滑，切面可见均匀而弥漫分布的暗红色小点（肝小叶的中央区），其周围呈灰黄色（小叶的边缘区），形成红黄相间的条索状结构，极似槟榔（一种中药材）的切面，故又称槟榔肝。

2. 慢性肺淤血（肺褐色硬化）（chronic pulmonary congestion, brown induration of the lung） 肺的冠状切面，肺体积增大，边缘较圆钝，重量增加。肺组织较坚实，表面及切面均呈不均匀棕褐色。

3. 脑出血（hemorrhage of brain） 脑干及小脑水平切面，两侧略不对称，脑干内见一出血灶呈暗红色，部分脑干组织被破坏，周围组织受压。

4. 脾外伤性出血（traumatic hemorrhage of spleen） 脾体积增大，被膜连同其下实质一处或多处破裂，被膜下及实质破裂处可见多量的血凝块，呈暗红色。

5. 输卵管妊娠并出血（tubal pregnancy and hemorrhage） 输卵管一段，可见伞端，管径明显增粗，直径达 3cm，部分管壁破裂。纵行切开，部分管壁明显变薄，管内见薄的灰白色囊壁样组织（羊膜囊），部分脱落，周围有暗红色血凝块，可见少量灰白色绒毛状物质。

6. 静脉内血栓（intravenous thrombus） 股静脉横切面，血管腔内血栓形成，阻塞管腔。血栓干燥、无光泽，见灰白色（发生机化）与黑褐色区域，灰白色区域内有裂隙形成（图 4-14）。

7. 心瓣膜赘生物（vegetations on heart valves） 左侧心室及心房剖面，二尖瓣瓣膜闭锁缘上见小米粒大小的疣状赘生物黏着，表面不规则而粗糙不平，呈串珠状或簇状，灰白色。疣状物附着牢固，不易脱落。

8. 肺动脉栓塞（embolism of pulmonary artery） 肺动脉及其分支已被剪开，见肺动脉主干及其主要分支内被灰褐色、扭曲的粗大血栓所堵塞，血栓表面干燥，部分区域灰褐色与灰黄色相间。

9. 肾贫血性梗死（ischemic infarct of kidney） 肾被膜已剥去，切面可见一灰白色三角形病灶，尖端指向肾门，基底部向外，呈楔形，边缘不甚整齐，周围有一圈黑褐色的出血带。

10. 脾贫血性梗死（ischemic infarct of spleen） 脾体积增大，被膜增厚。被膜下见一个或多个梗死灶，梗死灶内部暗红色，边缘灰白，呈楔形（或不规则形），尖端指向脾门，质地致密，周围见暗红色充血出血带。其余部位的脾组织呈现淤血性变化。

11. 肠出血性梗死（hemorrhagic infarct of intestine） 回盲部及部分升结肠。回肠末端套入盲肠内引发梗死。病变处肠壁肿胀、增厚，呈黑褐色，浆膜面干燥而粗糙，有较多纤维蛋白渗出。病变区与正常肠组织界限不清（图4-5）。

12. 卵巢囊肿扭转（torsion of ovarian cyst） 暗红色囊性肿物，表面光滑，或有部分输卵管附于囊肿表面。切面有大量暗红色血凝块，囊壁暗红色，出血并坏死。

（二）切片观察

1. 慢性肝淤血（chronic congestion of liver） 肝小叶结构尚存，小叶中央静脉及其周围的肝血窦扩张，充满红细胞，肝细胞索因受压而变细，甚至消失。有的肝小叶中央之淤血区扩展而与附近小叶的淤血区互相连接。小叶周围区域的肝细胞索完整，部分肝细胞脂肪变，血窦扩张不明显（图4-15）。

2. 慢性肺淤血（chronic pulmonary congestion） 低倍镜观察，肺泡壁增厚，伴有纤维结缔组织增生，肺泡壁毛细血管轻微扩张充血，肺泡腔内充以淡红色均匀物质。高倍镜下肺泡腔内还可见红细胞和大量成团或散在的棕褐色细胞，胞质丰富，其中含有许多棕褐色小颗粒，称为心衰细胞（图4-16）。

3. 混合血栓（mixed thrombus） 低倍镜下见嗜伊红小梁状条纹和红色区相交织。高倍镜观察，伊红小梁由许多已崩解而凝集成颗粒状的血小板组成，其边缘处有许多白细胞，血小板小梁之间的红色部分为纤维蛋白构成的细网状结构，网内充满红细胞（图4-17）。

4. 血栓机化（organized thrombus） 镜下见血栓大部分被肉芽组织取代，中心区域尚有小部分未机化的血栓残存。血栓中可见大小不等的不规则腔隙，有的表面已由有血管内皮细胞覆盖。腔内可见红细胞（再通）（图4-18）。

5. 肠出血性梗死（hemorrhagic infarct of intestine） 肉眼观察，切片中组织的一侧为绒毛状突起，为小肠的肠绒毛。低倍镜下肠壁各层仅剩下一个模糊的轮廓；高倍镜下黏膜上皮细胞消失，肠绒毛内全被红细胞所充满。黏膜下层增宽，血管极度扩张并出血，肌层及外膜亦有严重出血（图4-19）。

四、思考题

1. 肉眼观察的慢性肝淤血标本的特征是怎样形成的？
2. 混合血栓有哪些特点？试说明形成过程。

3. 举例说明血栓、栓塞、梗死、坏疽相互间的关系。

（董孟华）

实验四　炎　症
Inflammation

一、实验目的

1. 掌握炎症的基本病理变化。
2. 掌握肉芽肿性炎的概念、病因及病变。
3. 熟悉炎症的组织学类型。
4. 了解各种炎细胞的形态特征和功能。
5. 了解炎症的经过和结局。

二、实验内容

题目	肉眼标本	病理组织切片
变质性炎症	急性重型肝炎	
	重度慢性肝炎	
	亚急性重型肝炎	亚急性重型肝炎
	急性乙型脑炎	
渗出性炎症		纤维素性心包炎
纤维素性炎	肠纤维素性炎	胸膜的纤维素性炎
化脓性炎	化脓性脑膜炎	急性化脓性阑尾炎
	化脓性阑尾炎	肾多发性脓肿
	骨髓炎之皮肤窦道	心肌多发性脓肿
	脑脓肿	
	肺脓肿	
	肾脓肿	
	化脓性胸膜炎	
一般慢性炎症	慢性胆囊炎性	慢性胆囊炎
	子宫颈息肉	
	炎性假瘤	
肉芽肿性炎	肠伤寒（髓样肿胀期）	蛔虫卵性肉芽肿
	肠结核病（增生性）	肝棘球蚴肉芽肿

三、标本描述

(一) 肉眼观察

1. 急性重型肝炎 (acute fulminant hepatitis)　肝体积明显缩小，重量减轻，表面被膜皱缩，边缘锐利，质地柔软，切面呈土黄色或红褐色，可见红黄相间的斑纹状区域，故又称急性红色肝萎缩或急性黄色肝萎缩。

2. 黏膜纤维素性炎 (fibrinous inflammation of mucosa)　常见标本为细菌性痢疾的结肠。黏膜表面污秽，可见灰黄色或灰绿色纤维素性渗出物附着，黏膜皱襞可见，结构欠清。

3. 化脓性脑膜炎 (purulent meningitis)　大脑表面污浊，呈灰黄色或黄绿色。脑沟、脑回结构不清，蛛网膜下隙充满脓性渗出物，尤以脑沟处最为明显。脓液表面的薄膜即为蛛网膜，脓性渗出物位于蛛网膜和软脑膜之间，即蛛网膜下隙。在炎性渗出较轻的部位，可以看到血管充血，脑回增宽，脑沟变窄的脑水肿现象。

4. 化脓性阑尾炎 (purulent appendicitis)　阑尾肿胀增粗，浆膜面血管充血，灰黄色或黄绿色脓性渗出物附着，远端较著。切面，管腔增大，腔内充满脓液，管壁变薄，可有穿孔，出现坏疽时局部呈现黑色。

5. 小脑脓肿 (abscess of brain)　此标本为小脑切面，脓肿位于一侧小脑半球，境界清楚，此处脑组织坏死并形成脓腔，大部分脓液已流出，脓肿壁边缘依然附有脓液及坏死组织 (图 4-4)。

6. 化脓性胸膜炎 (purulent pleuritis)　一侧胸壁，部分胸膜粗糙，附有薄片状灰黄色脓性物，正常组织与病变交界处分界明显，此为液平线 (图 4-20)。

7. 子宫颈息肉 (cervical polyp)　全切子宫，子宫颈肥大，外口处有一带蒂肿物，可活动，约 0.6cm 大小，灰褐色，质地较软。

8. 炎性假瘤 (inflammatory pseudotumor)　在肺组织的切面上见一圆形肿物，直径约 3cm，灰白色，质地较韧，边界较清，无包膜。镜检证实此肿物为肺炎性假瘤。

9. 肠伤寒 (typhoid fever of intestine) (髓样肿胀期)　回肠一段，黏膜面可见椭圆形和小圆形突起，表面肿胀并有小凹陷形成，质软，呈脑回状，故称髓样肿胀。此为肠壁淋巴组织即集合淋巴小结和孤立淋巴小结内巨噬细胞增生所致 (图 4-21)。

(二) 切片观察

1. 蛔虫卵性肉芽肿 (granuloma caused by ascaris eggs)　这是腹膜上蛔虫卵所致的异物性肉芽肿 (部分切片为肠壁的蛔虫卵性肉芽肿)，主要构成巨噬细胞、多核巨细胞、各种炎性细胞。组织中见大量蛔虫卵的卵壳，周围有巨噬细胞 (体大、多边形，胞浆丰富的类上皮细胞) 及异物巨细胞 (有多个细胞核)、嗜酸性粒细胞，淋巴细胞和浆细胞，并有小血管和成纤维细胞增生及纤维化。

认识炎症中的各种细胞及其他成分：①中性粒细胞，多为圆形，核分为 2～5 叶，胞浆内颗粒很细或不清；②嗜酸性粒细胞，为圆形，核分叶，常见为两叶，胞浆内有嗜酸性颗粒；③淋巴细胞，体形小，核染色深，细胞质少，常看不清；④浆细胞，比淋巴细胞稍大，呈卵圆形，胞浆嗜碱，核常偏于一侧，周围有空晕，染色质靠核膜排列，常呈车轮状；⑤巨噬细胞，体积大，胞浆丰富，核圆形或肾形，有时胞浆中可见吞噬的异物和空泡；⑥异物巨细胞，细胞体积大，多为不规则形，有两个以上的核，有的多至几十个核；⑦成纤维细胞，呈梭形、椭圆形或多边形，核呈梭形或椭圆形，成熟时细胞变得更长，细胞周围有明显的胶原纤维;⑧新生毛细血管,管壁薄,内皮细胞肿胀,腔内可见红细胞,有的未形成管腔(图4-22,图4-23)。

2. **肝棘球蚴肉芽肿**(Liver hydatid granuloma) 圆形、椭圆形结节弥漫分布于肝组织内,结节大小基本一致,部分结节融合。结节中央有死亡蜕变的棘球蚴虫体,周围为增生的上皮样细胞和少数异物型多核巨细胞及浸润的炎细胞,外围大量纤维组织增生。结节之间可见尚存的肝小叶和门管区结构(图4-24,图4-25)。

3. **纤维素性心包炎**(fibrinous pericarditis) 心室壁三层结构清晰,心外膜明显增厚,外表面呈绒毛状突起,为粗细不均的分枝状或网状,此为渗出的纤维素,纤维素网眼中有较多中性粒细胞浸润。心外膜脂肪组织与纤维素之间为新生肉芽组织,构成新生的小血管和增生的成纤维细胞,并见炎性细胞浸润。

4. **纤维素性胸膜炎**(fibrinous pleuritis) 胸膜明显增厚,表面可见红染的条索状、片状、丝网状纤维素,部分网格内充满淡粉色浆液,并见炎性细胞浸润和红细胞漏出;部分纤维素性渗出物已机化,有肉芽组织长入并逐渐成熟成为纤维结缔组织(图4-26)。

5. **心肌多发性脓肿**(myocardial multiple abscess) 肉眼及低倍镜观察切片即可见蓝色小病灶,界限清楚,此为小脓肿。高倍镜观察,脓肿灶中央区心肌组织被破坏消失,代之以大量中性粒细胞和脓细胞,周围有少量肉芽组织增生(图4-27)。

6. **急性化脓性阑尾炎**(acute suppurative appendicitis) 又称急性蜂窝组织炎性阑尾炎,阑尾黏膜上皮不完整,多个隐窝处上皮消失,有较多中性粒细胞聚集,并呈扇形向阑尾壁扩散,部分区域全层可见弥漫性中性粒细胞浸润(图4-28)。

7. **亚急性重型肝炎**(subacute fulminant hepatitis) 肝正常结构破坏,肝细胞大片坏死,并有大量胆色素浸染,生存的肝细胞有些呈团块状再生,其内肝细胞仍可见变性坏死。团块间有分布不均等的结缔组织增生,肝小叶内外大量炎症细胞浸润,主要为淋巴细胞和单核细胞。

8. **脑脓肿**(brain abscess) 在脑组织中见一空腔形成,腔内脓性渗出物已吸收,周边肉芽组织增生,伴大量炎症细胞浸润,近腔缘可见泡沫细胞,最外层为纤维组织增生构成脓肿膜。

四、思考题

1. 为什么纤维素性心包炎能够形成绒毛心?
2. 为什么黏膜的纤维素性炎不容易发生机化,而浆膜的纤维素性炎容易发生机化?
3. 肝脓肿切片中的化脓菌是通过什么途径到达肝的?

(张 燕)

实验五 肿 瘤
Tumor

一、实验目的

1. 掌握肿瘤的基本特点。
2. 掌握良性肿瘤和恶性肿瘤的区别。
3. 掌握癌与肉瘤的区别。

4. 熟悉常见上皮性肿瘤和间叶性肿瘤的好发部位及形态特点。
5. 熟悉肿瘤的生长方式及转移途径。
6. 了解肿瘤的一般形态结构。

二、实验内容

题目		肉眼标本	病理组织切片
上皮性肿瘤			
	良性肿瘤	皮肤鳞状上皮乳头状瘤	皮肤乳头状瘤
		结肠腺瘤	结肠腺瘤
		卵巢浆液性乳头状囊腺瘤	
		甲状腺腺瘤	
		乳腺纤维腺瘤	
		卵巢黏液性囊腺瘤	
	恶性肿瘤	食管鳞状细胞癌	
		阴茎鳞状细胞癌	
		大肠腺癌	
		胃腺癌	腺癌
		膀胱移行细胞癌	移行细胞癌
		子宫颈鳞状细胞癌	鳞状细胞癌
		乳腺癌	
		胃黏液腺癌	
间叶性肿瘤			
	良性肿瘤	脂肪瘤	
		子宫平滑肌瘤	平滑肌瘤
		肾纤维瘤	
		血管瘤	毛细血管瘤
		皮肤纤维瘤	皮肤纤维瘤
	恶性肿瘤	皮肤纤维肉瘤	纤维肉瘤
		乳腺间质肉瘤	
		骨肉瘤	
		软骨肉瘤	平滑肌肉瘤
		骨巨细胞瘤	横纹肌肉瘤
转移			
	淋巴道转移	乳腺癌淋巴结转移	淋巴结转移性腺癌
		阴茎癌淋巴结转移	
	血道转移	绒毛膜上皮癌肺、肝、脑转移	
		胃癌肝转移	
	种植性转移	卵巢的种植性转移	
其他		家族性大肠腺瘤病	
		淋巴瘤	
		黑色素瘤	
		卵巢畸胎瘤	畸胎瘤
		脑胶质母细胞瘤	

三、标本描述

(一) 肉眼观察

1. 皮肤乳头状瘤（papilloma of skin） 皮肤表面有一肿物，呈外生性生长，向外形成许多乳头状突起，结构较紧密，表面呈绒毛状外观，灰白色，基底部较细并与正常皮肤分界清楚。此乃良性肿瘤的生长特点。

2. 乳腺纤维腺瘤（fibroadenoma of breast） 圆形灰白色肿物，表面光滑，包膜完整。切面，实性、质韧、灰白色，可见编织状或旋涡状结构，有的区域可见裂隙。

3. 卵巢黏液性囊腺瘤（mucinous cystadenoma of ovary） 多结节状囊性肿瘤，表面较光滑，暗红色。切面，多囊状，大小不等，囊内容为胶冻状黏液，已成固体块状。囊内壁光滑，未见乳头形成（图4-29）。

4. 子宫颈癌（cervical carcinoma） 全子宫加双附件，子宫前壁已剖开，子宫颈正常结构已被破坏，癌组织呈浸润性生长，表面坏死脱落，形成火山口状溃疡。切面，子宫颈增厚，灰白色（图4-30）。

5. 食管癌（carcinoma of esophagus） 食管一段，中央有一肿物，突起于黏膜，呈蕈伞状，表面较光滑，基底部较细，周围黏膜基本正常。此类型较少见。

6. 胃癌（carcinoma of stomach） 胃黏膜面巨大溃疡，形状不规则，边缘隆起、增厚，黏膜皱襞消失，底部不平坦。周围黏膜较平坦，部分区域黏膜皱襞消失（图4-31）。

7. 大肠癌（carcinoma of large intestine） 带肛门的直肠，距肛门较近处有溃疡性肿物，溃疡边缘不规则高起，底部凹陷并坏死。切面见瘤组织灰白色，粗糙，浸润达外膜（图4-32）。

8. 家族性腺瘤性息肉病（familial adenomatous polyposis） 大肠黏膜表面见多个大小不等、形态各异的息肉样肿物，部分有蒂，部分无蒂，息肉表面较光滑，有蒂的息肉可活动，这些形态各异的息肉均为大肠腺瘤（图4-33）。

9. 乳腺癌（carcinoma of breast） 外科切除之乳腺。乳头外上方表面隆起，质地硬，乳头一侧下陷，周围呈橘皮样外观。切面见癌组织灰白色，质硬，与周围界限不清，呈浸润性生长。

10. 膀胱尿路上皮癌（urothelial carcinoma of bladder） 全切膀胱，黏膜面可见菜花状肿物，位于膀胱三角区，表面呈乳头状，质软，底部宽，无蒂，几乎充满膀胱腔（图4-34）。

11. 子宫平滑肌瘤（leiomyoma of uterus） 子宫已变形，肿瘤呈多发性，位于子宫肌壁间、浆膜下和内膜下。肿瘤大小不等，多为球形，边界清楚，但无包膜。切面，灰白色，编织状或旋涡状，质硬韧，有的变性而质地变软。

12. 脂肪瘤（lipoma） 扁圆形淡黄色肿物，边缘呈分叶状，包膜完整，质地柔软。切面，淡黄色，与正常脂肪组织相同（图4-35）。

13. 血管瘤（hemangioma） 标本为肿瘤的切面，中央灰白色蜂窝状区域即是血管瘤，标本制作时已将血液冲洗掉，因此不显示红色或暗红色。

14. 骨肉瘤（osteosarcoma） 肿瘤位于股骨下端，切面为灰白色，并坏死及出血，累及骨髓腔，破坏骨皮质并侵入周围软组织（图4-36）。

15. 卵巢成熟性畸胎瘤（mature teratma of ovary） 是卵巢最常见的生殖细胞肿瘤。肿瘤为囊性，包膜完整，表面光滑，囊内容皮脂、毛发，有的可见牙齿、骨、软骨等成熟组织。囊内壁可见结节状突起,称为头节,此处可见多种组织结构。此标本头节切面呈淡黄色(图4-37)。

16. 肺绒癌转移(metastatic choriocancinoma of lung) 左肺上、下叶表面及切面均见散在分布的圆形结节,结节大小较一致,界限清楚,伴有明显出血坏死,部分呈血肿样(图4-38)。

(二) 切片观察

1. 皮肤乳头状瘤(papilloma of skin) 肉眼观察,皮肤表面突起一肿物,显微镜观察此肿物主要呈乳头状或手指样突起,表面上皮与正常皮肤相似,为瘤之实质。乳头中央为肿瘤间质,称为纤维脉管束。实质、间质分界清楚(图4-39)。

2. 皮肤纤维瘤(fibroma of skin) 肉眼观察,皮肤表面突起一扁圆形肿物。低倍镜观察,表面被覆鳞状上皮,瘤组织主要由胶原纤维和成纤维细胞构成。其中胶原纤维较多,呈交错排列。高倍镜观察,瘤细胞无明显异型性,大小、形态较一致,间质为少量薄壁血管。瘤的实质、间质分界不清(图4-40,图4-41)。

3. 纤维肉瘤(fibrous sarcoma) 低倍镜观察,瘤细胞极为丰富,大多为梭形,排列不规则或呈束状、鱼骨状排列;高倍镜观察,细胞大小不等、形状不一,核呈多形性,染色深,可见单核或多核瘤巨细胞,病理性核分裂象易见,胶原纤维形成较少(图4-42)。

4. 平滑肌肉瘤(leiomyosarcoma) 瘤细胞呈长形,似平滑肌细胞,细胞排列密集,核分裂象计数增高,异型性明显,可见瘤巨细胞。细胞核深染,大小不一,形状不同,呈长杆状、圆形、椭圆形和不规则形(图4-43)。

5. 鳞状细胞癌(squamous cell carcinoma) 该标本取自食管,低倍镜观察,瘤组织形成癌细胞巢,巢之外层相当于基底层细胞,中央见癌细胞发生角化形成癌珠;高倍镜观察,部分癌细胞之间可见细胞间桥。肿瘤呈浸润性生长,与间质界限清楚(图4-44)。

6. 胃腺癌(adenocarcinoma of stomach) 部分胃黏膜基本正常,部分已被癌组织取代,癌组织为形状不一、大小不等、排列紊乱的腺管状结构;高倍镜观察,癌细胞大小不等,异型性明显,核分裂象多见。癌组织侵入黏膜下层及胃壁肌层(图4-45)。

7. 尿路上皮癌(urothelial carcinoma) 低倍镜观察,癌组织呈粗乳头状,细胞层次显著增多,排列紊乱,乳头中心为纤维结缔组织间质;高倍镜观察,瘤细胞轻度异型,核深染,可见核分裂象,尿路上皮的特征仍能辨认(图4-46)。

8. 结肠腺瘤(adenoma of colon) 肿瘤呈息肉状突起,瘤细胞构成大小、形态不等的腺体,排列紊乱。高倍镜观察,组成腺体的瘤细胞呈柱状,其中有较多杯状细胞,细胞核位于基底部,瘤细胞形态大小较为一致。

9. 卵巢皮样囊肿(dermoid cyst of ovary) 即卵巢成熟性囊性畸胎瘤,此瘤来源于多潜能分化的生殖细胞,镜下可见外胚层分化的皮肤及附件、神经组织,也可见到中胚层分化的骨、软骨、平滑肌、结缔组织及内胚层分化的气管黏膜、肠黏膜等组织成分,所有成分均为成熟性组织。

10. 淋巴结转移性腺癌(metastatic adenocarcinoma of lymphaden) 淋巴结部分结构被破坏,被膜下和实质内均见呈巢状分布的癌细胞巢,部分癌细胞呈腺样结构(图4-47)。

四、思考题

1. 肿瘤的异型性表现在哪些方面?

2. 乳腺癌标本中乳头为什么下陷?
3. 胃癌可以有几种转移途径?

(张 燕)

实验六 心血管系统疾病
Diseases of Cardiovascular System

一、实验目的

1. 掌握动脉粥样硬化的基本病变和继发性病变的特点。
2. 掌握原发性高血压各期病变特点及主要脏器的病理变化及其后果。
3. 掌握风湿病的基本病理变化及风湿性心脏病的病变特点及其后果。
4. 熟悉慢性心瓣膜病的病变特点及其对血流动力学的影响。
5. 熟悉亚急性感染性心内膜炎的病变特点及其后果。
6. 了解心肌病的类型及病变特点。
7. 了解心肌炎的类型及病变特点。

二、实验内容

题目	肉眼标本	病理组织切片
动脉粥样硬化	主动脉粥样硬化	主动脉粥样硬化
冠状动脉粥样硬化	冠状动脉粥样硬化	冠状动脉粥样硬化
	冠状动脉粥样硬化性心脏病	
脑动脉粥样硬化	脑基底动脉粥样硬化	脑动脉粥样硬化
高血压病	高血压病心脏向心性肥大	
	高血压病合并脑出血	
	原发性颗粒性固缩肾	原发性颗粒性固缩肾
风湿性心脏病	风湿性心内膜炎	风湿性心肌炎
感染性心内膜炎	亚急性感染性心内膜炎	
心肌病	肥厚性心肌病	
心肌炎		病毒性心肌炎
先天性心脏病	室间隔缺损	

三、标本描述

(一) 肉眼观察

1. 主动脉粥样硬化 (aorticatherosclerosis) 胸主动脉一段,内膜面可见多个大小不等、散在分布的点状、条纹状、斑块状病灶,以主动脉分支开口处较为明显,病灶因病变的时期不同,而呈现不同的形态,且各类病灶相互掺杂。

(1) 脂纹（fatty streak）：主动脉后壁和其分支开口处内膜面见散在斑点状或条纹状病灶，横径1～2mm，长径1～5cm，平坦或微隆起于内膜表面，呈淡黄色，即为主动脉粥样硬化的脂纹。

(2) 纤维斑块（fibrous plaque）：主动脉内膜面可见散在分布、大小不等、蜡滴状突起的斑块，呈浅黄色、灰黄色或瓷白色，即为主动脉粥样硬化的纤维斑块。

(3) 粥样斑块（atheromatous plaque）：在主动脉内膜上可见散在的大小不等、明显隆起的灰黄色斑块，且表面稍粗糙。部分粥样斑块继发有溃疡、斑块内出血或钙盐沉着，即为主动脉粥样硬化的粥样斑块及其继发性病变（图4-48）。

2. 冠状动脉粥样硬化（coronary atherosclerosis） 部分心脏（冠状剖面），在近心房心室交界处的心外膜面脂肪结缔组织内可见左冠状动脉前降支的横断剖面。剖面上可见位于冠状动脉近心壁侧的管壁显著增厚，有灰白色、新月形粥样斑块形成，致使管腔呈偏心性狭窄，狭窄程度为Ⅲ级。

3. 冠状动脉粥样硬化性心脏病（coronary atherosclerotic heart disease） 部分心脏（冠状剖面），在近心房心室交界处的心外膜面脂肪结缔组织内可见左冠状动脉前降支的横断剖面。剖面上可见冠状动脉粥样斑块形成，管腔呈Ⅲ级偏心性狭窄，管腔内可见暗红色血栓，致使管腔完全阻塞。左心室前壁部分心肌呈土黄色，形状不规则，与周围心肌分界不清。

4. 脑基底动脉粥样硬化（basilar atherosclerosis） 脑基底动脉及Willis环，多处管径粗细不均匀，增粗处血管壁不规则增厚，管壁僵硬，呈灰白色，即为动脉粥样硬化病灶形成处。

5. 高血压病脑出血（cerebral hemorrhage of hypertension） 大脑半球冠状剖面，脑皮质与灰质区大部分正常，脑实质内囊区可见大面积出血灶，并有血凝块形成（血凝块经福尔马林固定呈灰黑色），与周围脑组织分界较清楚，出血区脑组织被破坏。

6. 高血压病心脏向心性肥大 部分心脏（冠状剖面），左右心室及室间隔结构清晰。左心室壁增厚达1～1.5cm（正常1cm以内），室间隔增厚尤为明显，达1.5～2cm（正常0.8～1.2cm）。乳头肌增粗，但心腔不扩张。右心室结构无异常。

7. 原发性高血压病肾（kidney of hypertension） 又称原发性颗粒性固缩肾，一侧肾体积缩小，重量减轻为90g（正常成人约为150g），质地变硬，表面凹凸不平，呈均匀一致的细小颗粒状。切面肾皮质变薄，0.15～0.2cm（正常为0.3～0.6 cm），皮、髓质界限不清，肾盂处脂肪组织增多。

8. 风湿性心内膜炎（rheumatic endocarditis） 心脏标本，剖开左心，展示心房心室。心房轻度扩张，二尖瓣厚薄不均，其中一个瓣膜增厚、变硬、卷曲、缩短明显。在瓣膜心房面，闭锁缘上可见单行排列的疣状赘生物，赘生物呈灰白色，半透明，直径1mm，心室无明显病变。

9. 亚急性感染性心内膜炎（subacute infective endocarditis） 此标本为大熊猫心脏，剖开左心，展示心室和主动脉，主动脉瓣膜表面可见多个疣状赘生物，疣状赘生物呈簇状，分布不规则，质松脆，灰黑色，污秽，体积大小不等。

10. 肥厚性心肌病（hypertrophic cardiomyopathy） 心脏标本，整个心脏体积增大，重量增加达600g（正常成年男性<350g，女性<300g）。剖开左心，展示左心房心室，病变主要位于心室，心室壁增厚达1.5～2cm，室间隔增厚尤为明显，并且向左心室腔内突出，主动脉瓣膜下心内膜增厚，导致流出道狭窄。

(二)切片观察

1. **风湿性心肌炎（rheumatic myocarditis）** 低倍镜观察，在心肌纤维束之间的间质结缔组织中见多个大小不一的病灶，该病灶即为风湿病的特征性结构——风湿小体（Aschoff body）。该小体多数位于血管周围，呈圆形或梭形。高倍镜观察，风湿小体中心可见胶原纤维水肿、断裂及纤维素样坏死，伴有大量增生聚集的风湿细胞（Aschoff cell）以及单核巨噬细胞，其外围有淋巴细胞浸润及成纤维细胞增生，由此构成风湿小体。构成风湿小体的风湿细胞体积较大、胞浆丰富、略呈嗜碱性染色。胞核较大，圆形或椭圆形，核膜清晰，染色质集中在中央，在核的纵切面上，呈毛虫状，核的横切面似枭眼状，呈单核、双核或多核。风湿小体周围间质水肿伴淋巴细胞、单核细胞和浆细胞浸润（图4-49）。

2. **主动脉粥样硬化（aortic atherosclerosis）** 此为主动脉壁之纵剖面，肉眼观察切片，可见管壁厚度不均，部分区域增厚，内膜面隆起。低倍镜观察，内膜面隆起，粥样灶形成。高倍镜观察，表面为纤维组织增生构成的纤维帽，伴有明显的玻璃样变；其下为粥样灶，内含大量无定形的坏死崩解产物及不规则空隙（即沉着的脂质），同时可见裂隙状、针状空隙（为胆固醇结晶）以及钙盐沉积（蓝色颗粒状），底部及周围可见肉芽组织和少量淋巴细胞，偶可见泡沫细胞。中膜受压有轻度萎缩，外膜无明显改变（图4-50）。

3. **冠状动脉粥样硬化（coronary atherosclerosis）** 肉眼观察切片，可见位于心外膜的冠状动脉横断面，近心肌侧的管壁显著增厚，致使管腔狭窄（Ⅲ级），腔偏于一侧。低倍镜观察，管腔呈偏心性狭窄，内膜增厚，半月状隆起的粥样斑块形成。高倍镜观察，斑块表层纤维帽结缔组织显著增生且发生玻璃样变；其下粥样灶内有无定形的坏死崩解产物（坏死细胞碎片、细胞外脂质等）、胆固醇结晶（针状空隙）及钙盐沉积，共同构成粥糜样物；中膜受压明显萎缩；外膜无明显改变（有的切片中可见血栓）（图4-51）。

4. **肾细动脉硬化（arteriolosclerosis of kidney）** 低倍镜观察，肾皮质清晰可辨认，皮质部细、小动脉管壁增厚管腔狭窄。高倍镜观察，细动脉管壁内膜增厚，内膜下有均质红染的玻璃样物质，即为细动脉玻璃样变。部分肾小球纤维化，肾小管萎缩。部分肾小球体积增大（为代偿性改变），相应的肾小管扩张。间质纤维组织增生，淋巴细胞浸润（图4-52）。

5. **病毒性心肌炎（viral myocarditis）** 低倍镜观察，病变位于心肌实质内，呈灶状分布。高倍镜观察，病灶内心肌细胞肿胀，肌纤维断裂，甚至坏死；间质水肿较著，伴有较多淋巴细胞、单核细胞及中性粒细胞浸润，致使心肌纤维相互分离。

四、思考题

1. 简述动脉粥样硬化病灶中泡沫细胞的形成机制。
2. 冠状动脉粥样硬化的病灶为什么易发生在心壁侧？你所观察到的冠状动脉粥样硬化改变可引起什么后果？
3. 比较慢性心瓣膜病、高血压性心脏病、冠心病时心脏的病变特点及各自所引起的血流动力学改变。

（韩艳春）

实验七 呼吸系统疾病
Diseases of Respiratory System

一、实验目的

1. 掌握细菌性肺炎和病毒性肺炎的形态学特点。
2. 掌握大叶性肺炎和小叶性肺炎的异同。
3. 掌握肺癌的大体特点及类型。
4. 熟悉慢性支气管炎及肺气肿的形态特征。
5. 了解支气管扩张症的形态特点。
6. 了解硅肺各期病变特征及病因和发病机制。

二、实验内容

题目	肉眼标本	病理组织切片
肺气肿	阻塞性肺气肿	全腺泡性肺气肿
大叶性肺炎	大叶性肺炎	大叶性肺炎
小叶性肺炎	小叶性肺炎	小叶性肺炎
	融合性小叶性肺炎	肺肉质变
间质性肺炎	病毒性肺炎	病毒性肺炎
支气管扩张症	支气管扩张症	
硅肺	硅肺	硅肺并结核病
肺癌	中央型肺癌	肺鳞状细胞癌
	周围型肺癌	肺小细胞癌

三、标本描述

（一）肉眼观察

1. **肺气肿**（pulmonary emphysema）　左侧肺的整个肺叶膨大，边缘变钝，表面可见肋骨压迹，色灰白间灰黑，肺组织柔软，缺乏弹性。切面呈粗海绵状，气肿小腔大小较一致、均匀，累及全肺，为慢性弥漫性全腺泡型肺气肿。

2. **大叶性肺炎**（lobar pneumonia）　左侧肺的下叶肺体积增大，重量增加，灰白色，表面少量纤维素渗出。切面肺组织实变，质实如肝，呈灰白色，属于大叶性肺炎的灰色肝样变期（图4-53）。上叶切面未见明显异常，背面剖面可见结核球（结核球详见结核病项下）。

3. **小叶性肺炎**（lobular pneumonia）　双肺近背侧段部分肺组织剖面，上、下肺叶表面（为背侧）散在分布多个灰黄色病灶，尤以下叶为重。切面：病灶大小不一，直径多在0.2～1cm，形状不规则，灰白色或灰黄色，病变区肺组织实变，有的病灶中央可见支气管断面，左下叶有一融合性病灶，亦可称融合性小叶性肺炎。

4. **病毒性肺炎**（viral pneumonia）　双侧肺的体积增大，表面多处大面积灰白色病灶，以双肺下叶多见。切面：双肺多灶性实变区，尤以右肺下叶为重，整个肺叶几乎全部发生实性变，实变区肺组织呈灰白色。

5. 支气管扩张症（bronchiectasis）　右肺下叶剖面，肺组织呈灰红色，切面：支气管扩张呈多个大小不等的囊腔，直径0.3～1.5cm，呈蜂窝状。囊壁较厚，囊内壁稍粗糙，并见脓性分泌物附着。

6. 硅沉着病（silicosis）　简称硅肺，右侧肺的体积缩小，重量增加，质地变硬，表面脏层胸膜增厚。切面：肺质地变硬，切之有沙砾感，近肺门处可见多个境界清楚的结节状病灶，直径为2～5mm，部分病灶融合成团块状，尤以肺中、下叶近肺门处为重。结节呈圆形或椭圆形，灰白、质硬，触之有沙样感。肺内不同程度的弥漫性间质纤维化，可见细小或较粗的灰白纤维条索，肺质地变硬。胸膜增厚，灰白。肺门淋巴结肿大、变硬。

7. 中央型肺癌（lung carcinoma of central type）　部分肺叶，肺门结构及支气管剖面可辨认。于近肺门部、距支气管断端1cm处可见结节型肿物，切面肿瘤边界不清，直径5cm，肿瘤包围于叶支气管周围，部分管腔被肿瘤堵塞。肿瘤灰白间灰黑，部分区域有坏死，并可见卫星结节，周围肺组织基本正常（图4-54）。

8. 周围型肺癌（lung carcinoma of peripheral type）　左肺下叶部分肺组织，表面观察呈灰黑色，剖面肺门结构及支气管结构清晰。切面可见结节性肿物，直径6cm，灰白色，边界尚清，肿瘤部分区域有坏死（图4-55）。

（二）切片观察

1. 肺气肿（pulmonary emphysema）　肉眼观察切片，肺组织稀疏，呈网状。低倍镜观察，肺组织结构尚存，但肺小叶内呼吸性细支气管、肺泡管、肺泡囊和肺泡均弥漫性扩张。高倍镜观察，肺泡间隔变窄，肺泡孔扩大，部分肺泡隔断裂，扩张的肺泡互相融合成较大囊腔，有的囊腔壁上可见少许平滑肌。肺泡壁毛细血管数量明显减少，小支气管和细支气管可见慢性炎症细胞浸润。

2. 大叶性肺炎（lobar pneumonia）　肉眼观察切片，肺组织完全实变，失去原有的疏松结构。低倍镜观察，肺组织实变，肺泡腔内充满渗出物，但肺泡结构可以辨认。高倍镜观察，肺泡腔内的渗出物主要为纤维素和大量中性粒细胞，红细胞较少，部分区域可见纤维素穿过肺泡间孔到达相邻肺泡的现象。肺泡壁结构尚存，肺泡壁毛细血管受压，处于贫血状态（图4-56）。

3. 小叶性肺炎（lobular pneumonia）　肉眼观察切片，可见肺组织内有小片状散在分布的实变区。低倍镜观察，实变区中心为细支气管并累及周围肺组织。高倍镜观察，病变中心的细支气管腔内有大量中性粒细胞、脓细胞及脱落坏死的上皮细胞；细支气管黏膜充血水肿，有的上皮脱落，管壁内有大量中性粒细胞浸润，有的部位管壁平滑肌环断裂，不连续，甚至消失，致使细支气管结构破坏。细支气管周围受累的肺泡壁血管扩张充血，腔内充满中性粒细胞，部分区域肺泡壁结构破坏。病灶周围肺组织充血、水肿，伴有代偿性肺气肿，离细支气管愈远病变越轻（图4-57）。

4. 硅肺并结核病（silicosis with tubterculosis）　肉眼观察切片，可见肺组织内有散在分布的实变区。低倍镜观察，肺组织内有数个结节状实变区，结节呈不规则的圆形、椭圆形，境界较为清楚。高倍镜观察，结节由同心圆状、漩涡状排列的胶原纤维构成，纤维组织多已发生玻璃样变性，有些结节内可见黄绿色粉尘颗粒，有的结节中心有钙盐沉着。结节间纤维组织增生，肺组织纤维化伴大量炎症细胞浸润，并见多个结核结节（结核结节见结核病项下）（图4-58）。

5. 肺癌（carcinoma of lung） 低倍镜观察，肺组织内可见许多大小不等、形态不一的癌细胞巢，部分癌巢中央有大片坏死。高倍镜观察，癌细胞有明显异型性，癌细胞间可见细胞间桥。部分癌巢内有角化，并见角化珠形成。癌组织内可见气管软骨和腺体。间质内有淋巴细胞和中性粒细胞浸润。

6. 肺小细胞癌（small cell carcinoma of lung） 低倍镜观察，大部分肺组织结构消失，为瘤组织代替。高倍镜观察，癌细胞密集成群，体积较小，大小较一致，呈圆形、椭圆形、燕麦形，胞浆少，核深染，病理性核分裂象易见（图4-59）。

四、思考题

1. 大叶性肺炎的基本病变是怎样发生发展的？
2. 试述慢性支气管炎的病因及发病机制。
3. 试述肺癌的高发人群及高危因素。

（吴淑华）

实验八 消化系统疾病
Diseases of Digestive System

一、实验目的

1. 掌握慢性萎缩性胃炎的病变特点及结局。
2. 掌握溃疡病的病变特点、结局及合并症，并掌握良恶性溃疡的区别。
3. 掌握病毒性肝炎的基本病变特点，熟悉病毒性肝炎的临床类型及其各自病变特点。
4. 掌握肝硬化概念及病变特点，熟悉门脉高压及肝功能障碍的表现及形成机制。
5. 熟悉消化系统肿瘤的发病部位、肉眼形态特点，了解其组织学类型及转移规律。
6. 熟悉慢性胃炎的类型及病变特点。
7. 了解急性阑尾炎的病变特点。

二、实验内容

题目	肉眼标本	病理组织切片
胃炎	慢性萎缩性胃炎	慢性萎缩性胃炎
	肥厚性胃炎	
溃疡病	慢性胃溃疡病	慢性胃溃疡病
	慢性胃溃疡病并穿孔	
	十二指肠溃疡病	
阑尾炎	急性化脓性阑尾炎	急性化脓性阑尾炎
	坏疽性阑尾炎、阑尾内蛔虫	
	慢性阑尾炎、阑尾黏液囊肿	

续表

题目	肉眼标本	病理组织切片
病毒性肝炎	病毒性肝炎	急性普通型肝炎
	急性与亚急性重型肝炎	
肝硬化	门脉性肝硬化	门脉性肝硬化
	坏死后性肝硬化	
	胆汁性肝硬化	
消化系统肿瘤	食管癌	食管癌
	胃癌	胃癌
	十二指肠腺癌、结肠癌	
	结肠息肉病、结肠腺瘤	
	肝癌	肝癌
非特异性肠炎	局限性肠炎	

三、标本描述

（一）肉眼观察

1. 肥厚性胃炎（hypertrophic gastritis） 胃黏膜较周围正常黏膜明显增厚，黏膜皱襞粗大，加宽加深，呈脑回状，黏膜皱襞上可见横裂，胃壁结构尚清晰。

2. 慢性萎缩性胃炎（chronic atrophic gastritis） 胃黏膜变薄，黏膜皱襞变浅，部分区域呈粗颗粒状突起，部分区域皱襞消失。

3. 慢性胃溃疡（chronic gastric ulcer） 胃窦小弯处黏膜面见圆形溃疡病灶，直径2cm左右；溃疡边缘规整，与周围黏膜齐平，形如刀割，溃疡较深呈潜掘状并发生穿孔；周围黏膜皱襞自溃疡向四周呈放射状排列（图4-60）。

4. 急性重型肝炎（acute severe hepatitis） 肝体积明显缩小，尤以左叶为甚，一般减至600~800g（正常1500g左右）；边缘变锐，质地柔软，被膜皱缩；表面及切面呈黄色或红褐色，故又称红色或黄色肝萎缩，无光泽。

5. 亚急性重型肝炎（subacute severe hepatitis） 肝体积不同程度缩小，被膜皱缩；切面呈黄绿色（胆汁淤积），并可见许多散在的灰白色或灰黄色结节，结节周围有纤维结缔组织增生。

6. 门脉性肝硬化（portal cirrhosis） 肝体积缩小，质地稍硬；表面不平整，凹凸不平，切面呈弥漫小结节状，结节大小较一致，直径小于0.5cm，最大不超过1.0cm。结节一般呈灰白色，部分呈黄褐色（脂肪变性）或黄绿色（淤胆）；结节周围有灰白色纤维组织包绕，纤维间隔较窄，宽窄比较一致。

7. 坏死后性肝硬化（postnecrotic cirrhosis） 肝体积缩小，质地变硬，表面凹凸不平，切面呈结节状，弥漫分布，结节直径多在0.5~1.0cm（最大结节直径可达6cm），结节呈黄绿色或黄褐色，结节由较宽大的纤维组织包绕，纤维间隔宽窄不一（图4-61）。

8. 胆汁性肝硬化（biliary cirrhosis） 肝体积常增大，表面平滑或呈细颗粒状，质地中等；表面及切面被胆汁染成绿色或绿褐色；结节间纤维间隔较细或不明显。

9. 食管癌（esophageal carcinoma）

（1）髓质型：病变处食管壁增厚，管腔变窄，触之硬，表面有浅表溃疡形成；切面癌组织呈灰白色，质地较软。

（2）蕈伞型：肿瘤为卵圆形扁平肿块，基底部有蒂与食管壁相连，如蘑菇状突入食管腔内。

（3）溃疡型：病变处形成溃疡，溃疡形态不规则，边缘隆起，底部凹凸不平，深达肌层或外膜。

（4）缩窄型：癌组织浸润性生长，累及食管全周，形成明显的环形狭窄，黏膜皱襞消失；病变处食管壁增厚变硬，癌组织与周围组织分界不清，近端食管腔明显扩张。

10. 胃癌（gastric carcinoma）进展期

（1）息肉型或蕈伞型：癌组织向黏膜表面呈息肉状、蕈伞状或菜花状突入胃腔内，表面有破溃和出血，切面癌组织呈灰白色，质脆。

（2）溃疡型：胃黏膜面有一大溃疡（直径常＞2.0cm）；溃疡外形不规则或呈皿状、火山口状；溃疡周围黏膜结节状隆起、肥厚，底部凹凸不平，有出血及坏死。

（3）浸润型：癌组织在胃壁内浸润性生长，与周围正常组织无明显分界；胃壁增厚、变硬，黏膜皱襞消失；弥漫浸润时，胃腔变小，失去蠕动能力，胃的形状似皮革制成的囊袋，称革囊胃（linitis plastica）。

11. 大肠癌（carcinoma of large intestine）

（1）隆起型：肿瘤向肠腔内突出，呈菜花状或息肉状，表面有出血、坏死，切面灰白，质脆。

（2）溃疡型：病变处肠管僵硬，增厚，肿瘤表面有明显溃疡形成，边缘隆起，不规整，中央有坏死，与周围组织分界不清。

（3）浸润型：肿瘤向肠壁弥漫浸润性生长，常累及肠管全周，使局部增厚；肿瘤伴纤维组织增生，形成环状狭窄，近端肠管明显扩张（图4-62）。

（4）胶样型：病变处肠壁增厚，肿瘤沿肠壁浸润性生长，肿瘤表面及切面均呈灰白、半透明、胶冻状。

12. 原发性肝癌（primary carcinoma of liver）

（1）巨块型：肿瘤为圆形实性肿块，直径10cm左右，界限尚清；切面瘤组织呈黄褐色，质软、脆，伴有出血坏死（图4-63）。另一标本肿瘤周围肝组织呈结节性肝硬化改变（图4-64）。

（2）多结节型：瘤结节多个散在，圆形或椭圆形，大小不一，有的可融合成较大的瘤结节；被膜下的瘤结节向表面隆起，切面呈黄绿色，有时可见出血。

13. 急性蜂窝织炎性阑尾炎（acute phlegmonous appendicitis） 阑尾明显肿胀，表面充血，附着灰白灰黄色脓性渗出物。有的标本阑尾腔内充满蛔虫团。有的标本阑尾部分区域坏死，呈黑色，属于坏疽性阑尾炎。

（二）切片观察

1. 慢性萎缩性胃炎（chronic atrophic gastritis） 肉眼观察，胃黏膜层变薄，黏膜皱襞变浅甚至消失。低倍镜观察，黏膜层明显变薄，固有膜中腺体数量减少，形态多样排列紊乱，部分腺体由大肠型腺体取代。高倍镜观察，组成腺体的细胞呈柱状，其中可见较多杯状细胞，胞质内黏液呈蓝色，细胞核位于基底部。腺体间有慢性炎细胞浸润合并纤维结缔组织增生（图 4 - 65）。

2. **慢性胃溃疡病**（chronic peptic ulcer of stomach） 肉眼观察，胃壁有一半圆形缺损，镜下该处胃黏膜层、黏膜下层及肌层完全被破坏，注意观察溃疡底部的四层结构，由表面向下依次为：

（1）渗出层：渗出少量纤维素和中性粒细胞。

（2）坏死层：红染、无结构的颗粒状坏死组织。

（3）肉芽组织层：大量新生毛细血管和成纤维细胞组成结缔组织，伴有不等量的炎症细胞浸润。

（4）瘢痕层：由致密纤维组织组成，可伴玻璃样变性，小动脉壁内膜增厚，管腔变窄。溃疡周围胃黏膜可有肠上皮化生（图 4 - 66）。

3. **急性蜂窝织炎性阑尾炎**（acute phlegmonous appendicitis） 低倍镜观察，阑尾黏膜多处隐窝上皮脱落，伴炎症细胞浸润，固有腺体部分区域缺失，肌层结构疏松。高倍镜观察，黏膜固有层及肌层内见弥漫性中性粒细胞浸润。浆膜层血管充血并有少量中性粒细胞浸润（图 4 - 28）。

4. **病毒性肝炎**（viral hepatitis） 低倍镜观察，肝小叶结构存在。高倍镜观察，小叶内肝细胞肿胀，胞浆疏松化和气球样变，肝窦受压变窄；肝细胞点状坏死，并可见肝细胞嗜酸性变（胞浆嗜酸性加强，细胞核正常存在）和嗜酸性小体（深红色圆形小体，细胞核消失）形成。汇管区及小叶内淋巴细胞和单核细胞浸润。

5. **门脉性肝硬化**（portal cirrhosis） 低倍镜观察，正常肝小叶结构被破坏，为假小叶所代替，假小叶构成大小不等的肝细胞团，其特点为中央静脉缺失、偏位或两条以上。高倍镜观察，肝细胞索排列紊乱，细胞核大小不等，双核细胞增多，并可见肝细胞水肿和脂肪变性。假小叶周围纤维结缔组织增生伴淋巴细胞和单核细胞浸润，结缔组织内小胆管增生（图 4 - 67）。

6. **食管原位癌**（carcinoma in situ of esophagus） 食管黏膜表面部分为正常鳞状上皮（右侧），部分鳞状上皮异型增生显著并累及全层，但尚未突破基底膜向下浸润（图 4 - 68）。

7. **食管鳞状细胞癌**（squamous cell carcinoma of esophagus） 低倍镜观察，食管部分鳞状上皮被癌组织取代，癌组织侵及黏膜下层及肌层。癌细胞呈巢状、索状或团块状排列，部分癌巢中央有红染无结构同心圆状的角化珠。高倍镜观察，癌细胞异型明显，分裂象多见并见病理性核分裂象。癌巢与间质分界清楚。

8. **胃腺癌**（adenocarcinoma of stomach） 低倍镜观察，部分胃黏膜正常，大部分黏膜被癌组织取代。肿瘤细胞呈条索状或腺管状，腺管形状不一、大小不等、排列紊乱。高倍镜观察，癌细胞核大深染，核分裂象多见。癌细胞浸润胃壁全层，深达浆膜层（图 4 - 45）。

9. **肝细胞性肝癌**（hepatocellular carcinoma） 低倍镜观察，肿瘤呈浸润性生长，与周围肝组织界限不清。癌细胞呈巢状、条索状排列，癌巢之间为血窦。高倍镜观察，癌细胞与正常肝细胞相似，呈多角形，胞质丰富，红染颗粒状，少数癌细胞胞质内可见胆色素。癌细胞大小不一，核大深染，核仁大并呈嗜酸性，可见瘤巨细胞。癌旁肝组织呈肝硬化改变（图 4 - 69，图 4 - 70）。

四、思考题

1. 溃疡病并发穿孔会导致什么后果？

2. 试比较良、恶性溃疡的肉眼形态特点。
3. 试述门脉性肝硬化时门腔静脉吻合支的形成及血流方向。

(张 骞)

实验九 泌尿系统疾病
Diseases of Urinary System

一、实验目的

1. 掌握急性弥漫增生性肾小球肾炎、新月体性肾小球肾炎、慢性肾小球肾炎的病变特点和临床病理联系；熟悉其他各型肾小球肾炎、IgA 肾病的病变特点及临床病理联系。
2. 掌握肾盂肾炎的发病机制及临床、病理特征。
3. 了解肾和膀胱常见肿瘤的特点。

二、实验内容

题目	大体标本	组织切片
肾小球肾炎	急性弥漫增生性肾小球肾炎 慢性肾小球肾炎	急性弥漫增生性肾小球肾炎 新月体性肾小球肾炎 慢性肾小球肾炎
肾盂肾炎	急性肾盂肾炎 慢性肾盂肾炎 肾盂积水	慢性肾盂肾炎
肾脏肿瘤	肾癌 肾母细胞瘤 肾盂乳头状瘤	肾透明细胞癌
膀胱肿瘤	膀胱乳头状瘤 膀胱尿路上皮癌	膀胱尿路上皮癌

三、标本描述

(一) 肉眼观察

1. 急性弥漫增生性肾小球肾炎（acute diffuse proliferative glomerulonephritis） 肾体积中度增大，包膜紧张，表面光滑，暗红色（大红肾）；切面皮质增厚，皮、髓质分界清楚，表面或切面可见散在出血点（蚤咬肾）。
2. 慢性硬化性肾小球肾炎（chronic sclerosing glomerulonephritis） 双肾体积对称性缩小，重量减轻，质地变硬，苍白色，表面呈弥漫性细颗粒状；切面皮质变薄，皮、髓质分界不清；小动脉管壁增厚、变硬，血管断面呈哆开状，肾盂周围脂肪组织增多，称为继发性颗粒性固缩肾。
3. 急性肾盂肾炎（acute pyelonephritis） 肾体积增大，色暗红，表面光滑，表面及切面见散在的灰黄色化脓灶，化脓灶周围有出血充血带，切面灰黄色，病灶多位于皮质区，肾盂黏膜充血，有少许黄色渗出物。

4. 慢性肾盂肾炎（chronic pyelonephritis） 肾表面变形，有粗大而不规则的凹陷性瘢痕，肾表面凹凸不平；双侧肾不对称缩小，质地变硬，重量减轻。切面肾盂肾盏高度变形，皮、髓质模糊，肾乳头萎缩，肾盂黏膜增厚，粗糙。

5. 肾盂乳头状瘤（papilloma of renal pelvis） 肿瘤位于肾盂输尿管移行部，灰白色，菜花状，质脆，有蒂与基底相连。由于肿瘤阻塞输尿管，肾盂轻度扩张，肾萎缩。

6. 肾细胞癌（renal cell carcinoma） 肿瘤位于肾的上极，呈圆形或类圆形，直径约9cm，破坏压迫肾实质。切面，分界清楚有假包膜，有时可见卫星结节，呈多彩状改变：出血、坏死、囊性变、钙化等。

7. 肾母细胞瘤（nephroblastoma） 肾组织完全被肿瘤所取代，肿瘤呈椭圆形，有包膜。肿瘤灰白色肉瘤样外观，有出血坏死，部分区域有黏液。

8. 膀胱乳头状瘤（papilloma of bladder） 部分膀胱壁增厚，黏膜面可见多个乳头状突起，乳头纤细，灰白色，有蒂与膀胱壁相连。

9. 膀胱尿路上皮癌（urothelial carcinoma of bladder） 全切膀胱，黏膜面可见菜花状肿物，位于膀胱三角区，表面呈乳头状，质软，底部宽，无蒂，几乎充满膀胱腔（图4-34）。

（二）切片观察

1. 急性弥漫增生性肾小球肾炎（acute diffuse proliferative glomerulonephritis） ①弥漫性肾小球体积增大，细胞数目增多，增生的细胞主要是系膜细胞、毛细血管内皮细胞（这两种细胞HE染色不易区别），伴中性粒细胞、单核细胞浸润，很少见到红细胞；毛细血管腔狭小甚至闭塞，肾球囊变窄；②肾小管上皮细胞水肿变性，管腔内可见蛋白管型、细胞管型；③间质血管扩张充血伴少量炎症细胞浸润（图4-71，图4-72）。

2. 新月体性肾小球肾炎（crescentic glomerulonephritis） 低倍镜观察，大部分肾球囊壁层上皮细胞增生形成新月体。高倍镜观察，增生的细胞呈梭形或立方形，堆积成层，围绕毛细血管丛呈新月状或环状（新月体或环状体），新月体有细胞性、纤维细胞性和纤维性三种形式。部分毛细血管丛受压萎缩，呈分叶状，甚至与球囊壁层粘连（图4-73）。

3. 慢性肾小球肾炎（chronic glomerulonephritis） ①肾皮质变薄，大部分肾小球不同程度纤维化和玻璃样变，最终变为红染、均质、无结构的玻璃样小体，相应的肾小管萎缩或消失，病变肾小球相对集中；②部分肾小球代偿性肥大，相应肾小管不同程度扩张，上皮细胞扁平，腔内可见红染、均质的蛋白管型；③肾间质纤维结缔组织增生及慢性炎症细胞浸润，间质小动脉壁增厚并纤维化及玻璃样变性，管腔狭窄（图4-74）。

4. 慢性肾盂肾炎（chronic pyelonephritis） ①肾间质慢性化脓性炎症，间质明显纤维化，有大量的浆细胞、淋巴细胞和少量中性粒细胞浸润；②部分肾小管坏死、萎缩，部分肾小管扩张有均质红染的胶样管型，似甲状腺滤泡结构，部分肾小管内可见白细胞管型。③肾小球：晚期病变波及肾小球，表现为肾球囊周围纤维化，最终包绕肾小球使其纤维化玻璃样变；④肾盂黏膜增厚，伴慢性炎症细胞浸润（图4-75）。

5. 肾透明细胞癌（renal clear cell carcinoma） 低倍镜观察，癌细胞排列呈条索状、巢状、腺管状，间质少，富于血管；高倍镜观察，肿瘤由两种癌细胞组成：透明细胞和颗粒细胞。透明细胞边界清楚，体积大，呈多角形，胞质透亮、淡染，细胞核小，深染，位于细胞中央或边缘。颗粒细胞体积小，胞界清楚，胞质内充满嗜酸性颗粒，核小而圆（图4-76）。

6. 尿路上皮癌（urothelial carcinoma） 低倍镜观察，癌组织呈粗乳头状，细胞层次显著增多，排列紊乱，乳头中心为纤维结缔组织间质；高倍镜观察，瘤细胞轻度异型，核深染，可见核分裂象，尿路上皮的特征仍能辨认（图 4-46）。

（三）肾小球肾炎超微结构特征观察

1. 肾小球滤过膜（电镜） 内皮细胞、基底膜、上皮细胞。
2. 免疫荧光 ①线型荧光，②颗粒状荧光。
3. 急性弥漫增生性肾小球肾炎（acute diffuse proliferative glomerulonephritis） ①光镜：弥漫性肾小球体积增大，细胞数目增多，增生的细胞主要是系膜细胞、毛细血管内皮细胞，肾小管上皮细胞水肿；②电镜：电子致密物在基膜和脏层上皮细胞之间呈驼峰状沉积。
4. 急进性肾小球肾炎（rapidly progressive glomerulonephritis） ①光镜：肾小球囊壁层上皮细胞增生形成新月形或环形分布——新月体或环形体，肾小管上皮细胞变性，间质水肿，炎细胞浸润；②电镜：基底膜缺损和断裂，电子致密物沉积部位：Ⅰ型在基底膜内，Ⅱ型可在肾小球不同部位沉积。
5. 膜性肾病（membranous nephropathy） ①光镜：弥漫性肾小球毛细血管壁增厚为特征，早期可伴轻微系膜增生，后期系膜基质明显增多，间质无炎症细胞渗出，后期可出现慢性炎症细胞浸润。六胺银染色：基膜上有钉突形成，与基膜垂直排列呈梳齿状；②电镜：上皮细胞肿胀，足突消失，上皮下有大量电子致密沉积物，沉积物间基底膜钉突状增生，基底膜弥漫性增厚。
6. 膜性增生性肾小球肾炎（membranoproliferative glomerulonephritis） ①光镜：肾小球增大，细胞增多，系膜细胞及基质弥漫重度增生，肾小球毛细血管丛呈分叶状，基底膜明显增厚。六胺银染色可见基底膜增厚呈"双轨状"结构；②电镜：根据电子致密物沉积部位分型：Ⅰ型，内皮细胞下和系膜区出现电子致密沉积物；Ⅱ型，基底膜致密层内出现不规则带状电子密度极高的沉积物（即致密沉积物病，现认为属于代谢性肾小球病）；Ⅲ型内皮下和上皮下均有电子致密物沉积。
7. 轻微病变性肾小球肾炎（minimal change glomerulonephritis） ①光镜：肾小球基本正常，近曲小管上皮细胞内可见颗粒变性、脂肪变性和玻璃样小滴；②电镜：弥漫性足细胞足突融合消失。
8. 局灶节段性肾小球硬化症（focal segmental glomerulosclerosis） ①光镜：病变呈局灶性分布，肾小球内部分小叶和毛细血管袢内系膜基质增多，可有玻璃样变性和球囊粘连，病变处可有足细胞增生肥大，可发展为球性硬化，相应肾小管萎缩和间质纤维化；②电镜：系膜基质增多，基底膜增厚、皱缩，弥漫性足细胞足突融合，并可见上皮细胞从基底膜上剥脱的现象，无高密度电子致密物沉积。

四、思考题

1. 简述急性肾盂肾炎的感染途径及发病机制。
2. 慢性肾小球肾炎与慢性肾盂肾炎在大体上有何不同？
3. 何为肾病综合征，引起肾病综合征的肾小球肾炎有哪几种？

（赵铭锋）

实验十　生殖系统和乳腺疾病
Diseases of Reproductive System and Breast

一、实验目的

1. 掌握子宫颈癌及乳腺癌的病变特点、组织学类型，熟悉其蔓延和转移途径。
2. 掌握葡萄胎、绒毛膜癌的病变特点，了解其临床病理联系。
3. 熟悉子宫体癌和子宫平滑肌瘤的病变特点。
4. 熟悉常见卵巢肿瘤的形态特点。
5. 了解慢性子宫颈炎、前列腺增生症和前列腺癌的病变特点。

二、实验内容

题目	肉眼标本	病理组织切片
慢性子宫颈炎	慢性子宫颈炎并子宫颈腺囊肿（Naboth cyst）	
	慢性子宫颈炎并子宫颈息肉	
子宫颈癌		子宫颈原位癌
	外生菜花型	鳞状细胞癌
	内生浸润型	
	溃疡型	
子宫体疾病	子宫内膜增生症	
	子宫内膜异位症（子宫腺肌病）	
	子宫体癌	
	子宫平滑肌瘤	
滋养层细胞疾病	葡萄胎	葡萄胎
	子宫绒毛膜癌	子宫绒毛膜癌
	绒癌肝、肺、脑转移	
卵巢肿瘤	黏液性囊腺瘤（癌）	
	浆液性囊腺瘤（癌）	
	畸胎瘤	畸胎瘤
	颗粒－卵泡膜细胞瘤	
	内胚窦瘤	
	无性细胞瘤	
	胚胎性癌	
前列腺疾病	前列腺增生症	
	前列腺癌	
乳腺癌	浸润性导管癌	浸润性导管癌
	乳腺癌淋巴结转移	

三、标本描述

(一) 肉眼观察

1. 子宫颈癌(cervical carcinoma) 全子宫加双附件,子宫前壁已剖开,子宫颈正常结构已被破坏,癌组织呈浸润性生长,表面坏死脱落,形成火山口状溃疡。切面,子宫颈增厚,灰白色,粗颗粒状(图4-30)。

2. 子宫平滑肌瘤(leiomyoma of uterus) 全切子宫,切面子宫前壁肌壁间一圆形结节状肿物,界限清楚,灰白,质地韧,编织状或漩涡状;子宫颈见多个小囊肿(子宫颈腺囊肿)(图4-77)。

3. 子宫内膜癌(endometrial cancinoma) 全切子宫标本,子宫腔已暴露。子宫内膜弥漫性增厚,表面粗糙,呈息肉样隆起,癌组织侵达宫壁深肌层,伴有出血和坏死,子宫颈管黏膜尚光滑(图4-78)。

4. 葡萄胎(hydatidiform mole) 又称水泡状胎块。绒毛高度水肿,形成透明或半透明薄壁葡萄状物,内含清亮液体,直径0.5~2cm,葡萄状水泡系于结缔组织间质上(图4-79)。

5. 绒毛膜癌(choriocarcinoma) 子宫肌层见一明显的出血坏死结节,已侵入深肌层几乎穿透子宫壁。结节界限较清楚,无包膜,质脆,由于明显出血坏死,癌结节质软,暗红色或紫红色。

6. 浆液性囊腺瘤(serous cystadenoma) 肿瘤呈圆形或卵圆形囊肿;表面光滑,切面多数为单房性,也可形成多房,囊内含有清亮液体,囊内壁光滑,部分可见乳头状突起。

7. 黏液性囊腺瘤(mucinous cystadenoma) 多结节状囊性肿瘤,表面较光滑,暗红色。切面,多囊状,大小不等,囊内为胶冻状黏液,已成固体块状。囊内壁光滑,未见乳头形成(图4-29)。

8. 粒层细胞瘤(granulosa cell tumor) 肿瘤呈圆形或卵圆形,表面光滑,常有完整包膜。切面多为实性,质地稍硬,呈黄白色,部分可呈现囊性变或出血坏死。

9. 卵巢成熟性畸胎瘤(mature teratma of ovary) 是卵巢最常见的生殖细胞肿瘤。肿瘤为囊性,包膜完整,表面光滑,囊内容有皮脂、毛发,有的可见牙齿、骨、软骨等成熟组织。囊内壁可见结节状突起,称为头节,此处可见多种组织结构。此标本头节切面呈淡黄色(图4-37)。

10. 乳腺癌(carcinoma of breast) 肿块界限不清,灰黄灰白色,坚硬;切面有放射状小梁,从癌实质向四周脂肪伸展而呈明显的星状或蟹足状,也可出现坏死、出血。

(二) 切片观察

1. 子宫颈原位癌(carcinoma in situ of cervix) 异型增生的细胞累及子宫颈鳞状上皮全层,细胞排列紊乱,核大深染,形态不规则,可见瘤巨细胞,分裂象多见,但病变局限于上皮层内,未突破基底膜。原位癌的癌细胞可由表面沿基底膜通过宫颈腺口蔓延进入子宫颈腺体内,取代腺上皮的部分或全部,但仍未突破腺体的基底膜,称为原位癌累及腺体。

2. 子宫颈鳞状细胞癌(squamous cell carcinoma of cervix) 癌组织呈浸润性生长(主间质清楚)形成癌细胞巢,癌巢大小不等,巢之周围癌细胞核深染,栅栏状(相当于基底层的细胞),其内为棘细胞样细胞,中央可见层状的角化物(角化珠)。

3. 葡萄胎(hydatidiform mole) 此为阴道排出之水泡状胎块,镜下见肿大绒毛,间质高度水肿,无血管可见,绒毛膜表面之滋养层细胞(内层为细胞滋养层、外层为合体细胞滋养层）有轻度增生（图 4 - 80）。

4. 子宫绒毛膜癌（choriocarcinoma of uterus） 瘤组织构成于分化不良的滋养层细胞，不形成绒毛结构。瘤细胞有两种形态：一种为核着色淡、立方或多角形的细胞滋养层细胞；另一种为核深染，长梭形的合体滋养层细胞，两种细胞均有不同程度的异型性。瘤组织自身无间质血管，依靠侵袭宿主血管获取营养，故有明显出血坏死（图 4 - 81）。

5. 成熟型畸胎瘤（mature teratoma） 肿瘤由三个胚层的各种成熟组织构成，常见皮肤、毛囊、汗腺、脂肪、肌肉、骨、软骨、呼吸道和消化道上皮、甲状腺及脑组织等。由表皮和皮肤附件组成的单胚层畸胎瘤称为皮样囊肿。

6. 乳腺浸润性导管癌（invasive ductal carcinoma of breast） 癌细胞排列成巢状、团块状，有的可见少许腺样结构，有的可保留原有的导管内癌结构。癌细胞大小形态各异，异型性明显，肿瘤间质纤维组织增生，癌细胞在间质内浸润性生长。

四、思考题

1. 葡萄胎结局如何？
2. 乳腺癌最多见于哪一象限？
3. 为什么绒毛膜癌最常发生血道转移？

（韩玉贞）

实验十一 内分泌系统疾病
Diseases of Endocrine System

一、实验目的

1. 掌握非毒性甲状腺肿的分期及各期的病理特点，熟悉其临床病理联系。
2. 掌握甲状腺腺瘤和甲状腺癌的组织学类型和病变特点。
3. 熟悉毒性甲状腺肿的病变特点及临床病理联系。
4. 了解甲状腺炎的类型及病变特点。

二、实验内容

题目	肉眼标本	病理组织切片
甲状腺肿	毒性甲状腺肿	毒性甲状腺肿
	结节性甲状腺肿	结节性甲状腺肿
甲状腺炎	桥本甲状腺炎	
甲状腺腺瘤	滤泡性腺瘤	
甲状腺癌	乳头状癌	乳头状癌

三、标本描述

(一) 肉眼观察

1. 弥漫性毒性甲状腺肿（diffuse toxic goiter） 甲状腺弥漫性对称性肿大，表面光滑，质软，切面灰红呈分叶状，胶质含量少，质如肌肉。

2. 结节性甲状腺肿（nodular goiter） 甲状腺呈不对称性结节状肿大，结节大小不等，表面凹凸不平，境界清楚或不清楚，常无完整的包膜。结节切面呈棕黄色和棕红色，常有出血、坏死、囊性变和钙化。

3. 滤泡性腺瘤（follicular adenoma） 腺瘤多为单发，圆形，境界清楚，包膜完整；切面多为实性，暗红色或棕黄色，可并发出血、囊性变及钙化。

4. 甲状腺乳头状癌（papillary carcinoma） 肿瘤一般呈圆形，无包膜，质地较硬，切面呈灰白或棕黄色，粗糙或呈绒毛状外观，中央部常有纤维化，形成不规则致密瘢痕，因钙化而有砂粒感。

（二）切片观察

1. 毒性甲状腺肿（toxic goiter） 甲状腺滤泡形态、大小不一，以小型滤泡为主；但腔内胶质稀薄，内衬上皮呈立方或柱状，部分增生形成小乳头，靠近上皮处胶质有吸收空泡。间质血管丰富、充血，有多量淋巴细胞浸润。

2. 结节性甲状腺肿（nodular goiter） 部分滤泡过度扩大，使滤泡大小差别较大，部分滤泡上皮呈柱状或乳头样增生，小滤泡形成；间质纤维组织增生、间隔包绕形成大小不等的结节状病灶，可有出血、坏死和囊性变。

3. 乳头状癌（papillary carcinoma） 癌组织围绕纤维血管中心呈乳头状排列，外被覆立方及柱状细胞，可呈单层或多层，核染色质少，常呈透明或毛玻璃状，无核仁；核沟和包涵体常见。间质内常见同心圆状的钙化小体。乳头分枝较多，可伴少许滤泡结构。

四、思考题

1. 甲状腺乳头状癌常经什么途径转移？预后如何？
2. 如何区分甲状腺腺瘤和结节性甲状腺肿？
3. 试述桥本甲状腺炎的基本病变。

（韩玉贞）

实验十二　神经系统疾病
Diseases of Nervous System

一、实验目的

1. 掌握流行性脑脊髓膜炎的病理特点及临床病理联系。
2. 掌握流行性乙型脑炎的病理变化及临床病理联系。
3. 熟悉神经系统肿瘤的常见类型及形态特点。
4. 了解神经系统基本的基本病变

二、实验内容

题目	肉眼标本	病理组织切片
感染性疾病	流行性脑脊髓膜炎	流行性脑脊髓膜炎
	流行性乙型脑炎	流行性乙型脑炎
肿瘤	胶质瘤	
	脑膜瘤	
	神经鞘瘤	神经鞘瘤
	神经纤维瘤	
	脑转移瘤	

三、标本描述

（一）肉眼观察

1. 流行性脑脊髓膜炎（epidemic cerebrospinal meningitis） 脑脊髓膜血管高度扩张充血，蛛网膜下隙充满灰黄色脓性渗出物，覆盖于脑沟脑回表面，致脑沟、脑回结构模糊不清。病变较轻区域脓性渗出物常沿血管分布，伴不同程度的脑室扩张。

2. 胶质母细胞瘤（glioblastoma） 肿瘤位于大脑半球呈结节状，界限较清，无包膜，切面灰白伴灶内出血、坏死，呈黑褐色，质地软，侧脑室受压向对侧偏移（图4-82）。

3. 脑膜瘤（meningioma） 肿瘤与硬脑膜相连，呈球形或半球形，境界清楚，可有包膜，切面灰白色，质地均匀、韧，实性，压迫脑实质（图4-83）。

4. 神经鞘瘤（neurilemoma） 肿瘤呈圆形或分叶状，境界清楚，包膜完整，切面灰白或灰黄色，可见旋涡状结构，有时出现出血或囊性变。

（二）切片观察

1. 流行性脑脊髓膜炎（epidemic cerebrospinal meningitis） 肉眼观察：大脑皮质切片，可见脑实质及脑沟结构，蛛网膜下隙增宽。低倍镜：蛛网膜下隙增宽，血管扩张，大量炎细胞浸润，脑实质轻度水肿。高倍镜：蛛网膜下隙内血管扩张充血，蛛网膜下隙增宽，大量中性粒细胞浸润及纤维素渗出，近软脑膜的脑实质内血管亦有扩张并有炎细胞浸润（图4-84）。

2. 流行性乙型脑炎（epidemic encephalitis B） 肉眼观察：大脑皮质的切片，脑实质散在灶状染色浅区。低倍镜：脑实质血管扩张，散在灶状质地疏松，染色较浅的筛网状病灶（图4-85）。高倍镜：脑实质血管扩张充血，血管周围间隙加宽，以淋巴细胞为主的炎细胞围绕血管周围间隙形成淋巴细胞套（图4-86）；神经细胞有变性坏死，坏死的神经元被增生的小胶质细胞或血源性巨噬细胞吞噬，形成噬神经细胞现象（图4-87）；变性坏死的神经细胞周围由5个或5个以上少突胶质细胞围绕，形成卫星现象（图4-88）；小胶质细胞局灶性增生，聚集成团，形成小胶质细胞结节（图4-89）。

3. 胶质母细胞瘤（glioblastoma） 低倍镜：瘤细胞密集，瘤巨细胞甚多，出血坏死明显。高倍镜：肿瘤细胞密集，异型性明显，可见异型的单核或多核瘤巨细胞，有明显出血坏死，在坏死区周围瘤细胞呈栅栏状排列，血管内皮细胞增生。

4. 少突胶质细胞瘤（oligodendrocytoma） 低倍镜：瘤组织呈蜂窝状结构，瘤细胞大小形态较一致。高倍镜：肿瘤细胞类圆形或多边形，大小均匀，形态单一，弥漫排列，瘤细胞有明显的核周空晕,细胞境界清楚,细胞核位于空壳的细胞质内。

5. 神经鞘瘤(neurilemoma)　低倍镜:肿瘤由细胞密集区和疏松区构成。高倍镜:可见两种组织结构,①束状型(Antoni A型):瘤细胞细长、梭形,界限不清,核呈梭形或卵圆形,互相紧密平行排列成束状、栅栏状或不完全漩涡状(Verocay小体);②网状型(Antoni B型):瘤细胞稀少,星芒状,可排列成稀疏网状结构,细胞间有较多的液体,常有小囊腔形成。

四、思考题

1. 流行性脑脊髓膜炎的临床病理联系有哪些?
2. 流行性乙型脑炎的病理特点有哪些?
3. 颅内原发肿瘤有哪些共同特点?

(王　霞)

实验十三　传染病和寄生虫病
Infection Disease and Protozoal Disease

一、实验目的

1. 掌握结核病的基本病理变化及其转归规律。
2. 掌握原发性肺结核的病变特征及其发展、继发性肺结核的类型及其病变特征。
3. 掌握伤寒、细菌性痢疾的病变特点,熟悉其临床病理联系。
4. 熟悉肺外器官结核(肠、腹膜、肾、骨等)的病变特征。
5. 熟悉阿米巴痢疾的基本病变。
6. 了解流行性出血热和艾滋病的主要病变特征。

二、实习内容

题目	肉眼标本	病理组织切片
原发性肺结核	原发综合征伴急性血行播散型肺结核病	
	肺门淋巴结结核	
继发性肺结核	浸润型肺结核	
	干酪性肺炎	
	慢性纤维空洞型肺结核	
	肺结核球(瘤)	
肺粟粒性结核病	血行播散型肺结核病	血行播散型肺结核病
肺外器官结核病	肾结核病	肾结核病
	肠结核病	
	淋巴结结核病	
	脑结核球(瘤)	
细菌性痢疾	结肠细菌性痢疾	细菌性痢疾
肠伤寒	肠伤寒	肠伤寒
阿米巴痢疾	肠阿米巴病	肠阿米巴病
	阿米巴肝脓肿	

三、标本描述

(一) 肉眼观察

1. 原发性肺结核（primary pulmonary tuberculosis） 其病变特点为原发综合征，即肺原发病灶、结核性淋巴管炎和肺门淋巴结结核。①原发灶：位于肺上叶下部或肺下叶上部近肺膜处，直径1.0~1.5cm，圆形，界清，呈灰黄色；②原发灶内结核分枝杆菌沿淋巴管蔓延引起结核性淋巴管炎（X线片可见）；③肺门淋巴结结核：肺门淋巴结肿大，切面灰黄，质软，呈干酪样坏死。

2. 血行播散型肺结核病（pulmonary miliary tuberculosis） 肺原发病灶或其他结核病灶中结核分枝杆菌经血道播散形成粟粒性肺结核；肺表面和切面可见大量散在、均匀分布、大小一致、境界清楚、灰白或灰黄色、圆形的粟粒大小的结节状病灶。

3. 浸润型肺结核（infiltrative pulmonary tuberculosis） 病灶多位于肺上部（相当于锁骨下区域），病变中央为干酪样坏死，周围边界模糊为渗出性炎症（肉眼不易分辨）。干酪样坏死物液化后经支气管排出，局部形成急性空洞。

4. 慢性纤维空洞型肺结核（chronic fibrocavitary pulmonary tuberculosis） 肺内可见一个或多个厚壁空洞，多位于肺上叶，大小不一，形状不规则，空洞内壁有干酪样坏死物；中层为结核性肉芽组织；外层为较厚的增生的纤维结缔组织。肺下叶可见新旧不一、大小不等，病变类型不同的病灶交织存在。

5. 干酪性肺炎（caseous pneumonia） 肺切面散在分布大小不一、灰黄色的不规则形干酪样坏死灶，根据病灶范围的大小可分小叶性或大叶性干酪性肺炎。

6. 肺结核球（tuberculoma of lung） 常位于肺上叶，肺内可见一个孤立的、有纤维包裹的、境界清楚的球形干酪样坏死灶，病灶直径2~5cm，X线片上有时很难与周围型肺癌相鉴别（图4-90）。

7. 肠结核（intestinal tuberculosis） 溃疡型肠结核多发生在回盲部，溃疡为环形或带状，其长轴与肠的长轴垂直，边缘参差不齐，底部有干酪样坏死物，愈合后由于瘢痕收缩易引起肠道狭窄。

8. 肾结核（renal tuberculosis） 肾体积增大，表面呈半球状隆起。切面结构大部分被破坏，可见大量干酪样坏死物，坏死物破入肾盂、肾盏而形成大小不等的空洞，部分内容物已流失，周围纤维组织增生。肾盂及近端输尿管受累，输尿管增粗，管壁增厚，管腔狭窄，黏膜面附有干酪样坏死物（图4-6）。

9. 肠伤寒（typhoid fever of intestine）（髓样肿胀期） 回肠一段，黏膜面可见椭圆形和小圆形突起，表面肿胀并有小凹陷形成，质软，呈脑回状，故称髓样肿胀。此为肠壁淋巴组织即集合淋巴小结和孤立淋巴小结内巨噬细胞增生所致（图4-21）。

10. 细菌性痢疾（bacillary dysentery） 结肠黏膜皱襞消失，表面被覆一层灰白色或暗红色、干燥似"糠皮"状假膜，有的区域假膜脱落形成大小不一、形状不规则的浅表性地图样溃疡。

11. 肠阿米巴病（intestinal amoebiasis） 急性期：黏膜面散在纽扣样略凸起于黏膜表面的病灶，中央有小溃疡，周围有充血出血，切面溃疡呈烧瓶状，病灶之间的黏膜相对正常。

12. 阿米巴肝脓肿（amoebic abscess of liver） 病灶多位于肝右叶，形成大小不等的脓肿。切面脓肿内容物大部分已流失，仅残留少量含棕褐色果酱样坏死物；洞壁上灰黄色破棉絮状物多见，是未彻底液化性坏死的胆管、血管和汇管区结缔组织。

（二）切片观察

1. 急性血行播散型肺结核病（acute miliary tuberculosis of lung） 肉眼观察：肺组织内散在分布大小较一致的结节状病灶。低倍镜：肺组织内散在有无数大小比较一致的粟粒状结节，肺泡壁小血管有充血（图4-91）。高倍镜：结节构成于类上皮细胞及朗格汉斯细胞，中央部可见干酪样坏死，结节周围可见淋巴细胞浸润（图4-92）。

2. 肠伤寒（typhoid fever of intestine） 肉眼观察：肠黏膜层次存在，黏膜及黏膜下层增宽，大量炎细胞浸润。低倍镜：肠黏膜及黏膜下层增厚，大量巨噬细胞增生，部分形成结节状，在肌层内亦有散在的此类细胞浸润。高倍镜：增生的巨噬细胞胞体大，胞浆丰富，吞噬有红细胞或淋巴细胞，称为伤寒细胞。

3. 肾结核病（tuberculosis of kidney） 低倍镜：肾的组织结构大部分被破坏，可见多个结节性病灶。高倍镜：结节状病灶的中央有干酪性坏死，周围有类上皮细胞和朗格汉斯细胞反应。

4. 细菌性痢疾（bacillary dysentery） 肉眼观察：肠黏膜上皮破坏缺损，固有层大量炎细胞浸润。低倍镜：结肠黏膜上皮部分坏死脱落，固有层中有大量纤维素渗出及急性炎细胞浸润，加之坏死脱落的上皮共同构成假膜。高倍镜：假膜构成于渗出的纤维素、中性粒细胞及坏死脱落的上皮细胞，黏膜下层有少量炎细胞浸润（图4-93）。

5. 结肠阿米巴痢疾（amoebic dysentery of colon） 肉眼观察：肠黏膜部分缺损形成溃疡性病灶，溃疡呈口小底大。低倍镜：标本取自升结肠，切片中见肠黏膜及黏膜下层坏死形成溃疡，溃疡边缘呈潜行性，口小底大似烧瓶状，在溃疡边缘及坏死物中可以找见阿米巴滋养体。高倍镜：阿米巴滋养体大小相当于红细胞的3~4倍，呈紫蓝色，结构模糊、核小（图4-94）。

四、思考题

1. 试述原发性肺结核的主要病理学特点及主要播散途径。
2. 肾结核可导致哪些器官的病变？
3. 肠伤寒好发于什么部位？为什么？

（王 霞）

实验十四 淋巴造血系统疾病
Diseases of Lymphatic and Hemtopoietic System

一、实验目的

1. 掌握霍奇金淋巴瘤的病变特点，熟悉其病理分型。
2. 熟悉非霍奇金淋巴瘤的分型及病理特点。
3. 了解白血病的概念及各型白血病的主要病变特点。

二、实验内容

题目	大体标本	组织切片
恶性淋巴瘤	颈部淋巴结霍奇金淋巴瘤 淋巴结非霍奇金淋巴瘤 脾非霍奇金淋巴瘤 淋巴结外淋巴瘤（胃，肠）	霍奇金淋巴瘤 非霍奇金淋巴瘤
白血病	白血病之肝	慢性淋巴细胞白血病之肝

三、标本描述

（一）肉眼观察

1. 恶性淋巴瘤（malignant lymphoma） 数个肿大的淋巴结，相互融合呈结节状肿块，有部分包膜，切面均质细腻、质软湿润，灰红或灰白色，似鱼肉状，可见散在的灰黄色坏死灶（图 4-95）。

2. 脾非霍奇金淋巴瘤（non-Hodgkin's lymphoma of spleen） 脾大，表面光滑，表面及切面可见许多细小结节，呈灰白色，直径 1～5mm。

3. 白血病之肝（leukemia of liver） 肝大，质较硬，切面暗红色，质地均匀，可见不规则梗死灶。

（二）切片观察

1. 霍奇金淋巴瘤（Hodgkin's lymphoma，HL） 低倍镜观察，淋巴结正常组织结构被破坏，为肿瘤组织代替。高倍镜观察，肿瘤组织细胞成分多样化，多种细胞混合增生，以淋巴细胞增生最显著，其中散在体积较大的肿瘤细胞：①瘤细胞体积大，直径 15～45μm，胞质丰富，嗜双色性或弱嗜碱性。核大，可见单核、双核或多核，核膜厚而清楚，核内见嗜酸性的核仁，体积大。这种细胞称为诊断性 R-S 细胞（Reed-Sternberg cell），双核 R-S 细胞两核等大、相对并列，称镜影细胞（mirror image cell）；②混合细胞背景中可见较多的淋巴细胞、嗜酸性粒细胞、中性粒细胞及浆细胞浸润。

2. 淋巴结 B 细胞性淋巴瘤（B cell lymphoma of lymph node） 低倍镜观察，淋巴结正常结构消失，完全被瘤组织取代。高倍镜观察，瘤细胞弥漫分布，大小形状较一致，核较大而圆、染色深、浆极少，似淋巴细胞；间质少，穿插于瘤细胞之间。

3. 慢性淋巴细胞白血病之肝（chronic lymphocytic leukemia of liver） 低倍镜观察，肝小叶结构存在。高倍镜观察，肝门管区及肝窦内有密集的小淋巴细胞浸润，细胞大小较一致，体积略大于成熟小淋巴细胞，胞浆少。肝窦轻度扩张，部分肝细胞萎缩，脂肪变。

四、思考题

1. 霍奇金淋巴瘤有哪些组织学分型？
2. 何为 R-S 细胞？霍奇金淋巴瘤中 R-S 细胞有哪几种类型？
3. 试述费城染色体与慢性粒细胞性白血病的关系。

（田 东）

第五章 动物实验

实验一 纤毛运动观察

一、实验目的

用青蛙或蟾蜍口腔黏膜细胞的纤毛运动,模拟呼吸道假复层纤毛柱状上皮细胞的纤毛运动,以此加深学生对气管和支气管黏膜结构及功能的理解。

二、实验动物

青蛙或蟾蜍。

三、实验器材

洁净载玻片,盖玻片,探针,眼科镊,眼科剪,0.65%氯化钠溶液,胶头滴管等。

四、实验步骤

1. 选取健康的青蛙或蟾蜍,用探针刺入其椎管,破坏脊髓致其四肢瘫软。
2. 暴露口腔,剪刀剪取薄层上颚或舌黏膜,置于载玻片上,滴加一滴0.65%氯化钠溶液,盖上盖玻片即行观察。
3. 镜下,在黏膜的边缘部位,可清楚见到纤毛细胞的纤毛运动,如风吹麦浪向一个方向快速拨动。

五、注意事项

1. 如动物处于冬眠期,应将动物放置温室下复苏后再进行实验。
2. 观察时,必须把光学显微镜的光圈调小,降低亮度,以增大标本的反差。

六、实验报告

描述观察结果,分析纤毛的功能。

(刘同慎)

实验二 肥大细胞形态观察及其异染性

一、实验目的

观察肥大细胞的形态学特点及其异染性,加深对其功能的理解。

二、实验动物

大鼠或小鼠。

三、实验器材

载玻片，盖玻片，眼科镊，眼科剪，AF 固定液（甲醛 100 ml ＋冰醋酸 50 ml ＋95％乙醇 850 ml），甲苯胺蓝染液（0.5g 甲苯胺蓝＋50％乙醇 100ml），3.5％戊巴比妥钠溶液等。

四、实验步骤

1. 取材和固定　3.5％戊巴比妥钠腹腔注射麻醉动物，剪取小片大网膜，摊平展贴于载玻片上，待自然干燥后用 AF 固定液固定 15min。
2. 染色　将载玻片放平，滴甲苯胺蓝数滴覆盖大网膜，染色 3 分钟，后用蒸馏水漂洗数次。
3. 封固　待染色后的大网膜空气中完全干燥后，中性树胶加盖玻片封固。

五、注意事项

1. 染色干燥后再封片。
2. 蒸馏水冲洗充分，避免多余染液残留。

六、实验报告

1. 描述肥大细胞的形态学特点，分析其异染性的原理。
2. 绘图所观察到的内容。

（张连双）

实验三　睾丸精子活动抑制实验

一、实验目的

1. 观察活动精子的形态和运动状态。
2. 观察运动状态精子被药物抑制、停止运动发生的时间和状态。

二、实验动物

成年雄性小鼠。

三、实验器材

手术刀，眼科剪，镊子，培养皿，胶头吸管，载玻片及盖玻片，37℃生理盐水，手术台，精子抑制避孕药一支。

四、实验步骤

1. 将小鼠脱臼致死，仰卧于手术台，四肢用线绳固定，触及睾丸（表面皮肤为粉红色），迅速剪开睾丸部位的皮肤和阴囊，剥离，取出左、右侧睾丸和附睾，将睾丸和附睾放入培养皿预热的37℃生理盐水中，剪成细颗粒状制成悬液，置于37℃温箱中备用。

2. 吸管吸一滴上清液，滴于载玻片上，盖上盖玻片，显微镜下观察精子的形态及运动特点。

3. 镜下观察精子可分为头部和尾部两部分，椭圆形的头部在镜下发亮；可见精子的运动状态分为两种，一种为直线的向前运动，另一种为摆尾的原地运动。

4. 实验组同时从盖玻片一侧滴一滴避孕药，继续镜下观察，可见随着药物的渗入，药物侧的精子运动能力逐渐减弱，直至停止。

五、注意事项

1. 精子对温度比较敏感，生理盐水一定要预热以利于精子的存活和运动。
2. 操作时注意显微镜的光圈开小，视野变暗，有利于运动精子的观察。

六、实验报告

1. 试述精子的正常形态结构。
2. 思考药物的作用机制。

（张连双）

实验四　实验性肺淤血动物模型

一、实验目的

1. 复制实验性肺淤血，并观察动物的各种表现。
2. 观察肺淤血的形态学变化，并探讨其有关的发病机制。

二、实验动物

家兔。

三、实验器材

肾上腺素注射液，生理盐水，兔固定台，婴儿秤，天平，5ml注射器，丝线，纱布，滤纸，烧杯，动物手术器械等。

四、实验方法

本实验分实验组和对照组，实验中对两组进行交叉对比观察。

（一）实验组

1. 取家兔一只，准确称重，计数心跳、呼吸，观察一般情况。
2. 耳缘静脉注射肾上腺素注射液，每千克体重注射1.5ml。注意观察家兔的心跳、呼吸等。
3. 待家兔死亡后，打开胸腔（此时操作要细心，避免损伤大血管、支气管及肺），暴露心脏和肺。在气管分叉处用线结扎，防止水肿液溢漏。在结扎近端剪断气管，然后分离心脏及其血管,将肺取出。用滤纸吸干肺表面的水分后,准确称取肺重量,以计算肺系数。〔肺系数=肺重量(g)/体重(kg)〕。

(二)对照组

以生理盐水代替肾上腺素,其余实验步骤和条件与实验组相同。最后处死家兔,取出肺,计算肺系数。

分别观察实验组和对照组肺表面和切面,注意切面的变化,是否有液体溢出。显微镜下对比观察实验组和对照组肺组织切片。

五、实验报告

1. 描述你所观察到的形态学改变。
2. 简述这些形态学变化的发生机制。

(赵大华)

实验五　栓塞实验

一、实验目的

1. 掌握血液循环过程及栓子运行途径。
2. 了解栓塞造成的病理变化。
3. 讨论栓塞致死机制。
4. 认识脂肪染色。

二、实验动物

家兔。

三、实验器材

5ml注射器,解剖刀,剪刀,动物脂肪,手术缝线,广口标本缸,脂肪染料,冰冻切片机,切片设备。

四、实验方法

1. 空气栓塞实验　取家兔一只,固定好头部及四肢,用注射器吸取空气5~10ml,迅速注入兔耳缘静脉内,然后将兔放开,观察其表现及死亡过程。注意其呼吸、行为等。待家兔死亡后,打开胸腔(操作要仔细,避免损伤大血管),暴露心脏,观察肺动脉、右心房、右心室及冠状动脉内有无气泡及气泡的分布情况,然后结扎上、下腔静脉及心底部大血管,取出心脏,放在盛水的广口标本缸内,观察浮沉情况。将心脏放在水下,用剪刀剪开右心室,观察有无气泡溢出。

2. 脂肪栓塞实验　取家兔一只,固定好头部及四肢,用注射器吸取溶化的动物脂肪3~5ml,注入兔耳缘静脉内,然后将兔放开,观察其表现及死亡过程。待家兔死亡后,打开胸腔(操作要仔细,避免损伤大血管),暴露心脏,仔细观察后,结扎上、下腔静脉及心底部大血管,将心肺全部取出,在水下将其剪开,观察有无油滴漂浮。然后取心、肺、肾各一块,送技术室做冰冻切片,脂肪染色,观察脂肪栓塞的形态学变化。

五、实验报告

1. 描述空气栓塞及脂肪栓塞时心和肺的形态学变化。
2. 分析家兔栓塞的死亡机制。

(张 燕)

实验六 实验性心肌梗死动物模型

一、实验目的

1. 掌握本实验的方法和操作技巧。
2. 观察心肌梗死的形态学变化。

二、实验动物

家兔。

三、实验器材

3%戊巴比妥钠,利多卡因,生理盐水,聚维酮碘,兔笼,兔台,5ml注射器,手术刀,小剪刀,镊子,止血钳,开胸器,动脉夹,纱布,缝合针线。

四、实验方法

术前家兔禁食12h。家兔称重。将家兔用3%戊巴比妥钠30mg/kg耳缘静脉注射麻醉。随后经耳缘静脉注射利多卡因1mg/kg,以预防冠状动脉结扎后突发心室颤动死亡。保持兔自然呼吸状态,仰卧位固定于手术台,剪除胸前区毛,聚维酮碘消毒,沿胸骨左缘切口,切断左侧第3~4肋软骨,用开胸器撑开,暴露纵隔及心脏,两侧胸膜完整,兔呼吸平稳。纵行切开心包,提起左心耳,用眼科缝针于冠状动脉前降支(距冠状动脉出口下方3mm和5mm)处双重结扎左冠状动脉前降支。确认心肌梗死已形成,即左心室前壁及心尖部颜色变暗、膨出,搏动减弱。逐层关胸。术中及术后行心电图检查,显示相关导联存在病理性Q波。术后4天处死家兔,取出心脏,生理盐水冲洗,大体观察。剪去心房及大血管,将心肌切成若干片。部分心肌用硝基四氮唑蓝(N-BT)染色,正常心肌染为暗蓝色,梗死心肌不着色。部分心肌常规固定,切片,HE染色。

五、实验报告

1. 描述你所观察到的肉眼和镜下形态学改变并绘图说明。
2. 简述上述形态学变化的发生机制。

(赵大华)

实验七　实验性肾缺血动物模型

一、实验目的

1. 掌握实验方法及操作技巧。
2. 掌握肾缺血时肉眼及显微镜观察的形态学变化。
3. 了解病理诊断的全过程。

二、实验动物

家兔。

三、实验器材

20％乌拉坦，生理盐水，兔笼，兔台，注射器，手术刀，小剪刀，镊子，止血钳，动脉夹，纱布，缝合针线。

四、实验方法

术前家兔禁食 24h。家兔称重，以 20％乌拉坦 4ml/kg 静脉麻醉。将家兔固定在兔台上，剪掉腹部皮肤的毛，取腹部正中切口，切口长约 5cm，分离皮下软组织及肌肉，剪开腹膜，进入腹腔。将腹腔脏器推向右侧，暴露左肾及左肾蒂，分离左肾动脉，用动脉夹轻轻夹住左肾动脉，持续 1h（期间用浸透生理盐水的纱布覆盖在切口处）。注意观察肾颜色的变化。取下动脉夹，依次缝合腹壁（缝合腹膜、肌层和皮肤）。6～8h 后将动物处死，分别取下左、右肾，观察两侧肾大小、颜色及切面的差异。常规固定、取材、切片、HE 染色。显微镜下观察肾缺血的形态学变化。

五、实验报告

1. 描述肾缺血的肉眼及镜下变化并绘图说明。
2. 简述肾血管分布特点。
3. 简述肾缺血形态学变化发生的机制。

（张　燕）

实验八　大鼠脊髓半横切实验

一、实验目的

1. 观察大鼠脊髓半横切模型的制作过程。
2. 了解脊髓半横切模型的制作意义。

二、实验动物

雌性成年 SD 大鼠。

三、实验器材

5ml 注射器，动物实验台，线绳，聚维酮碘，手术刀片，无菌手术包一个（内有手术刀、手术剪、镊子、止血钳、缝合针、缝合线、纱布），无菌棉球，显微剪。

四、实验过程

大鼠称重，腹腔注射麻醉，俯卧位固定于实验台上，用线绳固定四肢，以与肋弓平齐处的位置为中心，向两侧备皮约为 5cm×3cm。聚维酮碘消毒皮肤，铺无菌洞巾，手术刀切开皮肤，剪刀剪开深筋膜，分别从脊柱两侧分离肌肉，以钝性分离为主，直至暴露两侧的侧突，用眼科剪开侧突间的组织，用止血钳轻轻夹掉棘突及侧突，直到暴露脊髓，可见脊髓呈白色，脊髓两侧的侧突尽量夹除，使脊髓充分暴露。用显微剪深入脊髓深面，横切一半脊髓，可见有部分血液流出，棉球轻压止血，止血后，首先缝合两侧肌肉和深筋膜，然后缝合皮肤，伤口处覆以纱布，模型制作完毕，将大鼠放置于鼠笼中，注意保暖，等待苏醒。

经过 1~2h，动物苏醒，观察大鼠的运动，可见横断同侧的下肢呈后伸直状态，运动功能丧失，视为模型建立成功。如动物需要继续饲养，则前三天注意人工按摩膀胱以帮助排尿，并且肌内注射青霉素防止感染。

五、实验报告

1. 写出脊髓半横切的过程及注意事项。
2. 分析脊髓半横切的医学应用意义。

（张连双）

实验九 肿瘤细胞接种实验

一、实验目的

1. 掌握动物皮下接种及解剖方法。
2. 掌握实验动物肿瘤的观察方法、形态特点及肿瘤的取材。
3. 了解肿瘤组织块冰冻切片、石蜡切片方法。

二、实验动物

小白鼠。

三、实验器材

注射器，鼠笼，蜡板，试管，吸管，显微镜，解剖盘，剪刀，解剖刀，镊子，10%福尔马林溶液。

四、实验方法

1. 取 S-180 鼠腹水瘤传代接种后第 5~6 天的腹水瘤小鼠作鼠源。在无菌条件下抽出腹水 1.0ml，放入预先已存放了等量无菌生理盐水的试管中，混合制成肿瘤细胞稀释液。

2. 取 1.0ml 注射器用 5 号针头抽取上述稀释液 0.2～0.3ml，在无菌条件下注射于正常同种小鼠的右前肢腋窝中部靠外侧皮下。

3. 做好标记后饲养一周，每天观察小鼠腋下肿瘤生长情况。

4. 处死动物　将带瘤小鼠用颈椎脱臼方法处死，并用大头针将鼠四肢钉于蜡板上，暴露腋窝肿瘤。

5. 解剖瘤体　切开小鼠腋窝部皮肤，分离皮下组织，观察肿瘤与周围组织关系，以及浸润情况。取出肿瘤，描述肿瘤外观，切取组织块，部分立即送检制作冰冻切片，其余部分立即固定于 10% 中性福尔马林溶液中制作常规病理切片。

6. 观察肿瘤病理变化。

五、实验报告

1. 记录肿瘤生长过程。
2. 描述肿瘤的大体及镜下特点。

（刘鲁英）

第六章 临床病例分析

病例 1

一、病史摘要

患者陈某，男，33岁，农民。

5天前在田间劳动淋雨后，出现高热、寒战、咳嗽、咳铁锈色痰、胸痛，在家自服"感冒药"未见明显好转而入院。体格检查：体温39.2℃，脉搏103次/分。左肺下叶触诊语颤增强，叩诊呈浊音。胸片示：左肺下叶呈大片均匀致密阴影。实验室检查：血白细胞18×10^9/L，中性粒细胞占87%，并有核左移。痰涂片发现革兰氏阳性球菌。

二、讨论

1. 患者可能患有什么疾病？
2. 该疾病的各期病理变化及临床表现有哪些？
3. 患者可能出现哪些并发症？

三、学习目标

1. 掌握大叶性肺炎的病理变化及临床病理联系。
2. 熟悉大叶性肺炎的常见并发症。
3. 了解大叶性肺炎的病因和发病机制。

四、疾病概述

大叶性肺炎，90%以上由肺炎链球菌感染引起，肺炎链球菌存在于正常人鼻咽部，当受寒、醉酒、疲劳或麻醉状态下使呼吸道防御功能减弱，机体抵抗力降低，易导致细菌侵入肺泡引发肺组织的变态反应，形成以肺泡内弥漫性纤维素渗出为主的急性炎症。病变起始于局部肺泡，通常累及肺大叶的全部或大部。本病多见于青壮年，起病急，临床主要表现为寒战、高热、胸痛、咳嗽、咳铁锈色痰、呼吸困难等，有肺实变体征及外周血白细胞增多等。病程约一周后，体温下降，症状和体征消失。

五、知识要点

1. **肺肉质变** 亦称机化性肺炎。由于肺内炎性病灶内中性粒细胞渗出过少，释放的蛋白酶量较少，不足以溶解肺泡腔内渗出的纤维素，大量未被溶解吸收的纤维素被增生的肉芽组织取代而机化。病变部位肺组织呈褐色肉样外观。

2. **纤维素性炎** 以纤维蛋白原渗出为主，继而形成纤维蛋白，即纤维素。纤维蛋白原大量渗出，说明血管壁损伤严重，通透性明显增加，多由某些细菌毒素（如白喉杆菌、痢疾杆菌和肺炎链球菌的毒素）或各种内、外源性毒物引起。纤维素性炎易发生于黏膜、浆膜和肺组织。

六、背景知识

1. 解剖学　呼吸系统由呼吸道和肺组成，主要功能是进行气体交换，即吸入氧，排出二氧化碳。呼吸道包括鼻、咽、喉、气管和支气管等。通常鼻、咽、喉为上呼吸道，气管和各级支气管为下呼吸道。肺在胸腔内，位于膈肌的上方、纵隔的两侧。肺表面覆盖脏层胸膜。正常肺呈浅红色，质柔软呈海绵状，富有弹性。两肺外形不同，右肺宽而短，左肺狭而长。肺经叶间裂进行分叶，左肺的叶间裂为斜裂，由后上斜向前下，将左肺分成上、下两叶。右肺的叶间裂包括斜裂和水平裂，将右肺分为上、中、下三叶。

2. 组织学　肺组织分为实质和间质两部分，肺内支气管树和肺泡为肺的实质，肺内结缔组织、血管、淋巴管和神经等为间质成分。肺泡为多面形，有开口的囊泡，开口于肺泡囊、肺泡管或呼吸性细支气管的管壁。成人每侧肺内有3亿~4亿个肺泡。相邻肺泡之间的薄层结缔组织为肺泡隔。肺泡隔内有稠密的连续毛细血管网与肺泡壁相贴。肺泡腔内的O_2与肺泡隔毛细血管内血液携带的CO_2之间进行气体交换所通过的结构，称气-血屏障。气-血屏障由肺泡表面液体层、Ⅰ型肺泡上皮与基膜、薄层结缔组织、毛细血管内皮与基膜构成。相邻肺泡之间相通的小孔称肺泡孔，呈圆形、卵圆形或不规则裂隙状，直径$10\sim15\mu m$，是沟通或均衡邻近肺泡内气体的含量的孔道。当某个终末细支气管或呼吸细支气管阻塞时，肺泡孔起侧支通气作用，防止肺泡萎缩。但肺感染时，病菌可通过肺泡孔扩散，使炎症蔓延。肺间质内有较多巨噬细胞，进入肺泡腔的巨噬细胞称为肺泡巨噬细胞。肺泡巨噬细胞有十分活跃的吞噬、免疫和分泌功能，起着重要的防御作用。大叶性肺炎时，大量红细胞穿过毛细血管壁进入肺泡内，被肺泡巨噬细胞吞噬，肺泡巨噬细胞胞质中含大量血红蛋白分解产物——含铁血黄素颗粒，故随痰排出呈现铁锈色痰。

3. 相关疾病病理特点

（1）小叶性肺炎：儿童、体弱老人及久病卧床者，有发热、咳嗽、咳痰、呼吸困难等症状者，应考虑小叶性肺炎。听诊肺部可闻及散在湿啰音，胸部X线可见散在小片状或斑点状模糊阴影。

（2）病毒性肺炎：好发于病毒性疾病流行季节，临床症状差别较大，除有发热、头痛、全身酸痛、倦怠等，还表现为频繁咳嗽，但常无痰、气急和发绀。胸部X线可见斑点状、片状或均匀阴影。病毒包涵体是诊断病毒性肺炎的重要依据，确诊有赖于病原学检查。

（3）支原体肺炎：好发于儿童和青少年，起病较急，多有发热、头痛、咽喉痛及顽固而剧烈咳嗽、气促和胸痛，咳痰常不显著。胸部X线可见节段性纹理增强及网状或斑片状阴影。末梢血白细胞可轻度升高，淋巴细胞和单核细胞增多。痰、鼻分泌物及咽拭培养出肺炎支原体可确诊。

（4）肺结核：多有全身中毒症状，如午后低热、盗汗、疲乏无力、体重减轻、失眠、心悸等。胸部X线见病变多在肺尖或锁骨上下，密度不匀，消散缓慢，且可形成空洞或肺内播散。痰中可找到结核分枝杆菌。

（5）肺癌：中老年人多见，早期常有刺激性咳嗽，有时痰中带血丝。多无急性感染中毒症状，血白细胞计数不高。

七、小测验

1. 大叶性肺炎常由下列哪种病原体感染引起
   A. 腺病毒
   B. 肺炎支原体
   C. 肺炎分枝杆菌
   D. 肺炎链球菌
   E. 溶血性链球菌

2. 关于大叶性肺炎的叙述，下列哪项是正确的
   A. 好发于儿童和老人
   B. 常并发肺褐色硬化
   C. 病变性质是化脓性炎
   D. 病程约一周后，体温下降，症状体征消失
   E. 病变的肺泡壁结构被破坏

3. 下列哪项不会发生于大叶性肺炎
   A. 肺褐色硬化
   B. 肺肉质变
   C. 肺脓肿、脓胸
   D. 败血症
   E. 感染性休克

4. 患者起病急、高热、寒战、胸痛、咳嗽、咳铁锈色痰，最有可能患哪种疾病
   A. 小叶性肺炎
   B. 支气管哮喘
   C. 大叶性肺炎
   D. 肺结核
   E. 硅肺

5. 关于大叶性肺炎灰色肝样变期的描述，下列哪项正确
   A. 可检出多量肺炎链球菌
   B. 患者有明显缺氧症状
   C. 肺泡腔内以大量纤维素渗出为主
   D. 咳出的痰为铁锈色痰
   E. 肺泡壁毛细血管高度扩张充血

（韩艳春）

病例 2

一、病史摘要

患者男性，58 岁，胸骨后压榨性疼痛，伴恶心、呕吐 3h。

患者于 3h 前爬楼梯时突然感到胸骨后疼痛，呈压榨性，有濒死感，休息与口服硝酸甘油均不能缓解，大汗淋漓，恶心，呕吐过两次，为胃内容物，大小便正常。既往无高血压，偶有心绞痛病史，口服硝酸甘油可缓解，无药物过敏史，吸烟 20 余年，每天 1 包。

体格检查：T 36.8℃，P 100 次/分，R 20 次/分，BP 118/80mmHg。痛苦面容，平卧位，无皮疹和发绀，浅表淋巴结未触及，巩膜无黄染，颈软，颈静脉无怒张，心界不大，有期前收缩 4~5 次/分，心尖部有 S4，肺听诊清音，无干湿啰音，腹平软，肝脾未触及，无下肢水肿。

心电图示：前壁广泛 ST 段抬高，QRS 波呈 Qr 型，T 波倒置和室性期前收缩（早搏）。

二、讨论

1. 患者可能患有什么疾病？
2. 该疾病的发生机制有哪些？
3. 患者可能出现哪些并发症？

三、学习目标

1. 掌握心肌梗死的病理变化及临床病理联系。
2. 熟悉心肌梗死的常见并发症。
3. 了解心肌梗死的常见病因、类型及常见临床表现。

四、疾病概述

心肌梗死是指在冠状动脉病变的基础上,冠状动脉的血液中断,使相应的心肌出现严重而持久地急性缺血,最终导致心肌的缺血性坏死。发生急性心肌梗死的患者,在临床上常有持久的胸骨后剧烈疼痛、发热、白细胞计数增高、血清心肌酶升高,以及心电图反映心肌急性损伤、缺血和坏死的一系列特征性演变,并可出现心律失常、休克和心力衰竭,属冠心病的严重类型。心肌梗死的原因,多数是冠状动脉粥样硬化斑块或在此基础上血栓形成,造成血管管腔堵塞所致。而情绪上的危机、营养过剩的一餐或运动过度及举重等因素也可能诱发心肌梗死。

五、知识要点

冠状动脉粥样硬化性心脏病是冠状动脉血管发生动脉粥样硬化病变而引起血管腔狭窄或阻塞,造成心肌缺血、缺氧或坏死而导致的心脏病,常常被称为"冠心病"。但是冠心病的范围可能更广泛,还包括炎症、栓塞等导致管腔狭窄或闭塞。

六、背景知识

1. **解剖学** 心脏位于胸腔内两肺之间,约 2/3 居正中线左侧,1/3 居正中线右侧,心尖向左前下方体表投影位置,相当于左侧第五肋间隙,距正中线约 8cm 处。其前面是胸骨,在左边锁骨中线内侧。后面为食管、大血管和脊椎骨;两旁是肺,因而心脏受到有力的保护。心脏的心底宽而朝向右上方,心尖朝向左下方。因心底是大血管出入的地方,所以固定不动。而心尖在一定范围内可自由活动。如把手掌放在左侧乳头附近,可以清楚地摸到心尖搏动。

2. **冠状动脉的分布及功能** 冠状动脉是供给心脏血液的动脉,起于主动脉根部,分左、右两支,行于心脏表面。正常情况下,心外膜动脉进入心壁的血管,一类呈丛状分散支配心室壁的外、中层心肌;一类是垂直进入室壁直达心内膜下(即穿支),直径几乎不减,并在心内膜下与其他穿支构成弓状网络,然后再分出微动脉和毛细血管。丛支和穿支在心肌纤维间形成丰富的毛细血管网,供给心肌血液。由于冠状动脉在心肌内行走,显然会受心肌收缩挤压的影响。心脏收缩时,血液不易通过,只有当其舒张时,心脏方能得到足够的血流。

3. **相关疾病特点**

(1) 心绞痛:症状类似心肌梗死,由心肌暂时性缺血缺氧造成的,阵发性心前区疼痛或压迫感,可放射至心前区或左上肢,持续数分钟,用硝酸制剂或稍休息后症状可缓解。

(2) 急性心包炎:心前区疼痛持久而激烈,深吸气加重,疼痛同时伴有发热和心包摩擦音并伴有心电图改变。

(3) 急性肺动脉栓塞:突发胸痛、咯血、呼吸困难、发绀等,多有骨折、手术或长期卧床史。

(4) 主动脉夹层动脉瘤：前胸出现剧烈撕裂样锐痛，常放射至背、肋、腹部及腰部。双上肢血压、脉搏不对称。胸部X线示纵隔增宽，血管壁增厚。心电图无心肌梗死的演变过程。

七、小测验

1. 以下描述心肌梗死病变不正确的是
   A. 可由于冠状动脉供血中断，致供血区持续缺血而导致较大范围心肌坏死
   B. 剧烈持续性胸骨后疼痛
   C. 属于出血性梗死
   D. 硝酸酯剂不能完全缓解
   E. 休息不能缓解
2. 以下不属于心肌梗死的并发症的是
   A. 心力衰竭
   B. 室壁瘤
   C. 心源性休克
   D. 心绞痛
   E. 心脏破裂
3. 透壁性心肌梗死的好发区域是
   A. 左室前壁、心尖区及室间隔前2/3
   B. 室间隔后1/3
   C. 左室壁心腔侧1/3的心肌
   D. 左心室侧壁
   E. 右心室侧壁
4. 心肌梗死后最早多长时间可出现肉眼可见的病理改变
   A. 1h
   B. 2h
   C. 4h
   D. 6h
   E. 1天
5. 以下不属于心肌梗死的并发症的是
   A. 心力衰竭
   B. 心脏破裂
   C. 心肌炎
   D. 室壁瘤
   E. 附壁血栓形成

（张 骞）

病例 3

一、病史摘要

患者李某，男，42岁，警察。

最近经常感觉上腹部疼痛，疼痛夜间明显，进食后可以缓解。无发热、恶心及呕吐。在发病前曾因头痛多次服用对乙酰氨基酚（扑热息痛）。X线（钡餐）检查结果：食管、胃正常，十二指肠球部变形，发现一龛影，大小约 1.2cm×1.5cm，边缘尚光滑。胃镜检查结果：胃体部黏膜轻度充血、水肿，胃窦部黏膜红白相间，以红为主，幽门变形，开放欠佳，十二指肠球部发现一处黏膜缺损，大小约 1.2cm×1.5cm，类圆形，缺损周围的黏膜轻度充血、水肿，无明显隆起。

二、讨论

1. 患者可能患有什么疾病？
2. 该疾病的发生机制有哪些？
3. 患者可能出现哪些并发症？

三、学习目标

1. 掌握消化性溃疡病的病理变化及临床病理联系。
2. 熟悉消化性溃疡病的常见并发症。
3. 了解消化性溃疡病的常见病因、发病机制及常见临床表现。

四、疾病概述

消化性溃疡病是以胃或十二指肠黏膜形成慢性溃疡为特征的一种常见病、多发病，多见于成年人（年龄在20~50岁），病变常反复发作，呈慢性经过。消化性溃疡的病因与发病机制复杂，尚未完全清楚，目前认为与幽门螺旋杆菌的感染、胃酸水平的异常、长期服用非甾体类抗炎药物，如阿司匹林以及精神过度紧张或忧虑等有关。

十二指肠溃疡较胃溃疡多见，前者约占70%，后者占25%，复合性溃疡只占5%。临床上，胃溃疡多表现为餐后胃疼，十二指肠溃疡则为饥饿时疼痛，尤其在夜间疼痛严重，进食可以缓解，患者常伴有反酸、嗳气等症状。

由于纤维内镜技术的不断完善、新型制酸剂和抗幽门螺杆菌药物的应用，无严重并发症的消化性溃疡一般采取内科治疗，外科治疗主要用于急性穿孔、出血、内科治疗无效及恶变等情况。

五、知识要点

1. 幽门螺旋杆菌（Helicobacter pylori） 简称Hp，是一种单极、多鞭毛、末端钝圆、螺旋状弯曲的细菌。人是幽门螺杆菌的唯一传染源。1994年，世界卫生组织将幽门螺旋杆菌列为高危致恶变因子。幽门螺旋杆菌感染是慢性胃炎、消化性溃疡、胃黏膜相关淋巴组织（MALT）淋巴瘤和胃癌的重要致病因素。

2. 溃疡（ulcer） 皮肤或黏膜局部组织坏死、脱落形成较深的缺损称为溃疡。胃肠道黏膜任何部位都可能发生溃疡，常累及黏膜层、黏膜下层，甚至更深。

六、背景知识

1. 解剖学 胃是消化管各部中最膨大的部分，上连食管，下续十二指肠。胃在中等程度充盈时，大部分位于左季肋区，小部分位于腹上区。胃分为四部：贲门部、胃底、胃体和幽门部。十二指肠介于胃与空肠之间，紧贴腹后壁，呈"C"形，包绕胰头，可分为上部、降部、水平部和升部。十二指肠上部左侧与幽门相连接的一段肠壁较薄，黏膜面光滑，无或仅有少量环状皱襞，称为十二指肠球，是十二指肠溃疡的好发部位。

2. 组织学 胃及十二指肠具有消化管典型的四层结构。胃黏膜层柔软，血供丰富，呈红色或红褐色。胃空虚时腔面可见许多纵行皱襞，黏膜表面有许多纵横交错的浅沟，将黏膜分成许多胃小区。黏膜表面上皮向固有层凹陷形成胃小凹。3~5条胃腺开口于胃小凹底部。黏膜下层为疏松结缔组织，内含粗大的血管、淋巴管和神经。胃溃疡侵犯至此层时，可使血管破裂，导致大出血。胃壁肌层发达，由内斜行、中环行和外纵行三层平滑肌组成。环行肌在贲门和幽门部局部增厚，分别形成贲门括约肌和幽门括约肌。外膜为浆膜。

十二指肠腔面的皱襞为环形或半环形，距幽门约5cm处开始出现，在十二指肠末段发达，黏膜表面有许多细小的肠绒毛，呈宽大的叶状，表面由黏膜上皮覆盖，内为疏松结缔组织，富含毛细血管，有中央乳糜管。肌层由内环行和外纵行两层平滑肌组成。

3. 相关疾病病理特点

（1）胃癌（gastric carcinoma）：胃癌是由胃黏膜上皮和腺上皮发生的恶性肿瘤，其发病率和死亡率在我国较高，中老年人多见，常表现为慢性上腹部疼痛，无明显节律性并伴有食欲不振及消瘦。胃癌的大体形态变化很大，Borrman 分类由来已久，根据外生和内生成分的相对比例将胃癌大体上分为四种类型。组织类型主要为腺癌，常见类型有管状腺癌和黏液癌。淋巴道转移是胃癌主要的转移途径，首先转移到局部淋巴结，晚期可以经过胸导管转移至左锁骨上淋巴结（Virchow 信号结）。

（2）慢性萎缩性胃炎（chronic atrophic gastritis）：慢性胃炎是胃黏膜的慢性非特异性炎症，发病率高。慢性萎缩性胃炎病变特点主要为胃固有腺体萎缩，壁细胞和主细胞减少或消失，常伴有胃液分泌减少，患者可出现消化不良、食欲不佳和上腹不适等症状。根据发病是否与自身免疫有关，可分为 A、B 两型。A 型患者易发生恶性贫血。

七、小测验

1. 以下描述不符合慢性消化性溃疡病的是
   A. 溃疡较深
   B. 溃疡边缘整齐
   C. 溃疡底部干净
   D. 溃疡周边黏膜呈放射状排列
   E. 溃疡周边隆起
2. 以下与消化性溃疡病发病有关的因素是
   A. 幽门螺旋杆菌感染
   B. EB 病毒感染
   C. HPV 感染
   D. HBV 感染
   E. 链球菌感染
3. 十二指肠溃疡的特点是
   A. 溃疡位置多在十二指肠降部
   B. 溃疡大小多为 1cm 以上
   C. 几乎不发生恶变
   D. 穿孔发生率低于胃溃疡
   E. 溃疡多呈火山口状
4. 胃溃疡病的并发症最常见的是
   A. 梗阻
   B. 穿孔
   C. 出血
   D. 癌变
   E. 反流
5. 胃溃疡病的好发部位是
   A. 胃贲门
   B. 幽门
   C. 胃窦部
   D. 胃大弯
   E. 胃底部

（刘鲁英）

病例 4

一、病史摘要

患者李某，男，52 岁，自由职业者。

突然呕血 1h 入院。患者于 1h 前进食晚餐后出现恶心，呕出鲜红色血液，量约 300ml，无血凝块，伴头晕、心悸、口干，入院后又呕鲜血约 500ml，头昏、乏力，次晨共解柏油样便 2 次，每次约 150g。患者有乙肝病史多年。

体格检查：体温 36.9℃，脉搏 80 次/分，呼吸 22 次/分，血压 105/70mmHg，慢性病容，右颈侧皮肤见 2 处蜘蛛痣，巩膜无黄染，有肝掌。腹膨隆，触诊软，肝肋下未及，脾肋下 3cm 处可触及，腹部移动性浊音阳性。

实验室检查：总蛋白 48.1g/L，白蛋白 27.6g/L，球蛋白 20.5g/L，A/G 1.3，总胆红素 27.9μmol/L，直接胆红素 8.5μmol/L，谷丙转氨酶 120U/L，尿素氮 8.10mmol/L，肌酐 120μmol/L，葡萄糖 7.60mmol/L。乙肝标志物测定（ELISA 法）：HBsAg 阳性、HBcAg 阳性、抗 HBc 阳性。

住院后因再次大出血抢救无效死亡。

二、讨论

1. 患者可能患有什么疾病？
2. 该疾病的发生机制有哪些？
3. 患者可能出现哪些临床表现？

三、学习目标

1. 掌握门脉性肝硬化的病理变化及临床病理联系。
2. 了解门脉性肝硬化的常见病因、发病机制及常见临床表现。

四、疾病概述

门脉性肝硬化是临床常见的慢性进行性肝病，由一种或多种病因长期或反复作用形成弥漫性肝损害。病理变化主要有广泛的肝细胞坏死、残存肝细胞结节性再生、结缔组织增生与纤维隔形成，导致肝小叶结构破坏和假小叶形成，肝逐渐变形、变硬而发展为肝硬化。临床上以肝功能损害和门脉高压症为主要表现，并有多系统受累，晚期常出现上消化道出血、肝性脑病、继发性感染等并发症。

五、知识要点

1. 假小叶　肝硬化时镜下可见正常肝小叶结构被破坏，由广泛增生的纤维组织将肝细胞再生结节分割包绕成大小不等的圆形或椭圆形的肝细胞团，称为假小叶，是肝硬化重要的形态学标志。特点包括肝细胞排列紊乱，既有变性、坏死细胞又有再生细胞；中央静脉偏位、缺失或有两个以上；有时可见汇管区也被包于假小叶内；包绕假小叶的纤维间隔比较狭窄而且一致，内有少量淋巴细胞和单核细胞浸润，并伴有小胆管和无管腔的假胆管增生。

2. 门脉高压的形成　正常门脉压力 6～10mmHg，大于 10mmHg 称门脉高压；肝再生结节压迫肝窦和肝静脉系统，肝静脉和肝动脉小分支之间失去正常关系，并出现吻合支等是形成门脉高压的病理基础。

六、背景知识

1. 解剖学　肝是人体内最大的腺体，我国成年人肝的重量，男性平均为 1299.94g，女性平均为 1220.48g。肝呈不规则的楔形，活体呈红褐色，质软而脆。可分为上、下两面，前、后、左、右四缘。肝大部分位于右季肋区和腹上区，小部分位于左季肋区。在腹上区左、右肋弓间，肝下缘居剑突下约 3cm。

2. 组织学　肝的表面大部分由浆膜覆盖，肝门处的结缔组织随门静脉、肝动脉和肝管的分支深入肝实质，将实质分隔成许多肝小叶，小叶间各种管道聚集的部位是肝门管区。肝的基本结构和功能单位是肝小叶。肝小叶呈多角棱柱体，长约2mm，宽约1mm，成人肝有50万～100万个肝小叶。肝小叶之间为结缔组织。

3. 相关疾病病理特点

（1）病毒性肝炎：在我国，病毒性肝炎（尤其是乙型和丙型）是引起肝硬化的主要原因，其中大部分发展为门脉性肝硬化。

（2）肝硬化：一种常见的慢性肝病，可由一种或多种原因引起肝损害，呈进行性、弥漫性、纤维性病变。具体表现为肝细胞弥漫性变性坏死，继而出现纤维组织增生和肝细胞结节状再生，这三种改变反复交错进行，结果肝小叶结构和血液循环途径逐渐被改建，使肝变形、变硬而导致肝硬化。

七、小测验

1. 我国肝硬化最常见的病因是
   A. 慢性酒精中毒
   B. 乙型病毒性肝炎
   C. 自身免疫性肝炎
   D. 丙型病毒性肝炎
   E. 药物中毒
2. 肝硬化时，门静脉高压可引起
   A. 男性乳腺发育
   B. 食管静脉曲张
   C. 氨中毒
   D. 凝血因子减少
   E. 黄疸
3. 关于肝硬化腹水形成的因素，不正确的是
   A. 门静脉压力增高
   B. 原发性醛固酮增多
   C. 低白蛋白血症
   D. 肝淋巴液生成过多
   E. 抗利尿激素分泌过多
4. 目前认为与肝癌发生关系较为密切的原因有
   A. 乙型病毒性肝炎
   B. 肝硬化
   C. 黄曲霉毒素
   D. 亚硝胺
   E. 以上都是
5. 下列哪项不属于门脉高压症
   A. 脾大
   B. 胃肠道淤血
   C. 蜘蛛痣
   D. 腹水
   E. 侧支循环形成

（曹　璋）

病例 5

一、病史摘要

患者刘某，男，55岁，农民。

近2个月来发现尿中有泡沫，细腻不易消退，未见尿色发红，24h尿量在2000ml左右，伴有双下肢凹陷性水肿，对称，无夜尿增多，无尿频、尿急、尿痛。

体格检查：T 37℃，BP 114/70mmHg，全身皮肤及黏膜色泽未见异常，无皮疹，咽部无充血，扁桃体无肿大，双侧肾区无叩痛，双下肢中度凹陷性水肿。无高血压及糖尿病

病史。

血生化检查：白蛋白 22.6g/L，球蛋白 20.5g/L，总胆固醇 11.22mmol/L，三酰甘油（甘油三酯）7.71mmol/L。

乙型肝炎病毒测定：HBV-DNA 阴性。

尿常规：尿蛋白＋＋＋，尿潜血＋＋＋；24h 尿蛋白定量 7.12g/24h。

二、讨论

1. 该患者应初步拟诊为什么疾病（综合征）？
2. 可以表现为该临床综合征的肾小球肾炎病理类型有哪些？分别有何病理特点？
3. 该疾病应与哪些疾病鉴别诊断？

三、学习目标

1. 掌握原发性肾小球肾炎的临床表现，了解其常见病因、发病机制。
2. 掌握原发性肾小球肾炎的病理变化及临床病理联系。
3. 了解继发性肾病的常见病因。

四、疾病概述

肾小球疾病可分为原发性肾小球肾炎、继发性肾小球肾炎及遗传性肾炎。原发性肾小球肾炎是原发于肾的独立性疾病。继发性肾小球疾病是由免疫性、血管性或代谢性的全身性疾病引起的肾小球病变，见于系统性红斑狼疮、糖尿病、过敏性紫癜、乙型肝炎病毒相关性肾炎、淀粉样物沉积症、Goodpasture 综合征、结节性多动脉炎、Wegner 肉芽肿病等疾病。大部分原发性肾小球肾炎以及许多继发性肾小球肾炎由免疫机制引起。肾小球肾炎引起的临床表现，包括尿量的改变（少尿、无尿、多尿或夜尿）、尿性状的改变（血尿、蛋白尿和管型尿）、水肿和高血压等。

五、知识要点

临床上肾小球肾炎常表现为具有结构和功能联系的症状组合，即综合征。肾小球肾炎的临床表现与病理类型有密切的联系，但并不完全对应。肾小球肾炎临床综合征主要类型：

1. **急性肾炎综合征** 起病急，常表现为明显的血尿、轻至中度蛋白尿，常有水肿和高血压。严重者可出现氮质血症。主要相关病理类型为急性弥漫增生性肾小球肾炎。

2. **急进性肾小球肾炎** 起病急，病情进展快。出现水肿、血尿和蛋白尿等改变后，迅速发生少尿或无尿，伴氮质血症，并发展为急性肾衰竭，主要相关病理类型为急进性肾小球肾炎。

3. **肾病综合征** 主要表现为：① 大量蛋白尿，尿中蛋白定量达到或超过 3.5g/24h，② 明显水肿，③ 低蛋白血症，④ 高脂血症和脂尿。多种肾小球肾炎类型可表现为肾病综合征，如轻微病变性肾小球肾炎、局灶节段性肾小球硬化症、膜性肾病、膜性增生性肾小球肾炎及系膜增生性肾小球肾炎。成人表现为肾病综合征的主要病理类型为膜性肾病。

4. **无症状性血尿或蛋白尿** 持续或复发性肉眼或镜下血尿，或轻度蛋白尿，也可两者兼有。相应的病理类型主要 IgA 肾病。

5. **慢性肾炎综合征** 见于各型肾炎终末阶段，主要表现为多尿、夜尿、低比重尿、高血压、贫血、氮质血症和尿毒症。

六、背景知识

1. 解剖学　肾是成对的实质性器官，形似蚕豆，左、右各一。右肾低于左肾 1~2cm。正常成年人的肾位于腹膜后间隙内，脊柱的两侧，贴靠腹后壁的上部。左肾在第 11 胸椎体上缘至腰 2~3 椎间盘之间，右肾在第 12 胸椎体上缘至第 3 腰椎体上缘之间。肾实质由皮质和髓质两部分构成。肾皮质主要位于肾实质的浅层，富有血管。肾髓质位于肾皮质的深部，色淡红，由 15~20 个肾锥体组成。锥体的基底朝向皮质，尖端钝圆，朝向肾窦，称肾乳头，皮质延伸至肾锥体之间的部分称肾柱。肾小盏位于肾窦内，为漏斗形膜状结构，有 7~8 个。肾小盏的边缘附着于肾乳头基部的周围，并包绕肾乳头，以承接由肾乳头排出的尿液。2~3 个肾小盏合成一个膜管状结构，即肾大盏。肾大盏共有 2~3 个，它们彼此汇合成前后扁平的漏斗样囊状结构为肾盂。肾盂离开肾门后向下走行，逐渐变细，约在第 2 腰椎体上缘移行为输尿管。

2. 组织学　肾锥体底部与皮质相接，从锥体底向皮质呈放射状行走的条纹称髓放线，髓放线之间的皮质称为皮质迷路，肾锥体之间的皮质部分称为肾柱，每条髓放线及两边各 1/2 的皮质迷路称为肾小叶，一个肾锥体与相连的皮质称为肾叶。肾实质由大量肾单位和集合管构成，肾间质是肾内的结缔组织，内含血管及神经。肾单位（nephron）由肾小体（renal corpuscle，又称肾小球）和肾小管两部分组成，是尿液形成的结构和功能单位。肾小管的末端与集合管相接，由此，肾小管汇入集合管。肾小球由血管球及肾小囊两个部分构成。肾小球有两个极，血管出入端为血管极，另一极与近端小管曲部相连接，称尿极。血管球是入球微动脉进入肾小球后分支形成的盘曲的毛细血管袢。初级分支及其所属分支构成血管球的小叶或节段（segment）。血管袢之间有血管系膜（mesangium）支持。血管系膜位于血管球毛细血管之间，由血管系膜细胞和系膜基质组成。肾小球基膜电镜下分三层：致密层、内疏松层、外疏松层。肾小囊壁层为单层扁平上皮，在肾小体尿极处与近端小管曲部上皮相连续，在血管极处上皮向内返折成为肾小囊脏层，脏、壁两层之间的腔隙为肾小囊腔，囊腔内有肾小球滤液即原尿，肾小囊腔与近曲小管腔直接相通。脏层上皮细胞又称足细胞（podocyte），其胞体突起并相互交叉嵌合，紧贴在毛细血管基膜外面。相邻足突间形成 20~30nm 宽的滤过隙（filtration slit）。足突间有拉链样膜状电子致密结构连接，称为滤过隙膜（slit diaphragm）。有孔血管内皮、基膜和足细胞滤过隙膜三层结构组成滤过膜（filtration membrane）或称滤过屏障（filtration barrier）。肾小管（renal tubule）由单层上皮围成，分为近端小管、细段和远端小管三个部分，近端小管与肾小囊相连，远端小管连接集合小管。肾小管具有重吸收、分泌或排泄作用。近端小管分为近曲小管和近直小管，前者是原尿中有用成分重吸收的重要场所。远端小管分为远直小管和远曲小管，后者是离子交换的重要部位。近直小管、细段和远直小管三者构成"U"形的袢，称为髓袢（medullary loop）。

3. 相关疾病病理特点

（1）膜性肾病：本病通常发生于 30~50 岁之间，约 85% 为原发性。继发性常见的相关疾病和因素主要有慢性乙型肝炎（乙型肝炎病毒相关性肾炎膜性肾病型）、系统性红斑狼疮（V型）等自身免疫病、恶性肿瘤、汞中毒等。六胺银染色显示基底膜（GBM）发生弥漫性增厚，钉突形成。免疫荧光检查显示 IgG 和补体在 GBM 沉积，表现为典型的颗粒状荧光。

（2）轻微病变性肾小球肾炎：引起儿童肾病综合征的最常见的原因，病变特点是弥漫性上皮细胞足突消失。光镜下肾小球基本正常，但肾小管上皮细胞内有脂质沉积。

（3）局灶性节段性肾小球硬化症：病变特点为部分肾小球和部分小叶或毛细血管袢发生硬化。本病多发展为慢性肾小球肾炎，预后差。

（4）膜性增生性肾小球肾炎：分为原发性和继发性。主要病变特点为重度的系膜细胞增生和系膜基质增多，使血管球小叶分隔增宽，呈分叶状；系膜细胞突起插入邻近毛细血管袢并形成系膜基质，六胺银染色显示增厚的基膜呈双轨状。

（5）系膜增生性肾小球肾炎：多见于青少年，组织学特征为弥漫性系膜细胞增生、系膜基质增多；多表现为系膜区 IgG 或 IgM 及 C3 沉积。

（6）IgA 肾病：少数 IgA 肾病患者可表现为肾病综合征。最常见的病变为系膜增生性改变，免疫荧光显示系膜区有 IgA 沉积。

七、小测验

1. 轻微病变性肾小球肾炎在光镜下的改变是
   A. 肾小球轻度肿大
   B. 肾小球内皮细胞轻度增生
   C. 肾小管上皮细胞脂肪变性
   D. 肾小球基底膜增厚
   E. 肾小球系膜细胞轻度增生

2. 与免疫复合物沉积无关的肾小球肾炎是
   A. 膜性肾小球肾炎
   B. 脂性肾病
   C. 膜性增生性肾炎
   D. 急性肾小球肾炎
   E. 系膜增生性肾小球肾炎

3. 男性，38 岁，面部及下肢水肿两月余，尿液检查尿蛋白（＋＋＋＋），肾穿刺组织光镜观察肾小球体积增大，肾小球毛细血管基底膜弥漫性增厚。此例肾炎的类型最大可能是
   A. 膜性增生性肾小球肾炎
   B. 膜性肾病
   C. 毛细血管内增生性肾小球肾炎
   D. 新月体性肾小球肾炎
   E. IgA 肾病

4. 系膜增生性肾小球肾炎的主要病理特点是
   A. 肾小球系膜细胞和内皮细胞增生
   B. 肾小球基底膜弥漫增厚并有钉突形成
   C. 肾小球系膜细胞及基质增生
   D. 肾小球硬化
   E. 肾小球基底膜双轨状改变

5. 慢性硬化性肾小球肾炎特征性的尿变化是
   A. 蛋白尿
   B. 少尿无尿
   C. 多尿夜尿
   D. 管型尿
   E. 血尿

（赵铭锋）

病例 6

一、病史摘要

患者，男性，35 岁，工人。

间断咳嗽、咳痰、消瘦 2 年多，加重伴咯血 2 月入院。

2年前患者出现间断咳嗽、多痰，伴低热、盗汗，至2个月前咳嗽加剧，痰量明显增多，并伴有大咯血数百毫升，咯血后症状日渐加重。反复出现畏寒、低热及胸痛，病后食欲不佳、精神萎靡、体质明显减弱，并出现腹痛和间歇交替性腹泻和便秘。5年前其母因结核性脑膜炎死亡，患病期间同其母有密切接触。

体格检查：T 38.1℃，P 84次/分，R 23次/分，BP 120/70mmHg，呈慢性病容，神志清，消瘦，双肺布满湿啰音，腹部触之柔韧。胸片可见双肺斑点状及小片状模糊阴影，在左肺上部显示空洞形成，内壁欠光滑，有液平面。痰液抗酸杆菌（＋）。

入院后经积极抗结核治疗无效而死亡。

尸检摘要：肺与胸壁广泛粘连，双肺胸膜增厚，左上肺一厚壁空洞，直径4cm，双肺各叶均见散在大小不一灰黄色干酪样坏死灶。镜下见结核结节及干酪样坏死区，并见以细支气管为中心的化脓性病灶。胸、腹腔内均见大量积液，回肠下段见多处腰带状溃疡，镜下呈结核病变。

二、讨论

1. 患者可能患有什么疾病？请说明诊断依据。
2. 用病理学知识，解释相应的临床症状。
3. 请分析疾病发展过程。

三、学习目标

1. 掌握肺结核病的病变特点、发展和结局。
2. 掌握肺外器官结核病的病理变化及临床病理联系。
3. 了解结核病的病因和发病机制，掌握结核病的基本病变及其转化规律。

四、疾病概述

结核病是由结核分枝杆菌感染引起的慢性传染病。结核分枝杆菌可能侵入人体全身各种器官，但主要侵犯肺，称为肺结核病。一年四季都可以发病，15～35岁的青少年是结核病的高发峰年龄。潜伏期4～8周。其中80%发生在肺部，其他部位（淋巴结、脑膜、腹膜、肠、皮肤、骨骼）也可继发感染。人与人之间呼吸道传播是本病传染的主要方式。传染源是排菌的肺结核患者。除少数发病急促外，临床上多呈慢性过程。常有低热、乏力等全身症状和咳嗽、咯血等呼吸系统表现。

五、知识要点

1. **结核分枝杆菌（M. tuberculosis）** 细长略带弯曲的杆菌，无芽孢、无鞭毛。齐尼（Ziehl-Neelsen）抗酸染色阳性，易发生形态、菌落、毒力、免疫原性和耐药性等变异，抵抗力强，是引起结核病的病原菌。可侵犯全身各器官，但以肺结核为最多见。卡介苗（BCG）就是Calmette和Guerin二人（1908年）将牛结核分枝杆菌在含甘油、胆汁、马铃薯的培养基中经13年230次传代而获得的减毒活疫苗株，现广泛用于结核的预防接种。

2. **肺结核病** 肺结核病是结核病中发病率最高的。可分为原发性和继发性两大类。原发性肺结核是指机体第一次感染结核分枝杆菌所引起的肺结核病。继发性肺结核病是指机体再次感染结核分枝杆菌所引起的肺结核病，多见于成年人。

3. **肺外结核病** 包括淋巴结结核、肠结核、骨结核、肾结核、附睾结核、泌尿生殖系统结核、神经系统结核及结核性脑膜炎等。

4. **肠结核病** 肠结核原发综合征包括肠的原发病灶、结核性淋巴管炎和肠系膜淋巴结炎。肠结核可发生于任何肠段，但以回盲部最常见，分为溃疡型和增生型。典型的肠结核溃疡多呈环形，其长轴与肠腔长轴垂直，当溃疡愈合后因瘢痕收缩而致肠腔狭窄。

六、背景知识

1. 结核病基本病理变化

（1）以渗出为主的病变多发生于结核病的早期或机体抵抗力低下，细菌量多，毒力强或变态反应较强时，表现为浆液性或浆液纤维素性炎。此型病变好发于肺、浆膜、滑膜和脑膜等部位。

（2）以增生为主的病变发生于细菌量少，毒力较低或机体免疫反应较强时，表现为以增生性改变为主，形成具有诊断意义的结核结节。典型的结核结节中央是干酪样坏死，周围是由上皮样细胞、郎格汉斯细胞及外周局部聚集的淋巴细胞和少量反应性增生的成纤维细胞构成。

（3）以坏死为主的病变当感染的结核分枝杆菌数量多、毒力强，机体抵抗力低下或变态反应强烈时，上述渗出为主或增生为主的病变可继发干酪样坏死。坏死灶因含脂质较多而呈淡黄色，均匀细腻，质地较实，状似奶酪，故称为干酪样坏死。镜下为红染无结构的颗粒状物。干酪样坏死的形态特点对结核病的病理诊断具有一定的意义。干酪样坏死物中含有一定量的结核杆菌，可成为结核分枝杆菌在体内播散的来源。

2. 结核病基本病理变化的转化规律

（1）转向愈合：

1) 吸收消散：是渗出性病变的主要愈合方式，渗出物经病灶附近淋巴道吸收，病灶缩小或消散。

2) 纤维化、钙化：增生性病变和小的干酪样坏死灶可完全纤维化，较大的干酪样坏死灶难以完全纤维化，则发生包裹，继而钙化。完全纤维化的病灶内，无结核杆菌存活，钙化的结核病灶内常有少量结核杆菌存活。

（2）转向恶化：

1) 浸润进展：疾病恶化进展时，病灶周围出现渗出性病变，其范围不断扩大，继发干酪样坏死。

2) 溶解播散：病情恶化时，干酪样坏死液化形成半流体物质，经体内自然管道（如支气管、输尿管等）从原发部位排出，形成空洞。空洞内液化的干酪样坏死物含大量结核分枝杆菌，可通过自然管道播散到其他部位，造成新的结核病灶发生。

七、小测验

1. 下列哪项是结核病最重要的传播途径
   A. 消化道传播
   B. 呼吸道传播
   C. 泌尿道传播
   D. 血道传播
   E. 垂直传播

2. 临床上最常见的活动性继发性肺结核是
   A. 局灶型肺结核
   B. 慢性纤维空洞型肺结核

    C. 浸润型肺结核
    D. 干酪型肺结核
    E. 结核球
3. 开放性愈合出现于
    A. 浸润型肺结核
    B. 局灶型肺结核
    C. 原发型肺结核
    D. 慢性纤维空洞型肺结核
    E. 结核球
4. 溃疡型肠结核的主要病理变化是
    A. "腰带状"溃疡
    B. "烧瓶状"溃疡
    C. "地图状"溃疡
    D. 溃疡与肠管长轴平行
    E. "火山口状"溃疡
5. 关于结核病的渗出性病变，下列哪项描述是错误的
    A. 出现于结核性炎症的早期
    B. 出现于病变转向恶化时
    C. 细菌量多毒力强时
    D. 人体免疫反应较强时
    E. 好发于肺浆膜处

(董孟华)

病例 7

一、病史摘要

患者，女性，45 岁，教师。

洗澡时发现左乳肿物，平时无明显感觉。肿物位于左乳外上方，约"小枣"大小，无疼痛及压痛，皮肤无红肿，无破溃，乳头无溢液。患者既往健康，曾于 10 年前行子宫肌瘤切除术。余无重要病史。

体格检查：患者一般情况良好。双侧乳房对称，皮肤颜色正常，未见橘皮样改变，左侧乳头稍有内陷，无溢液。左乳外上象限可触及一结节，体积约 2cm×1.5cm×1.5cm，质硬，边界不清，活动度差。右乳未触及明显肿块。双侧腋窝及双侧锁骨上下区未触及明显肿大淋巴结。

彩超检查：双乳结构清晰，其内均探及散在片状低回声，左乳 1 点区距乳头 1.5cm 处，探及低回声，大小 1.6cm×1.4cm×1.4cm，边界不清，形态不规则，内部回声不均匀，右乳未探及明显异常团块回声，双侧腋窝内均未探及异常肿大淋巴结回声。低回声内见少许血流信号。

二、讨论

1. 该患者可能患有什么疾病？诊断依据有哪些？
2. 该病应该和哪些疾病进行鉴别？
3. 该病的发病机制是什么？

三、学习目标

1. 掌握乳腺癌的常见类型及病理变化。
2. 熟悉乳腺癌的癌前病变及临床干预措施。
3. 了解乳腺癌的病因、发病机制和临床表现。

四、疾病概述

乳腺癌（carcinoma of the breast）是来自乳腺终末导管小叶单元上皮的恶性肿瘤，其发病率居女性恶性肿瘤第一位，好发年龄为40~60岁，随年龄的增加发病率迅速上升，小于35岁的妇女较少发病。乳腺癌的病因是多因素的，涉及饮食、生育、激素失调和遗传等方面。月经初潮早、闭经晚、生育晚或不孕、长期服用雌激素、有家族史为高危因素。5%~10%的乳腺癌患者有家族遗传倾向，研究发现抑癌基因BRCAl点突变或缺失与具有遗传倾向的乳腺癌发病相关。

五、知识要点

1. **乳腺癌的类型和临床表现**　乳腺癌组织学形态十分复杂，类型较多，大致可分为非浸润性癌和浸润性癌两大类。浸润性导管癌（invasive ductal carcinoma）是最常见的乳腺癌类型，多见于40岁以上的女性，占乳腺癌70%~85%，由导管原位癌进展而来，癌细胞突破导管基底膜向间质浸润。

肿瘤体积大小不等，多在1~3cm³之间，质硬，活动度差。如肿瘤侵犯乳头，伴有纤维组织增生及癌周增生的纤维组织收缩时，可导致乳头下陷。如癌组织阻塞真皮淋巴管，可导致乳房皮肤水肿，而毛囊汗腺处皮肤相对下陷，呈橘皮样外观。晚期乳腺癌可形成巨大肿块，周围有卫星结节，癌组织穿破皮肤时，可形成溃疡。

2. **乳腺癌的扩散**

（1）直接蔓延：癌细胞可沿乳腺导管和组织间隙直接蔓延，侵犯周围乳腺小叶腺泡和脂肪组织。随着癌组织不断扩大，可向深部侵及胸大肌和胸壁。

（2）淋巴道转移：淋巴道是乳腺癌最常见的转移途径。癌细胞首先转移至同侧前哨淋巴结，然后至腋窝淋巴结，晚期可相继至锁骨下淋巴结、逆行转移至锁骨上淋巴结。内上象限的乳腺癌常转移至乳内动脉旁淋巴结，然后至纵隔淋巴结。少数病例可通过胸壁浅部淋巴管或深筋膜淋巴管转移到对侧腋窝淋巴结。

（3）血道转移：晚期乳腺癌可经血道转移至肺、骨、肝、肾上腺和脑等组织或器官。

六、背景知识

1. **解剖学**　乳房位于前胸部，左右对称。成年女性未授乳乳房的境界上下方为第2~6肋或3~7肋，内外侧为胸骨线到腋中线。乳腺组织在胸前部浅筋膜内，约2/3位于胸大肌浅面，下外1/3位于前锯肌和腹外斜肌筋膜表面。

2. **组织学**　乳腺实质被结缔组织分隔为15~25个乳腺叶（mammar lobe），每个乳腺叶又由结缔组织分隔成若干个乳腺小叶（mammary lobule），每个乳腺小叶为一个复管泡状腺。腺泡内层为单层立方或柱状上皮细胞，外层有肌上皮细胞。导管包括小叶内导管、小叶间导管和总导管，它们分别衬覆单层柱状上皮、复层柱状上皮和复层扁平上皮。总导管又称输乳管，开口于乳头。乳腺于青春期开始发育，其结构随年龄和生理状况而异。未孕女性的乳腺称静止期乳腺，腺泡不发达，仅有少量小腺泡和导管，脂肪组织和结缔组织丰富。妊娠期和哺乳期乳腺称活动期乳腺，在雌激素和孕激素的作用下，乳腺腺体增生，腺泡增大，结缔组织和脂肪组织相对减少，可出现巨噬细胞和浆细胞。

3. 相关疾病病理特点

(1) 乳腺纤维囊性变 (fibrocystic change)：是一组常见的乳腺疾病，以乳腺腺体和间质发生不同程度的增生和改变为特征。本病是女性乳腺疾病中最常见的一种，发病高峰在 35~40 岁。临床主要表现为乳房不适、疼痛和包块。乳房包块呈结节状、颗粒状或不规则片状，界限不清。肉眼观察，病变组织呈灰白色，质韧，形状不规则，与周围乳腺组织分界不清。切面可见小囊或颗粒状突起。镜下形态具有很大程度的可变性，其基本病理变化主要包括囊肿形成、大汗腺化生、间质纤维组织增生、不同程度的上皮增生、轻度的腺病、纤维腺瘤样结构、炎细胞浸润和钙化等。关于本病与乳腺癌的相关性尚无定论。目前比较一致的观点是，当出现中至重度的导管普通型增生或导管异型增生时，发生浸润癌的风险会增加。

(2) 乳腺纤维腺瘤 (fiboadenoma)：是由上皮和纤维结缔组织两种成分混合组成的乳腺良性肿瘤。好发于 20~35 岁的女性，是乳腺最常见的良性肿瘤。多为单发，单侧或双侧发生，生长缓慢。肿瘤好发于乳房外上象限，与周围组织分界清楚，活动度好。肉眼观察，肿瘤呈结节状、圆形或卵圆形，大小不一，直径多为 1~3cm，质韧，包膜完整；切面灰白色或淡粉色，略呈分叶状，偶见散在的细小裂隙。镜下观察，肿瘤表面被覆薄层纤维包膜，由增生的腺管和纤维组成肿瘤实质，腺管由腺上皮和肌上皮两层细胞组成，呈圆形或卵圆形，或被周围的纤维结缔组织挤压呈裂隙状。间质较疏松，常伴有黏液样变性，纤维细胞呈梭形。

七、小测验

1. 下列哪项不是乳腺癌的特征
   A. 好发于乳腺外上象限
   B. 其发生可能与孕激素有关
   C. 发病率居女性恶性肿瘤第一位
   D. 少数有家族遗传倾向
   E. 多发生于 40 岁以上妇女
2. 乳腺癌的常见类型是
   A. 导管内癌
   B. 小叶原位癌
   C. 浸润性导管癌
   D. 浸润性小叶癌
   E. 黏液癌
3. 乳腺最常见的良性肿瘤是
   A. 腺瘤
   B. 纤维瘤
   C. 导管内乳头状瘤
   D. 纤维腺瘤
   E. 脂肪瘤
4. 乳腺癌最常见的扩散方式是
   A. 种植性转移
   B. 直接蔓延
   C. 淋巴道转移
   D. 血道转移
   E. 浸润性生长
5. 女性乳腺最常见的疾病是
   A. 乳腺纤维腺瘤
   B. 化脓性乳腺炎
   C. 乳腺癌
   D. 乳腺纤维囊性变
   E. 乳腺腺瘤

（张　燕）

病例 8

一、病史摘要

患者杨某，女，26 岁。

发现右颈部淋巴结肿大 3 个月，不痛，伴间歇性发热。在当地诊断为淋巴结结核，抗结核病治疗未见明显好转。近两个月低热不退、乏力、贫血，且颈部淋巴结逐渐增大。

体格检查：患者贫血，消瘦，右颈部稍隆起，扪及 4cm×3cm×3cm 大小肿块，边界欠清，不活动，呈分叶状，质地硬，左颈部及双侧锁骨上淋巴结不大。心肺检查未见异常。

B 超检查：肝、脾及深部淋巴结不大。

为明确诊断，行右颈部淋巴结病理活检。病理结果：淋巴结内明显纤维化，纤维条索将淋巴结分隔成界限清楚的结节。结节内见较多的淋巴细胞和一定量的嗜酸性粒细胞、组织细胞，其中散在肿瘤性巨细胞，细胞体积大，胞质丰富，淡染似陷窝状，单核，核大分叶状，核膜厚而清楚，并见多个小核仁，偶见双核肿瘤细胞。

免疫组化标记：肿瘤细胞 CD30＋，CD15＋，CD45（LCA）-，CD20-，CD3-。

二、讨论

1. 该患者患有什么疾病？诊断依据是什么？
2. 该疾病的类型有哪些？
3. 颈部淋巴结肿大应考虑哪些疾病？如何鉴别诊断？

三、学习目标

1. 掌握霍奇金淋巴瘤的组织学分型及其病变特点。
2. 了解霍奇金淋巴瘤的病因、临床表现及分期。

四、疾病概述

Hodgkin 淋巴瘤是由 Thomas Hodgkin 在 1932 年首先描述的，被称为 Hodgkin 病。现在称为 Hodgkin 淋巴瘤，为恶性淋巴瘤的一个类型，其肿瘤细胞为 Reed-Sternberg Cell，简称为 R-S 细胞。肿瘤性 R-S 细胞存在于不同类型的反应性炎细胞的背景中，可伴有不同程度的纤维化。因此典型的 R-S 细胞存在，是诊断 Hodgkin 淋巴瘤的必要条件。不同组织学类型的 Hodgkin 淋巴瘤，背景中可有多少不等的淋巴细胞、嗜酸性粒细胞、浆细胞和组织细胞。Hodgkin 淋巴瘤的病因仍不清楚，但有研究认为，Hodgkin 淋巴瘤的发生与 EBV 感染密切相关。

五、知识要点

1. Reed-Sternberg 细胞　典型的 R-S 细胞，可见于经典型的霍奇金淋巴瘤，是一种双核或多核的大细胞（直径 15～45μm），胞质丰富，弱嗜酸性或嗜双色性，核圆或椭圆形，核膜厚，核内有一大的包涵体样的嗜酸性核仁，核仁周围有空晕。典型的双核 R-S 细胞其双核面对面排列，彼此对称，形成所谓的"镜影细胞（mirror image cell）"。

2. 陷窝细胞（lacunar cell）　一种变异型 R-S 细胞，主要见于结节硬化型霍奇金淋巴瘤，细胞体积大，胞质宽而透亮，核多叶有皱褶，核膜薄，染色质稀疏，有一个或多个小的嗜碱性核仁，胞质空亮是由于甲醛固定后胞质收缩所致。

六、背景知识

1. 解剖学　淋巴组织是免疫系统的主要组织成分之一，包括淋巴结和结外淋巴组织。

淋巴结主要分布于体表（颈部、锁骨上、腋窝和腹股沟等）、纵隔及腹腔等部位；结外淋巴组织主要分布于皮肤、扁桃体、胸腺及小肠等部位。

2. 组织学　淋巴结由皮质、副皮质和髓质构成。皮质位于淋巴结被膜下，含有大量淋巴滤泡。淋巴滤泡分为初级滤泡和次级滤泡，次级滤泡为受抗原刺激后出现，其特征是存在生发中心，构成生发中心的细胞包括 B 淋巴细胞（中心细胞、中心母细胞）、巨噬细胞、滤泡树突状细胞。生发中心外围由小 B 淋巴细胞构成的外套细胞层。髓质靠近淋巴结门部，富含淋巴窦和动静脉，仅含少量淋巴滤泡。副皮质区位于皮质和髓质之间，含有 T 淋巴细胞和指状突树突状细胞等。

3. 相关疾病病理特点

(1) 转移癌：中老年人，锁骨上淋巴结肿大，质地较硬，应除外转移癌，该患者无其他部位原发癌病史，组织学特点可以除外转移癌。

(2) 淋巴结反应性增生：颈部淋巴结肿大还应除外淋巴结反应性增生，病人常有口咽部炎症、上呼吸道感染等病史，起病快，肿大淋巴结可以消退。

(3) 淋巴结特殊性感染如结核病、结节病、猫抓病、梅毒等：以结核病为例，患者常有结核病病史，有低热、盗汗等症状，组织学有典型的结核病病变特征——结核结节和干酪样坏死。

七、小测验

1. "陷窝细胞"主要见于下列哪个类型的霍奇金淋巴瘤
   A. 混合细胞型
   B. 淋巴细胞消减型
   C. 富于淋巴细胞型
   D. 结节硬化型
   E. 结节性淋巴细胞为主型

2. 下列哪一项不是经典型霍奇金淋巴瘤的类型
   A. 混合细胞型
   B. 淋巴细胞消减型
   C. 富于淋巴细胞型
   D. 结节硬化型
   E. 结节性淋巴细胞为主型

3. 关于霍奇金淋巴瘤的描述，下列哪一项是错误的
   A. 有两个发病高峰年龄
   B. 具有独特的肿瘤细胞即 R-S 细胞
   C. 病变组织中常有数量不等的各种炎细胞浸润
   D. 多发生在淋巴结外
   E. 可伴有不同程度的纤维化

4. 关于费城染色体（Ph1）下列哪项描述是错误的
   A. 是指（9；22）(q34；q11) 易位
   B. 产生新的融合基因即 BCR-ABL 融合基因
   C. 是慢性髓性白血病的特殊遗传学改变
   D. 新的融合基因不具有酪氨酸激酶活性
   E. 用 FISH 和 RT-PCR 方法可以检测 BCR-ABL 融合基因

5. 费城染色体（Ph1）是下列哪项疾病的特征的遗传学改变
   A. 霍奇金淋巴瘤
   B. 弥漫大 B 细胞淋巴瘤
   C. 外周 T 细胞性淋巴瘤
   D. 慢性髓性白血病
   E. 急性髓性白血病

（田　东）

病例 9

一、病史摘要

患者李某，女，32 岁。

约 7 年前发现甲状腺右叶结节，查体：甲状腺右叶可触及一约 1.0cm×1.0cm 大小的结节，质韧，边界欠清，形状不规则。彩超示甲状腺右叶低回声结节伴钙化。手术标本大体观察：右侧甲状腺组织一块，大小 3.7cm×3.0cm×1.2cm，切面暗红色，部分区呈灰白色，灰白区长径 1.1cm。镜下观察，甲状腺滤泡大小不等，可见纤维组织增生并分割甲状腺滤泡；部分区域呈乳头状增生，可见砂粒体，部分细胞可见核沟和核内包涵体。

二、讨论

1. 患者可能患有什么疾病？
2. 诊断依据是什么？

三、学习目标

1. 掌握甲状腺乳头状癌的病理变化及临床特点。
2. 了解弥漫性非毒性甲状腺肿的常见病因、发病机制及常见临床表现。

四、疾病概述

非毒性甲状腺肿是由于缺碘、致甲状腺肿因子的作用、高碘及遗传和免疫因素，使甲状腺素分泌不足，促甲状腺素（TSH）分泌增多，甲状腺滤泡上皮增生，滤泡内胶质贮积而使甲状腺肿大。非毒性甲状腺肿按其发生、发展过程和病变特点，一般分为三期，即增生期、胶质贮积期和结节期（结节性甲状腺肿）。主要表现为甲状腺肿大，一般无临床症状，部分患者后期可表现为压迫、窒息、吞咽和呼吸困难等。

甲状腺乳头状癌是甲状腺癌中最常见的类型，青少年女性多见，肿瘤生长缓慢，恶性程度低，预后好。局部淋巴结转移早，但是否有局部淋巴结转移与生存率无关。肿瘤一般呈圆形，切面灰白色，质地较硬，无包膜。

五、知识要点

高碘可致甲状腺肿。常年饮用含碘高的水，因碘摄食过多，过氧化物酶的功能基团过多的被占用，影响酪氨酸氧化，因而碘的有机化过程受阻，甲状腺呈代偿性肿大。

六、背景知识

1. 解剖学　甲状腺是人体最大的内分泌腺，位于颈前部，紧贴于喉与气管上端。肉眼呈红褐色，分左、右两叶，中间以峡部相连，状似蝴蝶，峡部的上缘有一向上延伸的锥体叶。甲状腺左右叶分别位于喉和气管颈部的两侧，上缘平甲状软骨的中部，下缘达第六气管软骨环。

2. 组织学　甲状腺表面的薄层结缔组织被膜深入甲状腺实质内，将甲状腺分成许多界限不明显的小叶，每个小叶内有 20~40 个滤泡。甲状腺实质主要由形态和功能完全不同的内分泌细胞构成，一是甲状腺滤泡，其主要功能是合成、贮存和释放甲状腺激素，二是滤泡旁细胞或称 C 细胞，其主要功能是合成和分泌降钙素。

3. 相关疾病病理特点

（1）弥漫性毒性甲状腺肿：其表现为弥漫性对称性肿大，血中甲状腺素过多，引起临床上甲状腺功能亢进症，简称"甲亢"。患者表现为甲状腺不对称性肿大，且无甲亢的表现，病理检查可排除弥漫性毒性甲状腺肿。

（2）结节性甲状腺肿的乳头状增生：结节性甲状腺肿可以伴乳头状增生，乳头分支少，一般不见核沟、毛玻璃样和核内包涵体。

（3）甲状腺滤泡性癌：多发生于 40 岁以上女性，结节状，切面灰白，包膜不完整，镜下可见不同分化程度的滤泡，早期易血道转移。甲状腺乳头状癌可有滤泡亚型，但一般具有核沟、毛玻璃样核和核内包涵体等细胞学特点。

七、小测验

1. 关于结节性甲状腺肿的描述，下列哪一项是错误的
   A. 缺碘引起
   B. 高碘引起
   C. 常伴有甲亢
   D. 不对称性甲状腺肿大
   E. 促甲状腺素分泌增加
2. 以下是关于甲状腺乳头状癌的描述，错误的是
   A. 常见于青少年女性
   B. 易血道转移
   C. 可见砂粒体
   D. 可见核沟及毛玻璃核
   E. 预后好
3. 导致甲状腺肿大最常见的原因是
   A. 垂体肿瘤
   B. 缺碘
   C. 自身免疫反应
   D. 先天性疾病
   E. 药物
4. 下列有关毒性甲状腺肿病变的描述哪项是错误的
   A. 间质血管丰富，显著充血
   B. 滤泡腔内胶质浓厚
   C. 甲状腺滤泡增生，以小滤泡为主
   D. 滤泡上皮呈立方或高柱状，并常增生，向滤泡腔内形成乳头状突起
   E. 间质淋巴细胞浸润及淋巴滤泡形成
5. 关于结节性甲状腺肿，下列叙述哪一项是错误的
   A. 结节具有完整包膜
   B. 滤泡上皮有乳头状增生者癌变率高
   C. 结节大小、数目不等
   D. 结节内常有出血、坏死、纤维化
   E. 部分滤泡增生

（韩玉贞）

病例 10

一、病史摘要

患者张某，男，12 岁。因高热、头痛伴喷射性呕吐 3 天入院。

患者于 3 天前无明显诱因突然出现发热，体温高达 39℃以上，伴畏冷及寒战，无抽搐。

剧烈头痛,呈持续性,热退后无缓解,伴喷射性呕吐,共3~4次,呕吐物为未消化食物及胆汁。所在学校有类似患者发生。既往体健,无药物过敏史。

查体:T 39.5℃,BP 120/80mmHg,急性热病容,神志清楚,精神差,皮肤广泛瘀斑。颈部抵抗,凯尔尼格征(+),布鲁津斯基征(+),巴宾斯基征(-)。

实验室检查:WBC 21.3×10^9/L,N 96%,L 10%,RBC 4.2×10^{12}/L,Hb 130g/L,PLT 160×10^9/L;C-反应蛋白 CRP 112mg/L(正常参考值≤10mg/L)。脑脊液检查:压力 $300mmH_2O$(儿童正常值:$70\sim200mmH_2O$),外观浑浊似米汤样,有凝块。有核细胞计数 2680×10^6/L,中性粒细胞 96%,淋巴细胞 4%;脑脊液蛋白定量 120.0 mg/dl(正常范围 20~40mg/dl),糖含量<0.2mmol/L(正常范围 2.8~4.5mmol/L),氯含量 114.7mmol/L(正常范围 117~127mmol/L)。

由于病情较重,经抢救无效死亡。

局部尸检:脑脊膜血管高度扩张充血,病变严重区蛛网膜下隙充满灰黄色脓性渗出物,覆盖于脑沟脑回表面,以致结构不清。镜下:蛛网膜血管扩张充血,蛛网膜下隙增宽,其中见大量中性粒细胞、纤维素和少量淋巴细胞浸润,邻近的脑实质轻度水肿。

二、讨论

1. 患者可能患有什么疾病?诊断依据有哪些?
2. 该疾病的发生机制有哪些?
3. 患者可能出现哪些并发症?

三、学习目标

1. 掌握流行性脑脊髓膜炎的病理变化及临床病理联系。
2. 熟悉流行性脑脊髓膜炎的结局和并发症。
3. 了解流行性脑脊髓膜炎的常见病因、发病机制及常见临床表现。

四、疾病概述

流行性脑脊髓膜炎是由脑膜炎双球菌感染引起的脑脊髓膜的急性化脓性炎症,多发生于儿童和青少年,多为散发性,在冬春季可引起流行。患者或带菌者鼻咽部分泌物中的细菌通过咳嗽、打喷嚏等借飞沫传播,经呼吸道侵入人体,但大多数不发病,成为带菌者。当机体抵抗力下降或菌量多、毒力强时,细菌局部大量繁殖,产生内毒素,引起菌血症或败血症。2%~3%抵抗力低下的患者,病原菌到达脑(脊)膜,定位于软脑膜,引起化脓性脑膜炎。临床可出现发热、头疼、呕吐、皮肤瘀点、瘀斑和颈项强直、屈髋伸膝征凯尔尼格征阳性等脑膜刺激症状。

五、知识要点

1. 颈项强直 指由于支配颈部肌群的神经受到刺激后,引起的颈部肌肉发生痉挛性收缩和疼痛,颈部僵直,活动受限,被动屈曲颈部时有阻抗感,下颌不能贴近胸部。流行性脑脊髓膜炎时由于炎症累及脊髓神经根周围的蛛网膜、软脑膜和软脊膜,使神经根在通过椎间孔处受压,当颈部或背部肌肉运动时,牵引受压的神经根而产生疼痛,是颈部肌肉发生的一种保护性痉挛状态。在婴幼儿,其腰背部肌肉发生保护性痉挛,可形成角弓反张的体征。

2. 凯尔尼格征（Kernig sign）　屈髋伸膝征，检查方法：患者仰卧，屈髋、屈膝90°，再慢慢把小腿伸直，正常人可将膝关节伸达135°以上。阳性表现为伸膝受限，并伴有疼痛和屈肌痉挛。流行性脑脊髓膜炎时因炎症波及腰骶节段脊神经后根而受压，当屈髋伸膝试验时，坐骨神经受到牵引而发生疼痛。

3. 布鲁津斯基征　Brudzinski征。检查方法：患者去枕仰卧，下肢伸直，检查者一手托起患者后枕部，另一手按于其胸前，当头部被动上托，使颈部前屈时，双髋与膝关节同时不自主屈曲则为阳性，是脑膜刺激征的表现之一。

4. 巴宾斯基征　又称Babinski征。检查方法：被检查者仰卧、下肢伸直，医生手持被检者踝部，用钝头竹签划足底外侧，由后向前至小趾跟部并转向内侧，阳性反应为第一脚趾背伸，余趾呈扇形展开。为锥体束病损时，大脑失去了对脑干的脊髓的抑制功能，而释放出的踝和趾背伸的反射作用。1岁半以内的婴幼儿由于神经系统发育未完善，也可出现这种反射，不属于病理性。

5. C-反应蛋白（CRP）　是由肝生成的血浆蛋白，是急性时相反应蛋白，在急性创伤和感染时其血浓度急剧升高。正常参考值≤10mg/L。

六、背景知识

1. 解剖学　脑和脊髓的表面包有三层被膜，由外向内为硬膜、蛛网膜和软膜，有支持、保护脑和脊髓的作用。蛛网膜和软膜之间有较宽阔的间隙称蛛网膜下隙，其内充满脑脊液。临床上常在第3、4或第5、6腰椎间进行腰椎穿刺，以抽取脑脊液或注入药物而不易伤及脊髓。脑蛛网膜紧贴硬脑膜，在上矢状窦处形成许多绒毛状突起，突入上矢状窦内，称蛛网膜颗粒。脑脊液主要由脑室脉络丛产生，侧脑室脉络丛产生的脑脊液经室间孔流至第三脑室，与第三脑室脉络丛产生的脑脊液一起经中脑水管流入第四脑室，再汇合第四脑室脉络丛产生的脑脊液，一起经第四脑室正中孔和两个外侧孔流向大脑背面的蛛网膜下隙，经蛛网膜颗粒渗透到硬脑膜窦（主要是上矢状窦）内，回流入血液中。若脑脊液在循环途中发生阻塞，可导致脑积水和颅内压增高，使脑组织受压移位，甚至出现脑疝而危及生命。

2. 组织学　硬膜是厚而坚韧的致密结缔组织，其内表面被覆一层间皮。蛛网膜由薄层纤细的结缔组织构成，蛛网膜的结缔组织纤维形成许多小梁与软膜相连，小梁在蛛网膜下隙内分支形成蛛网状结构。软膜是薄层的结缔组织，紧贴于脑和脊髓表面，富含血管。在软膜外表面和蛛网膜内、外表面以及小梁表面都被覆间皮。

3. 相关疾病病理特点

（1）脑脓肿：致病菌多为葡萄球菌、链球菌等需氧菌。发病部位和数目与感染途径有关。血源性感染者常为多发性，可分布于大脑各部；由局部感染灶直接蔓延者常为单个，其中耳源性脑脓肿多见于颞叶或小脑，鼻窦炎引起多见于额叶。急性脓肿发展快，境界不清，无脓肿壁形成，可向周围扩展，甚至破入蛛网膜下隙或脑室，引起脑室积脓，可迅速致死。慢性脓肿可形成炎性肉芽组织和纤维构成的脓肿壁，境界清楚。

（2）流行性乙型脑炎：多发生于10岁以下儿童，由乙型脑炎病毒感染引起的急性传染病。起病急、病情重、死亡率高。临床表现为高热、嗜睡、抽搐、昏迷等。病变广泛累及脑实质，引起神经细胞变性、坏死，胶质细胞增生和血管周围炎细胞浸润。肉眼观，软脑膜充血水肿，脑回变宽，脑沟窄而浅。切面脑组织充血水肿，严重者脑实质有散在点状出血，可见粟粒或针尖大小半透明软化灶。镜下观，血管扩张充血，神经细胞变性坏死，软化灶形成，胶质细胞增生等。

七、小测验

1. 以下描述是关于流行性脑脊髓膜炎的，除了
   A. 冬春季可引起流行
   B. 多数受感染患者病情严重，病死率高
   C. 急性化脓性炎症
   D. 脑实质一般不受累
   E. 患者多为儿童和青少年
2. 以下关于流行性脑脊髓膜炎的描述错误的是
   A. 蛛网膜下隙见大量中性粒细胞浸润
   B. 脑脊液涂片可查见脑膜炎双球菌
   C. 可见卫星现象和噬神经细胞现象
   D. 临床表现为颈项强直和 Kernig sign 阳性
   E. 临床多有颅内压增高症状
3. 流行性脑脊髓膜炎的特征性病变是
   A. 浆液性炎
   B. 纤维素性炎
   C. 化脓性炎
   D. 变质性炎
   E. 肉芽肿性炎
4. 以下描述是关于流行性乙型脑炎的，除了
   A. 广泛累及脑实质
   B. 可见卫星现象和噬神经细胞现象
   C. 脑实质内见大量中性粒细胞浸润
   D. 可出现上运动神经元损害表现
   E. 病变严重时，出现筛网状软化灶
5. 流行性乙型脑炎的特征性病变是
   A. 化脓性炎
   B. 纤维素性炎
   C. 浆液性炎
   D. 变质性炎
   E. 肉芽肿性炎

（王 霞）

第七章 现代形态学技术

第一节 原位核酸分子杂交技术

一、基本原理

原位核酸分子杂交组织（或细胞）化学技术简称原位杂交（in situ hybridization），其基本原理是两条核苷酸单链片段在适宜的条件下通过氢键结合，形成DNA-DNA、DNA-RNA或RNA-RNA双键分子的特点，把带有标记的（有放射性同位素，如^{3}H、^{35}S、^{32}P及荧光素、生物素、地高辛等非放射性物质）DNA或RNA片段作为核酸探针，与组织切片或细胞内待测核酸（RNA或DNA）片段进行杂交，然后可用放射自显影等方法予以显示，在光镜或电镜下观察目的mRNA或DNA的存在与定位。此方法有很高的敏感性和特异性。

二、常用试剂及处理

由于核酸探针的种类和标记物的不同，在具体应用的技术方法上也各有差异，但其基本方法和应用原则大致相同，可分为：①杂交前准备，包括固定、取材、玻片和组织的处理，如何增强核酸探针的穿透性、减低背景染色等；②杂交；③杂交后处理；④显示：包括放射性自显影和非放射性标记的显色。

（一）杂交前准备及处理

1. DEPC水　经DEPC处理过的灭菌蒸馏水。

DEPC即二乙基焦碳酸酯（diethylprocarbonate），可灭活各种蛋白质，是RNA酶的强抑制剂。原则上在RNA杂交及其以前的步骤中，所有液体试剂均需用DEPC处理，或用DEPC水配制，包括乙醇的稀释。

注意：①DEPC是一种潜在的致癌物质，在操作中应尽量在通风的条件下进行，并避免接触皮肤。②含有Tris缓冲液的溶液中，不能加入DEPC。

2. 载玻片的处理　组织原位杂交，常在载玻片上进行，故载玻片的洗涤至关重要，必须保持清洁，并且不能有任何核酸的污染。玻片包括盖片和载玻片应用热肥皂水刷洗，自来水清洗干净后，置于清洁液中浸泡24 h，清水洗净烘干，95%乙醇中浸泡24 h后蒸馏水冲洗、烘干、烘箱温度最好在150℃或150℃以上过夜，以去除任何RNA酶。盖玻片在有条件时最好用硅化处理，锡箔纸包裹无尘存放。要应用黏附剂预先涂抹在玻片上，干燥后待切片时应用，以保证在整个实验过程中切片不致脱落。

3. 增强组织的通透性和核酸探针的穿透性　增强组织通透性常用的方法如应用稀释的酸洗涤、去垢剂（detergent）或称清洗剂Triton X100、乙醇或某些消化酶如蛋白酶K，胃蛋白酶、胰蛋白酶、胶原酶和淀粉酶（diastase）等。这种广泛的去蛋白作用无疑可增强组织的通透性和核酸探针的穿透性，提高杂交信号，但同时过度消化可使组织形态结构遭到明显破坏，核酸分子也会受到影响。因此，在用量及孵育时间上应慎为掌握。

4. 减低背景染色　背景染色的形成是诸多因素构成的。杂交后（posthybridization）的酶处理和杂交后的洗涤均有助于减低背景染色。在多聚甲醛固定后，浸入乙酸酐（acetic anhydride）和三乙醇胺（triethanolamine）中以减低静电效应，减少探针对组织的非特异性背景染色。预杂交（prehybridizaiton）是减低背景染色的一种有效手段。预杂交液和杂交液的区别在于前者不含探针和硫酸葡聚糖（dextran sulphate）。将组织切片浸入预杂交液中可达到封闭非特异性杂交点的目的，从而减低背景染色。在杂交后洗涤中采用低浓度的 RNA 酶溶液（20μg/ml）洗涤一次，以减低残留的内源性的 RNA 酶，减低背景染色。

5. 防止 RNA 酶的污染　由于在手指皮肤及实验用玻璃皿上均可能有 RNA 酶，为防止其污染影响实验结果，在整个杂交前处理过程都需戴消毒手套。所有实验用玻璃器皿及镊子都应于实验前一日置高温（240℃）烘烤以达到消除 RNA 酶的目的。要破坏 RNA 酶，其最低温度必需在 150℃左右。

（二）杂交（hybridsation）

杂交是将杂交液滴于切片组织上，加盖硅化的盖玻片，或采用无菌的蜡膜代替硅化的盖玻片，加盖片防止孵育过程中杂交液的蒸发。在盖玻片周围加液状石蜡封固或加橡皮泥封固。硅化的盖玻片的优点是清洁无杂质，光滑不会产生气泡和影响组织切片与杂交液的接触，盖玻片自身有一定重量能使有限的杂交液均匀覆盖。可将覆有硅化盖玻片进行杂交的载玻片放在盛有少量 5×SSC 或 2×SSC（standard saline citrate，SSC）溶液的湿盒中进行孵育。

（三）杂交后处理（post hybridisation treatment）

杂交后处理包括系列不同浓度、不同温度的盐溶液的漂洗。特别因为大多数的原位杂交实验是在低严格度条件下进行的，非特异性的探针片段黏附在组织切片上，从而增强了背景染色。RNA 探针杂交时产生的背景染色特别高，但能通过杂交后的洗涤有效地减低背景染色，获得较好的反差效果。在杂交后漂洗中的 RNA 酶液洗涤能将组织切片中非碱基配对 RNA 除去。一般遵循的共同原则是盐溶液浓度由高到低而温度由低到高。必须注意的是漂洗的过程中，切勿使切片干燥。干燥的切片即使大量的溶液漂洗也很难减少非特异性结合，从而增强了背景染色。

（四）显示（visualization）

显示又可称为检测系统（detection system）。根据核酸探针标记物的种类分别进行放射自显影或利用酶检测系统进行不同显色处理。细胞或组织的原位杂交切片在显示后均可进行半定量的测定，如放射自显影可利用人工或计算机辅助的图像分析检测仪（computer assisted image analysis）检测银粒的数量和分布的差异。非放射性核酸探针杂交的细胞或组织可利用酶检测系统显色，然后利用显微分光光度计或图像分析仪对不同类型数量的核酸显色强度进行检测。但做半定量测定必须注意严格控制实验的同一条件，切片的厚度和核酸的保存量，如取材至固定的间隔时间等。如为放射自显影，核乳胶膜的厚度与稀释度等必须保持一致。

（五）对照实验和结果的判断

对照试验的设置须根据核酸探针和靶核苷酸的种类和现有的可能条件去选定，常用的对照试验有下列几种。

1. 将 cDNA 或 cRNA 探针进行预杂交（吸收试验）。
2. 与非特异性（载体）序列和不相关探针杂交（置换试验）。

3. 将切片用 RNA 酶或 DNA 酶进行预处理后杂交,用同义 RNA 探针(Sense probe)进行杂交。

4. 以不加核酸探针杂交液进行杂交(空白试验)。

5. 组织对照用已知确定为阳性或阴性组织进行杂交对照。

6. 应用未标记探针做杂交进行对照。

(曹 璋)

第二节 原位 PCR

一、基本原理

原位 PCR(in situ polymearase chain reaction, ISPCR)是 PCR 和原位杂交结合的产物,是直接在细胞或组织材料标本上原位扩增目的 DNA 或 RNA 片断(不改变靶基因定位),并用标记的探针以原位杂交方法检测扩增产物的技术。原位 PCR 的待检样本一般需先经化学固定,以保持组织细胞良好的形态结构。细胞膜和核膜上有一定的通透性,PCR 扩增所必需的各种成分,如引物、DNA 聚合酶、四种三磷酸核苷等进入细胞内或核内,以固定的 DNA 或 RNA 为模板,在原位进行扩增。PCR 反应在由细胞膜组成的"囊袋"内进行;而扩增产物因分子较大,或互相交织,不易透过细胞膜向外弥散,所以能保留在原位。经过 PCR 反应,原来细胞内单拷贝或低拷贝的特定 DNA 或 RNA 序列呈指数扩增。这样就很容易应用原位杂交技术将其检出。原位 PCR 既能分辨鉴定带有靶序列的细胞,又能标出靶序列在细胞内的位置,是细胞学科研与临床诊断领域里的一项有较大潜力的新技术。但由于其特异性不高,目前使用该技术的不多。原位 PCR 可分为两类:

1. 直接法 进行原位 PCR 扩增以前,把同位素或非同位素(常用)标记的核苷(如 dig-dUTP 及 Biotin-dUTP)标记的底物或引物 5'未端连接标记物加入 PCR 反应液中,随着扩增的进行,标记的核苷或引物直接掺入到 PCR 产物中,然后免疫组化直接进行检测。

2. 间接法 先进行细胞内目的 DNA 基因原位扩增,然后用标记的探针进行核酸分子原位杂交以定位检测扩增的 DNA 的技术,步骤相对较多,需时长,但结果可靠。

二、组织切片标本原位 PCR 的技术流程

1. 预处理

(1) 二甲苯脱蜡 2min×3。

(2) 纯乙醇脱水 2min×2,空气干燥。

2. 原位扩增

(1) 将切片置于盛有 0.5mol/L NaOH,1.5mol/L NaCl 的玻璃染色缸中 20min,使靶 DNA 变性。随后移至 1mol/L Tris-HCl、1.5mol/L NaCl 缓冲液中和 20 min。

(2) 切片依次经 70% 和 100% 乙醇充分洗涤,并在空气中干燥。

(3) 将 PCR 反应液加在标本上孵育 3h。

PCR 反应液组成:0.5 mol/L 引物(每一种);250μmol/L dNTPs(每一种);10U/100μl Taq 聚合酶;Taq 聚合酶用 PCR 缓冲液(Tris-HCl pH8.3;Mg^{2+} 2.5 mmol/L)

配制。

(4) 预孵育后，移去 PCR 反应液，将切片置于 80℃的热循环仪热板上，迅速加上经预热的含 2.5%融化琼脂糖的 PCR 试剂。

(5) 切片用一种氯纶布覆盖。在室温下琼脂糖固化。为保持 PCR 循环中的温度与湿度，在热台的长缝中加 1ml 蒸馏水，在承载有切片的热台上再覆一层塑料薄膜，加上塑料盖。

(6) 开始热循环。循环参数为变性 92℃，1min；55℃退火，2min；72℃延伸，1min。循环次数为 30～50 次。最后终止于 20℃。

3. 后固定及变性

(1) 为固定扩增的 DNA 片段，切片在除去琼脂糖前，先浸入含 4%多聚甲醛的染色缸内室温下固定 30 min，待琼脂糖移去后，再继续固定 20min。

(2) PBS 浸洗 5min。

(3) 依次经 70%、100%乙醇脱水，空气干燥。

(4) 将切片置于 0.5mol/L NaOH、1.5 mol/L NaCl 中 10 min，使已固定的扩增产物变性。随后，移至 1 mol/L Tris-HCl、1.5mol/L NaCl 缓冲液中和 10min。

(5) 用 70%和 100%乙醇脱水，空气干燥。

4. 原位杂交

(1) 杂交液含 1μg/μl 鲑鱼精子 DNA，1μg/μl 大肠埃希菌 tRNA，4×SSC，0.33% SDS，5%硫酸葡聚糖，1.1×Denhardt's 液。

^{35}S 标记的特异性 DNA 探针，探针的浓度调整到使加在每张切片上的探针约为 100ng（2μCi）。

将杂交液先加热至 95℃，5min，然后置于冰上退温 3min；再加入二硫苏糖醇（DTT），位其最终浓度为 33mmol/L。将经上述处理的杂交液加在标本上，覆以硅化盖玻片，边缘用橡胶黏合剂密封。

(2) 将切片置于湿盒内，45℃杂交 3h。

(3) 杂交后用 1×SSC 室温下洗涤，20 min×2。

(4) 用 70%乙醇/0.3mmol/L 乙酸胺处理 3min×2。

(5) 95%乙醇/0.3mmol/L 乙酸胺处理 3min×2。

(6) 空气干燥。

(7) 在暗室中将切片浸渍 NTB-2 核乳胶（43℃）2h，置于密闭的暗盒内 4℃曝光 3～4 天。

(8) D-19 显影 5min。

(9) 2%乙酸 3min。

(10) 快速固定液固定 5min。

(11) 苏木精-伊红衬染。

三、实验中注意事项

(一) 标本制备

1. 标本种类　原位 PCR 可以在细胞悬液、细胞涂片、细胞离心标本、细胞分裂中期染色体标本、冰冻切片以及石蜡切片上进行。相比之下，以悬浮的完整细胞做原位 PCR 效果最好，细胞涂片和细胞离心标本次之，而切片标本最差。

2. 固定　由于原位 PCR 要对扩增的靶序列进行细胞定位，因此标本需要固定。固定的目的不仅是保存组织细胞的形态结构，便于定位，而且还要能保存用做 PCR 模板的起始物 DNA 或 RNA。常用的固定剂，缓冲福尔马林（10%，4℃固定 4~6h）和 4% 多聚甲醛，一般都能满足这一要求。

(二) 预处理

制备好的组织标本，在进行原位扩增即 PCR 之前，一般都要用蛋白酶进行预处理。常用的蛋白酶有蛋白酶 K、胰蛋白酶或胃蛋白酶。组织标本经蛋白酶消化后能增加通透性，允许反应试剂进入细胞内，并暴露靶序列，用以扩增。蛋白酶消化不足，则组织细胞的通透性差，而且蛋白质与核酸之间交联广泛。这些都会影响 PCR 反应，导致假阴性结果。反之消化过度则会破坏组织细胞的形态结构，也会使 PCR 产物易于通过破裂的膜结构向外弥散。蛋白酶消化强度要根据组织固定的程度调整。

标本的蛋白酶或去污剂预处理并非是必不可少的步骤。在固定强度较低的细胞标本上，不经预处理，直接进行 PCR，也可成功地获得扩增。实际上，蛋白酶预处理会增加因扩增产物扩散而引起的假阳性。

(三) 原位扩增

1. 引物　PCR 所用的引物一般为 18~28 个核苷酸，扩增的片段为 100~1000bp。原位 PCR 宜用较短的引物。在原位 PCR 组织标本制备过程中，DNA 和 RNA 常有一定程度的降解，尤其是存档组织的石蜡切片，DNA 和 RNA 的降解就更明显。从蜡块组织中提取的 DNA，很少超过 400bp，RNA 则不超过 200 个碱基。长序列的扩增较易引起由引物和模板错配而导致的非特异性反应。引物的设计应与组织内的除靶序列之外的其他序列无同源性。两个引物之间也不应有互补序列。PCR 的非特异性反应或假阳性在很大程度上是由引物错配引起的，因此引物的设计十分重要。

2. 反应体系　切片标本做原位 PCR，扩增反应则在载玻片上进行。此时，要将反应混合物滴加在载片的标本上，然后轻轻地覆以盖玻片。在玻片上做原位 PCR，反应体系中要加牛血清白蛋白（BSA），以防止 DNA 聚合酶与玻片结合而减低扩增效率。为防止反应液蒸发，可用清亮的指甲油、矿物油或用一种特制的 PAP 笔把盖片四周封闭起来。PAP 笔最早用于免疫组织化学，用它在组织周围圈划后，加在组织上的抗体就不会流出圈外。

3. 热循环　尽管原位 PCR 反应一般不到 20 次循环就可达到平台期，但通常设定 25~40 次循环。为了保证能充分地进行扩增反应，原位 PCR 热循环中每一步骤的时间可比常规 PCR 略长些。一般可设定变性期 94℃，1min；复性期 55℃，30s；延伸期 75℃，1min。如果采用热启动 PCR，则要在玻片加热到约 94℃几分钟后，再加入 DNA 聚合酶。

(四) 后处理

原位扩增结束后，标本要轻轻地洗涤，以除去弥散到细胞外的扩增产物。洗涤不充分，会使弥散的扩增产物在检测时呈现，造成背景过高或出现假阳性结果。反之，洗涤过度，可能将保留在细胞内的扩增产物洗脱，而造成阳性信号减弱。因此洗涤的程度要折中于减低背景和保留强阳性信号这两个因素。虽然有的操作流程中没有扩增后洗涤，但一般还是将此步骤包括在原位 PCR 的操作规程中。

在标本原位扩增后，可用多聚甲醛（4%，2h）或戊二醛（2%，5min）进行后固定，以便扩增产物在随后的检测过程中能保留在细胞内，提高检测的敏感性和特异性。要注意的是后固定应适度，过强的后固定会影响原位杂交检测时探针与特异性扩增产物的结合。

（曹 璋）

第三节 激光显微切割技术

激光显微切割技术（laser microdissection technique）是在以往各种显微切割方法的基础上发展起来的一种新方法，在显微镜直视下通过显微操作系统对欲选取的材料进行激光切割分离出纯的细胞群，用于进一步的分子水平的研究。我们人体的各种组织绝大多数是由多种不同细胞组成的异质性细胞群，这种选取同质性的研究材料问题，常常遇到却又不易解决。激光显微切割技术的发展和应用很好地解决了以上问题，为分子病理学的发展提供了保障，搭建了良好的操作平台。激光显微切割技术实际上属于在微观领域对研究材料的分离收集技术，并与分子生物学的密切结合，使得分子病理学和细胞生物学有了更好的发展。

一、激光显微切割系统的原理及特点

显微切割技术的发展，经历了初期的手动操作切割到目前的激光自动切割，随着技术的不断发展，显微切割也出现了多种方式，依其发展的过程可以分为以下四种：手动直接显微切割、机械辅助显微切割、液压控制显微切割和激光显微切割技术（laser microdissection）。这些方式各具特色。激光捕获显微切割技术利用带有红外线激光（infrared laser）和（或）紫外线激光（ultraviolet laser）装置的显微镜为操作平台，在显微镜下选取目的细胞，利用激光进行切割，并把切割下来的细胞利用特制的装置收集起来，以进行后续的分子生物学研究。

二、激光显微切割适用的材料

显微切割的材料可以是以各种方式贴附于固相支持物上的组织细胞成分，其来源十分广泛，石蜡组织切片、冰冻组织切片、细胞涂片、细胞铺片、培养细胞、常规制备的染色体等均可应用于激光纤维切割。具体采用何种材料应根据研究目的的不同进行选择激光显微切割前，为清楚地显示组织细胞的结构，在切割时准确地辨认所要切取的组织细胞，要对切片进行适当的染色，可以利用的染色方法很多，最常用的是普通 HE 染色。

三、激光显微切割技术的应用

1. 细胞基因突变的检测　激光显微切割技术已被广泛地应用于各种肿瘤的基因类型研究，如比较恶性肿瘤细胞、肿瘤周围组织和正常组织的基因改变。由于激光显微切割的细胞定位准确，可以切取单一形态的肿瘤细胞，所以获取的各种组织成分有很高的纯度，是进行基因研究的良好方法，应用越来越广泛。

2. 复杂组织基因表达的分析　激光切割组织越来越多地被用于复杂组织的基因表达分析，由于从福尔马林固定的石蜡包埋标本中提取到高质量的 RNA 比较困难而且不稳定，所以此项分析常用冷冻切片。由于样品量较少，所以常用实时定量 PCR 技术测定其基因表达的改变。

3. 细胞培养的活细胞筛选　由于激光显微切割技术的发展，不少公司生产的激光显微切割设备均可以进行活细胞的切割筛选。

4. 显微切割组织的蛋白质分析　由于样品量太少，所以激光切割组织的蛋白质分析难度是最大的。对于特别小的样品的蛋白质分析，必须应用表面放大激光离子去离子时间飞行质谱仪才有可能进行。而样品量较大的标本，可以用矩阵辅助激光离子去离子时间飞行质谱仪进行分析。

（曹　璋）

参考文献

1. 龚西榆,丁华野. 乳腺病理学. 人民卫生出版社,2009
2. 付丽,傅西林. 乳腺肿瘤病理学. 人民卫生出版社,2008
3. 胡伏莲,周殿元. 幽门螺杆菌感染的基础与临床. 3版. 中国科学技术出版社,2009
4. Juan Rosai. ROSAI&ACKERMAN 外科病理学. 10版. 北京大学医学出版社,2014
5. 李玉林. 病理学. 8版. 人民卫生出版社,2013
6. 陈孝平,汪建平. 外科学. 8版. 人民卫生出版社,2013
7. 唐建武. 病理学(案例版). 2版. 科学出版社,2012
8. 柏树令,应大君. 系统解剖学. 8版. 人民卫生出版社,2013
9. 邹仲之,李继承. 组织学与胚胎学. 8版. 人民卫生出版社,2013
10. 周小鸽,陈辉树. 造血与淋巴组织肿瘤WHO分类. 4版. 诊断病理学杂志社,2011
11. 郭海军,任伟. 血清降钙素原与C反应蛋白在细菌性感染诊断中的价值研究. 中国生化药物杂志,2014,34(9):152-156.
12. 白咸勇,谌宏鸣. 组织学与胚胎学(案例版). 2版. 科学出版社,2010
13. 王家耀,马金龙. 甲状腺与甲状旁腺临床病理学. 山东科学技术出版社,2000
14. 陈杰,李甘地. 病理学. 2版. 人民卫生出版社,2010
15. 余英豪,郑智勇. 肾脏穿刺活检病理诊断彩色图谱. 福建科学技术出版社,2008
16. 黎磊石,刘志红. 中国肾脏病学. 人民军医出版社,2008
17. 陈杰,李甘地. 病理学(七年制规划教材). 人民卫生出版社,2010
18. 葛均波. 内科学. 第8版. 人民卫生出版社,2013
19. 刘彤华. 诊断病理学. 人民卫生出版社,2000
20. 成令忠,钟翠萍,蔡文琴主编,现代组织学. 2版. 上海:上海科学技术文献出版社,2003
21. 高英茂,武玉玲主编,描述组织学与胚胎学-实验指导与彩色图谱(双语版). 北京:科学出版社,2007
22. 张华主编,组织学与胚胎学实习指导,北京:科学出版社,2003
23. 沈新生,马太芳主编,组织学与胚胎学实验教学指导,西安:第四军医大学出版社,2009
24. 蔡文琴,王伯云. 主编,实用免疫细胞化学与核酸分子杂交技术. 成都:四川科学技术出版社,1994:401-427
25. 王廷华,冯忠堂,Jena Philippe Merlio. 分子杂交理论与技术 北京,科学出版社,2005,47-65
26. 蔡文琴 现代实用细胞与分子生物学实验技术 北京人民军医出版社,2003,177-220
27. 施新猷主编. 现代医学实验动物学. 北京:人民军医出版社,2000
28. 陈主初,吴端生主编. 实验动物学. 长沙:湖南科学技术出版社,2001
29. 苏慧慈,刘彦仿. 原位PCR. 1995,科学出版社.

形态实验学常用词（中英文对照）

A

abscess 脓肿
absorptive cell 吸收细胞
acidophilia 嗜酸性
acidophilic cell 嗜酸性细胞（垂体）
acrosome 顶体
acrosome reaction 顶体反应
acute gangrenous appendicitis 急性坏疽性阑尾炎
acute inflammation 急性炎症
acute phlegmonous appendicitis 急性蜂窝织炎性阑尾炎
acute systemic miliary tuberculosis 急性全身粟粒性结核病
adaptation 适应
adenoacanthoma 腺棘癌
adenocarcinoma 腺癌
adenohypophysis 腺垂体
adenoma 腺瘤
adenomatous polyp 腺瘤性息肉
adenomyosis 子宫腺肌病
adenosquamous carcinoma 腺鳞癌
adipocyte, fat cell 脂肪细胞
adipose tissue 脂肪组织
afterbirth 衣胞
agenesis of kidney 肾缺如
alkaline phosphatase 碱性磷酸酶
allantois 尿囊
alternation 变质
alveolar duct 肺泡管
alveolar sac 肺泡囊
amebic dysentery 阿米巴痢疾
amebic liver abscess 阿米巴肝脓肿
amine precursor uptake and decarboxylation cell（APUD cell） APUD细胞
amnion 羊膜
amniotic fluid 羊水
amoebiasis 阿米巴病
amoeboma 阿米巴肿
amyloidosis 淀粉样变
anaplasia 间变
anaplastic neoplasm 间变性肿瘤
anemia 贫血
anemic infarct 贫血性梗死
anencephaly 无脑畸形
animal experiment 动物实验
anterior neuropore 前神经孔
antibody 抗体
antigen 抗原
antigen presenting cell 抗原提呈细胞
aortico-pulmonary septum 主动脉肺动脉隔
apoptosis 凋亡
appendicitis 阑尾炎
aqueous humor 房水
artery 动脉
assisted reproductive technology（ART） 辅助生殖技术
astrocyte 星形胶质细胞
astrocytoma 星形胶质细胞瘤
atherosclerosis（AS） 动脉粥样硬化
atomic force microscope（AFM） 原子间力显微镜
atretic follicle 闭锁卵泡
atrial septal defect 房间隔缺损
atrophy 萎缩
atypia 非典型性，异型性
atypical hyperplasia, dysplasia 非典型增生
atypical mitosis 不典型核分裂
auditory string 听弦
autopsy 尸体剖检
autoradiography 放射自显影术
avidin-biotin-peroxidase complex（ABC） 卵白素-生物素-过氧化物酶复合
axon 轴突
azurophilic granule 嗜天青颗粒

B

bacillary dysentery 细菌性痢疾

bacteremia 菌血症
bacterial endocarditis 细菌性心内膜炎
basal cell carcinoma 基底细胞癌
basal lamina 基板
basement membrane 基膜
basophilia 嗜碱性
basophilic cell 嗜碱性细胞（垂体）
basophilic granulocyte, basophil 嗜碱性粒细胞
benign prostatic hyperplasia 良性前列腺增生
benign tumor 良性肿瘤
bile canaliculus 胆小管
biliary cirrhosis 胆汁性肝硬化
biopsy 活组织检查
bipolar cell 双极细胞
blastocyst 胚泡
blastomere 卵裂球
blood sinusoid 血窦
blood-air barrier 气-血屏障
blood-brain barrier 血-脑屏障
blood-testis barrier 血-睾屏障
blood-thymus barrier 血-胸腺屏障
body stalk 体蒂
bone canaliculus 骨小管
bone lamella 骨板
bone marrow 骨髓
bone marrow-dependent lymphocyte, B cell 骨髓依赖淋巴细胞
bone matrix 骨基质
borderline tumor 交界性肿瘤
brain vesicle 脑泡
branchial apparatus 鳃器
branchial arch 鳃弓
branchial groove 鳃沟
branchial membrane 鳃膜
bridging necrosis 桥接坏死
bronchiectasis 支气管扩张症
bronchiole 细支气管
bronchopneumonia 支气管肺炎
brush border 刷状缘

C

cachexia 恶病质
calcification 钙化
cancer 癌症
capacitation 获能
capillary 毛细血管
carcinoma 癌
carcinoma in situ （CIS）原位癌
carcinosarcoma 癌肉瘤
cardiac gland 贲门腺
cardiac muscle 心肌
cardiac tube 心管
cardiogenic plate 生心板
cardiomyopathy 心肌病
carrier 载体
cartilage matrix 软骨基质
cartilage tissue 软骨组织
caseous necrosis 干酪样坏死
cementum 牙骨质
central fovea 中央凹
central lacteal 中央乳糜管
central vein 中央静脉
centroacinar cell 泡心细胞
cervical polyp 宫颈息肉
chemotaxis 趋化作用
chief cell 主细胞（甲状旁腺）
chief cell 主细胞（胃）
chondroblast 成软骨细胞
chondrocyte 软骨细胞
chondroma 软骨瘤
chondrosarcoma 软骨肉瘤
choriocarcinoma 绒毛膜上皮癌
chorion 绒毛膜
chromaffin cell 嗜铬细胞
chromophobe cell 嫌色细胞
chronic atrophic gastritis 慢性萎缩性胃炎
chronic bronchitis 慢性支气管炎
chronic cervicitis 慢性子宫颈炎
chronic congestion 慢性淤血
chronic hypertrophic gastritis 慢性肥厚性胃炎
chronic obstructive pulmonary disease （COPD）慢性阻塞性肺疾病
chronic superficial gastritis 慢性浅表性胃炎
chronic ulcerative colitis （CUC） 慢性溃疡性结肠炎
ciliary body 睫状体
ciliary zonule 睫状小带
ciliated cell 纤毛细胞

cilium 纤毛
Clara cell 克拉拉细胞
cleavage 卵裂
cleft lip 唇裂
cleft palate 腭裂
cloaca 泄殖腔
cloacal membrane 泄殖腔膜
coagulative necrosis 凝固性坏死
collagen fiber 胶原纤维
collagen fibril 胶原纤维
compact bone 密质骨
compensation 代偿
computer assisted image analysis 图像分析检测仪
concentric hypertrophy 向心性肥大
cone cell 视锥细胞
congenital inguinal hernia 先天性腹股沟疝
congenital umbilical hernia 先天性脐疝
congestion 淤血
congestive liver cirrhosis 淤血性肝硬化
conjoined twins 联体双胎
connective tissue 结缔组织
continuous capillary 连续毛细血管
cor pulmonale 肺源性心脏病
cor villosum 绒毛心
cornea 角膜
corneal limbus 角膜缘
corona radiata 放射冠
corpus albicans 白体
corpus luteum 黄体
cortical labyrinth 皮质迷路
corticotroph 促肾上腺皮质激素细胞
covering epithelium 被覆上皮
crescent 新月体
crista ampullaris 壶腹嵴
cryptorchidism 隐睾
cumulus oophorus 卵丘
cystadenoma 囊腺瘤
cytochemistry 细胞化学术
cytotrophoblast 细胞滋养层
decidua 蜕膜
decidual cell 蜕膜细胞
degeneration 变性

D

denaturation 变性

dendrite 树突
dense connective tissue 致密结缔组织
dental pulp 牙髓
dentin 牙本质
dermis 真皮
desmosome 桥粒
detection system 检测系统
detergent 去垢剂
developmental biology 发育生物学
dextran sulphate 硫酸葡聚糖
diethylprocarbonate（DEPC） 二乙基焦碳酸酯
diaminobenzidine（DAB） 3.3－二氨基联苯胺
differentiation 分化
diffuse lymphoid tissue 弥散淋巴组织
diffuse neuroendocrine system 弥散神经内分泌系统
digoxigenin 地高辛精
disseminated intravascular coagulation（DIC） 弥散性血管内凝血
distal convoluted tubule 远曲小管
dizygotic twins 双卵孪生
DNA Polymerase DNA 聚合酶
duodenal gland 十二指肠腺
dust cell 尘细胞

E

eccrine sweat gland 汗腺
ectoderm 外胚层
ectopic kidney 异位肾
ectopic pregnancy 宫外孕
elastic artery 弹性动脉
elastic cartilage 弹性软骨
elastic fiber 弹性纤维
electron microscope 电子显微镜
electron microscopy 电子显微镜术
electron－density 电子密度
embolism 栓塞
embolus 栓子
embryo 胚
embryology 胚胎学
embryonic disc 胚盘
embryonic period 胚期
emigration 白细胞游出
enamel 釉质

encapsulation　包裹
end-labelling　末端标记
endocardial cushion　心内膜垫
endocarditis　心内膜炎
endocardium　心内膜
endochondral ossification　软骨内成骨
endoderm　内胚层
endometrium　子宫内膜
endothelial cell　内皮细胞
endothelium　内皮
entamoeba histolytica　溶组织内阿米巴
Eosin　伊红
eosinophillc granulocyte, eosinophil　嗜酸性粒细胞
ependymal cell　室管膜细胞
epiblast　上胚层
epidemic cerebrospinal meningitis　流行性脑脊髓膜炎
epidemic encephalitis B　流行性乙型脑炎
epiphyseal plate　骺板
epithelial tissue　上皮组织
epithelioid cell　上皮样细胞
erosion of cervix　子宫颈糜烂
erythrocyte, red blood cell　红细胞
extracellular matrix　细胞外基质
extraembryonic mesoderm　胚外中胚层
exudate　渗出液

F

exudation　渗出
fat-storing cell　贮脂细胞
fatty degeneration　脂肪变性
fenestrated capillary　有孔毛细血管
fertilization　受精
fertilized ovum　受精卵
fetal membrane　胎膜
fetus　胎儿
fibrinoid necrosis　纤维素样坏死
fibrinous inflammation　纤维素性炎
fibroadenoma　纤维腺瘤
fibroblast　成纤维细胞
fibrocyte　纤维细胞
fibrosa　纤维膜
fibrosarcoma　纤维肉瘤
fibrous cartilage　纤维软骨

filtration barrier　滤过屏障
filtration membrane　滤过膜
fistula　瘘管
fluorescent microscope　荧光显微镜技术
follicular cell　卵泡细胞
follicular dendritic cell　滤泡树突状细胞
follicular epithelial cell　滤泡上皮细胞
fracture healing　骨折愈合
freeze etching　冰冻蚀刻
freeze fracture　冷冻切断
freeze replica　冷冻复型
freezing sectioning　冰冻切片法
frontonasal process　额鼻突
fundic gland　胃底腺

G

ganglion cell　节细胞
gangrene　坏疽
gap junction　缝隙连接
gastric pit　胃小凹
gastritis　胃炎
germinal center　生发中心
gingiva　牙龈
glandular epithelium　腺上皮
glial filament　胶质丝
glial limiting membrane　胶质界膜
glomerulonephritis　肾小球肾炎
glomerulus　血管球
goblet cell　杯状细胞
goiter　甲状腺肿
gonadotroph　促性腺激素细胞
granular contracted kidney　颗粒性固缩肾
granular lutein cell　颗粒黄体细胞
granulation tissue　肉芽组织
granuloma　肉芽肿
ground substance　基质

H

haematin　氧化苏木素
hair matrix cell　毛母质细胞
Haversian system　哈弗斯系统
hematoxylin-eosin staining, H-E staining　HE染色
healing by first intention　一期愈合
healing by second intention　二期愈合

Hematoxylin 苏木素
hemopoietic progenitor 造血祖细胞
hemopoietic stem cell 造血干细胞
hemopoietic tissue 造血组织
hemorrhage 出血
hemorrhagic infarct 出血性梗死
hepatic cord 肝索
hepatic diverticulum 肝憩室
hepatic lobule 肝小叶
hepatic macrophage 肝巨噬细胞
hepatic sinusoid 肝血窦
hepatocyte 肝细胞
hermaphroditism 两性畸形
hernopoietic inductive microenvironment 造血诱导微环境
Herring body 赫令体
high endothelial venule 高内皮微静脉
hilus cell 门细胞
histochemistry 组织化学
Histochemistry 组织化学术
histology 组织学
Hodgkin lymphoma 霍奇金淋巴瘤
horseradish peroxidase（HPR） 辣根过氧化物酶
horseshoe kidney 马蹄肾
host cell 宿主细胞
hyaline cartilage 透明软骨
hyaline degeneration 玻璃样变（透明变性）
hyaline membrane disease 透明膜病
hybridsation 杂交
hydatidiform mole 葡萄胎
hydrocephalus 脑积水
hydropic degeneration 水变性
hydrops 积水
hydroxyapatite crystal 羟基磷灰石结晶
hyperemia 充血
hypertensive disease 高血压病
hypertrophy 肥大
hypoblast 下胚层
hypophyseal portal system 垂体门脉系统

I

image analysis 图像分析术
Immune complex 免疫复合物
immunohistochemistry 免疫组织化学
immunohistochemistry 免疫组织化学术
implantation 植入
in situ hybridization 原位杂交术
in situ hybridization histochemistry（IHSS） 原位杂交组织化学
in vitro fertilization 体外受精
indirect in situ PCR 间接法原位PCR
infarct 梗死
infectious granuloma 感染性肉芽肿
inflammation 炎症
inflammatory polyp 炎性息肉
inflammatory pseudotumor 炎性假瘤
injury 损伤
inner cell mass 内细胞群
in situ polymearase chain reaction（ISPCR） 原位PCR
intercalated disk 闰盘
intercalated duct 闰管
interdigitating cell 交错突细胞
intermediate junction 中间连接
intermediate mesoderm 间介中胚层
internal elastic membrane 内弹性膜
internode 结间体
interstitial cell 间质细胞
interstitial emphysema 间质性肺气肿
interstitial gland 间质腺
interstitial lamella 间骨板
interstitial pneumonia 间质性肺炎
intestinal metaplasia 肠上皮化生
intestinal villus 肠绒毛
intracellular secretory canaliculus 细胞内分泌小管
intraepithelial neoplasia 上皮内瘤变
intraglomerular mesangial cell 球内系膜细胞
intramembranous ossification 膜内成骨
invasive ductal carcinoma 浸润性导管癌
invasive lobular carcinoma 浸润性小叶癌
invasive mole 侵蚀性葡萄胎
in vitro fertilization and embryo transplantation（IVF-ET） 体外受精-胚胎移植
iris 虹膜

J

junctional complex 连接复合体
juxtaglomerular apparatus 肾小球旁器

juxtaglomerular cell 球旁细胞
juxtaglomerular complex 球旁复合体

K

karyolysis 核溶解
karyorrhexis 核碎裂
kashan disease 克山病
keratin pearl 角化珠
keratinocyte 角质形成细胞
keratohyalin granule 透明角质颗粒
Kupffer cell 库普弗细胞

L

lamellar corpuscle 环层小体
Langerhans cell 郎格汉斯细胞
Langhans giant cell 朗格汉斯巨细胞
large intestinal gland 大肠腺
laryngotracheal diverticulum 喉气管憩室
laryngotracheal groove 喉气管沟
laser microdissection technique 激光显微切割技术
lateral mesoderm 侧中胚层
lateral nasal process 外侧鼻突
lateral palatine process 外侧腭突
leiomyoma 平滑肌瘤
leiomyosarcoma 平滑肌肉瘤
lens 晶状体
lens vesicle 晶状体泡
leukemia 白血病
leukemia 类白血病反应
leukocyte，white blood cell 白细胞
ligase 连接酶
light microscope（LM） 光学显微镜
limb bud 肢芽
lingual papillae 舌乳头
lipoid nephrosis 脂性肾病
lipoma 脂肪瘤
liposarcoma 脂肪肉瘤
liquefactive necrosis 液化性坏死
liver hydatid granuloma 肝棘球蚴肉芽肿
liver cirrhosis 肝硬化
lobular pneumonia 大叶性肺炎
lobular pneumonia 小叶性肺炎
loose connective tissue 疏松结缔组织
lung bud 肺芽

lymphocyte 淋巴细胞
lymphocyte recirculation 淋巴细胞再循环
lymphoid nodule 淋巴小结
lymphoid tissue 淋巴组织
lymphoma 淋巴瘤

M

macrophage 巨噬细胞
macula acoustica 位觉斑
macula densa 致密斑
macula lutea 黄斑
macula sacculi 球囊斑
macula utriculi 椭圆囊斑
malignant melanoma 恶性黑色素瘤
malignant tumor 恶性肿瘤
mammotroph 催乳激素细胞
mandibular process 下颌突
mass 肿块
mast cell 肥大细胞
mature follicle 成熟卵泡
maxillary process 上颌突
mdullary loop 髓袢
Meckel's diverticulum 麦克尔憩室
median nasal process 内侧鼻突
median palatine process 正中腭突
medullary cord 髓索
medullary ray 髓放线
medullary sinus 髓窦
megakaryocyte 巨核细胞
meiosis 减数分裂
melanocyte 黑素细胞
membranous disc 膜盘
menstrual cycle 月经周期
Merkel cell 梅克尔细胞
mesenchyma，stroma 间质
mesenchyme 间充质
mesoderm 中胚层
mesonephros 中肾
mesothelium 间皮
metanephrogenic tissue 生后肾组织
metanephros 后肾
metaplasia 化生
metastasis 转移
metastatic calcification 转移性钙化

microfibril 微原纤维
microfold cell 微皱褶细胞（M 细胞）
microglia 小胶质细胞
microvillus 微绒毛
midgut loop 中肠袢
mitral insufficiency 二尖瓣关闭不全
mitral stenosis 二尖瓣狭窄
monocyte 单核细胞
mononuclear phagocyte system 单核吞噬细胞系统
monozygotic twins 单卵孪生
morphometry 形态计量术
morula 桑椹胚
motor end plate 运动终板
motor nerve ending 运动神经末梢
mucoid degeneration 黏液样变
mucous cell 黏液性细胞
mucous gland 黏液性腺
mucous neck cell 颈黏液细胞
mucous-HCO_3^- barrier 黏液-碳酸氢盐屏障
multiplets 多胎
mural thrombus 附壁血栓
muscle fiber 肌纤维
muscle satellite cell 肌卫星细胞
muscle spindle 肌梭
muscular artery 肌性动脉
muscular tissue 肌组织
myelin sheath 髓鞘
myeloschisis 脊髓裂
myocardial infarct 心肌梗死
myocarditis 心肌炎
myoepithelial cell 肌上皮细胞
myofibril 肌原纤维
myofilament 肌丝
myocardial multiple abscess 心肌多发性脓肿
myoid cell 肌样细胞

N

nasal pit 鼻窝
nasal placode 鼻板
natural killer cell (NK cell) 自然杀伤细胞
necrosis 坏死
neoplasia 肿瘤形成
nephron 肾单位
nervous tissue 神经组织

neural crest 神经嵴
neural fold 神经褶
neural groove 神经沟
neural plate 神经板
neural stern cell 神经干细胞
neural tube 神经管
neurilemoma 神经鞘瘤
neurofibril 神经原纤维
neurofibroma 神经纤维瘤
neurofilament 神经丝
neuroglial cell 神经胶质细胞
neurohypophysis 神经垂体
neuron 神经
neuronophagia 噬神经细胞现象
neutrophilic granulocyte, neutrophil 中性粒细胞
nick translation 切口平移
Nissl's body 尼氏体
Nitro-blue-tetrazolium (NBT) 四氮唑蓝
NK cell, natural killer cell NK 细胞
nodular goiter 结节性甲状腺肿
non-Hodgkin's lymphoma (NHL) 非霍奇金淋巴瘤
nonradioactive labels 非放射性标记物
notochord 脊索
nutmeg liver 槟榔肝

O

oblique facial cleft 面斜裂
odontoblast 成牙本质细胞
olfactory cell 嗅细胞
oligodendrocyte 少突胶质细胞
oligonucleotide 寡核苷酸
oocyte 卵母细胞
oogonium 卵原细胞
organization 机化
oropharyngeal membrane 口咽膜
osseous tissue 骨组织
osteoblast 成骨细胞
osteoclast 破骨细胞
osteocyte 骨细胞
osteoid 类骨质
osteon 骨单位
osteoprogenitor cell 骨祖细胞
ovarian follicle 卵泡

ovulation 排卵
ovum 卵细胞
oxyntic cell 泌酸细胞
oxyntic gland 泌酸腺

P

pacemaker cell 起搏细胞
pancreatic acinar cell 胰腺泡细胞
pancreatic islet 胰岛
Paneth cell 潘氏细胞
papilla of optic nerve 视神经乳头
papillary duct 乳头管
papillary layer 乳头层
paracortical zone 副皮质区
paracrine 旁分泌
paraffin sectioning 石蜡切片
parafollicular cell 滤泡旁细胞
paraformaldehyde 多聚甲醛
paraxial mesoderm 轴旁中胚层
parietal cell,oxyntic cell 壁细胞
pars distalis 远侧部
periodic acid schiff reaction,PAS reaction PAS反应
patent ductus arteriosus 动脉导管未闭
patent oval foramen 卵圆孔未闭
pathologic calcification 病理性钙化
pathologic pigmentation 病理性色素沉着
pathological fracture 病理性骨折
pathology 病理学
penicillar arteriole 笔毛微动脉
periarterial lymphatic sheath 动脉周围淋巴鞘
pericarditis 心外膜炎
pericyte 周细胞
periosteum 骨外膜
perisinusoidal space 窦周隙
phage 噬菌体
phagocytosis 吞噬作用
phagosome 吞噬体
phalangeal cell 指细胞
pharyngeal pouch 咽囊
phase contrast microscope 相差显微镜
photolithographic mask 光刻掩膜
piecemeal necrosis 碎片状坏死
pigment cell 色素细胞

pigment epithelial cell 色素上皮细胞
pillar cell 柱细胞
pinealocyte 松果体细胞
pituicyte 垂体细胞
placenta 胎盘
placenta previa 前置胎盘
placental barrier 胎盘屏障
plasma cell 浆细胞
plasma membrane infolding 质膜内褶
plasmid 质粒
platelet 血小板
plica 皱襞
pneumoconiosis 尘肺
pneumonia 肺炎
podocyte 足细胞
polar body 极体
polycystic kidney 多囊肾
Poly-L-lysine(PLL) 多聚赖氨酸
polymerase chain reaction(PCR) 聚合酶链反应
portal area 门管区
portal cirrhosis 门脉性肝硬化
portal triad 门三联管
postcapillary venule 毛细血管后微静脉
posterior neuropore 后神经孔
post hybridisation treatment 杂交后处理
postnecrotic cirrhosis 坏死后性肝硬化
precancerous lesion 癌前病变
prehybridizaiton 预杂交
primary complex 原发综合征
primer 引物
primitive cardiovascular system 原始心血管系统
primitive groove 原沟
primitive gut 原始消化管
primitive node 原结
primitive pit 原凹
primitive streak 原条
proliferation 增生
pronephros 前肾
protein-secretory cell 蛋白质分泌细胞
proximal convoluted tubule 近曲小管
pseudostratified ciliated columnar epithelium 假复层纤毛柱状上皮
pulmonary alveolus 肺泡
pulmonary emphysema 肺气肿

pulmonary lobule 肺小叶
pulmonary macrophage 肺巨噬细胞
pulmonary tuberculosis 肺结核
Purkinje fiber 蒲肯野纤维
pus 脓液
pyelonephritis 肾盂肾炎
pyemia 脓毒败血症
pyknosis 核固缩
pyloric gland 幽门腺

R

radioactive isotopes 放射性同位素
random primer 随机引物
Ranvier node 郎飞结
Rathke pouch 拉特克囊
recanalization 再通
red pulp 红髓
Reed-Sternberg cells，RS cells 施-瑞细胞
regeneration 再生
renal capsule 肾小囊
renal cell carcinoma 肾细胞癌
renal corpuscle 肾小体
renal tubule 肾小管
renaturation 复性
repair 修复
respiratory bronchiole 呼吸性细支气管
restriction endonuclease 限制性内切酶
reticular cell 网状细胞
reticular fiber 网状纤维
reticular lamina 网板
reticular tissue 网状组织
reticulocyte 网织红细胞
retina 视网膜
reverse transcription（RT） 反转录
rheumatism 风湿病
rod cell 视杆细胞
ruffled border 皱褶缘

S

sarcoma 肉瘤
sarcomere 肌节
sarcoplasmic reticulum 肌浆网
satellitosis 卫星现象
scanning electron microscope（SEM） 扫描电镜

scanning probe microscope（SPM） 扫描探针显微镜
scanning tunneling microscopy（STM） 扫描隧道显微镜
scar 瘢痕
scleral venous sinus 巩膜静脉窦
sebaceous gland 皮脂腺
seminiferous tubule 生精小管
sensory nerve ending 感觉神经末梢
septicemia 败血症
serosa 浆膜
serous cell 浆液性细胞
serous gland 浆液性腺
signet-ring cell carcinoma 印戒细胞癌
silicosis 矽肺
sinus 窦道
skeletal muscle fiber 骨骼肌纤维
slit membrane 裂孔膜
small intestinal gland 小肠腺
smooth muscle fiber 平滑肌纤维
somatotroph 生长激素细胞
somite 体节
spermatid 精子细胞
spermatogenic cell 生精细胞
spermatogonium 精原细胞
spermatozoon 精子
spertogenic epithelium 生精上皮
spina bifida 脊柱裂
spinous cell 棘细胞
spiral artery 螺旋动脉
spiral organ，organ of Corti 螺旋器
splenic cord 脾索
splenic sinusoid 脾血窦
spongy bone 松质骨
spotty necrosis 点状坏死
squamous cell carcinoma 鳞状细胞癌
stable integration 稳定整合
stem cell 干细胞
stereology 体视学
stomodeum 口凹
stratum corneum 角质层
stratum spinosum 棘层
striated border 纹状缘
striated muscle 横纹肌

surface mucous cell 表面黏液细胞
susceptible period 致畸敏感期
sustentacular cell 支持细胞（睾丸）
synapse 突触
syncytiotrophoblast 合体滋养层

T

tactile corpuscle 触觉小体
tansitional epithelium 变移上皮
taste bud 味蕾
tectorial membrane 盖膜
template 模板
tendon cell 腱细胞
teratogen 致畸因子
teratology 畸形学
teratoma 畸胎瘤
teratoma 畸胎瘤
terminal bronchiole 终末细支气管
terminal cisterna 终池
test tube baby 试管婴儿
testicular interstitial cell 睾丸间质细胞
testis cord 睾丸索
testis-determining factor 睾丸决定因子
tetralogy of Fallot 法洛四联症
theca cell 膜细胞
theca lutein cell 膜黄体细胞
thrombosis 血栓形成
thrombus 血栓
thymic corpuscle 胸腺小体
thymocyte 胸腺细胞
thymus dependent lymphocyte，T cell 胸腺依赖淋巴细胞
thymus dependent region 胸腺依赖区
thyroglossal cyst 甲状舌管囊肿
thyroid follicle 甲状腺滤泡
thyrotroph 促甲状腺激素细胞
tight junction 紧密连接
tissue 组织
tonofilament 张力丝
toxemia 毒血症
tracheoesophageal fistula 气管食管瘘
transitional cell 移行细胞
transmission electron microscope，TEM 透射电镜
transudate 漏出液

transverse tubule 横小管
triad 三联体
triethanolamine 三乙醇胺
trophoblast 滋养层
tubercle 结核结节
tuberculoma 结核瘤
tuberculosis 结核病
tubulovesicular system 微管泡系统
tumor，neoplasm 肿瘤
twins 孪生
tympanic membrane 鼓膜
type Ⅱ alveolar cell Ⅱ型肺泡细胞
typhoid fever 伤寒
typhoid granuloma 伤寒肉芽肿
typhoid nodule 伤寒小结

U

ulcer 溃疡
ulcerative colitis 溃疡性结肠炎
ultrastructure 超微结构
ultrathin section 超薄切片
Ultraviolet laser 紫外线激光
umbilical fistula 脐粪瘘
umbilicus 脐带
undifferentiated mesenchymal cell 未分化的间充质细胞
urchal fistula 脐尿瘘
ureteric bud 输尿管芽
urogenital ridge 尿生殖嵴
urorectal septum 尿直肠隔
uterine gland 子宫腺

V

vegetation 赘生物
veiled cell 面纱细胞
ventricular septal defect 室间隔缺损
villous chorion 丛密绒毛膜

W

Weibel-Palade body W-P小体
white pulp 白髓
wound healing 创伤愈合

Y

yolk sac 卵黄囊

yolk stalk 卵黄蒂

Z

zona fasciculata 束状带
zona glomerulosa 球状带
zona pellucida 透明带
zona reaction 透明带反应
zona reticularis 网状带
zymogenic cell 胃酶细胞

彩 色 图 谱

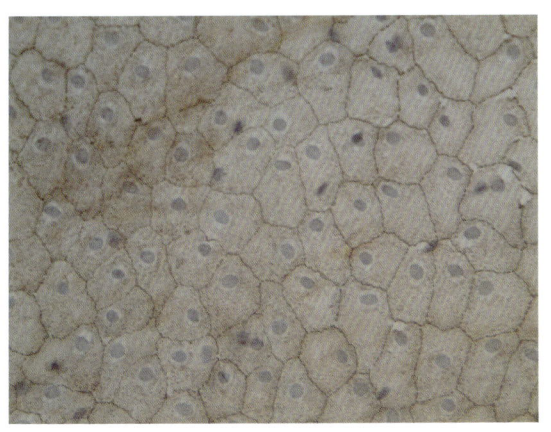

图 3-1　单层扁平上皮表面观（间皮）

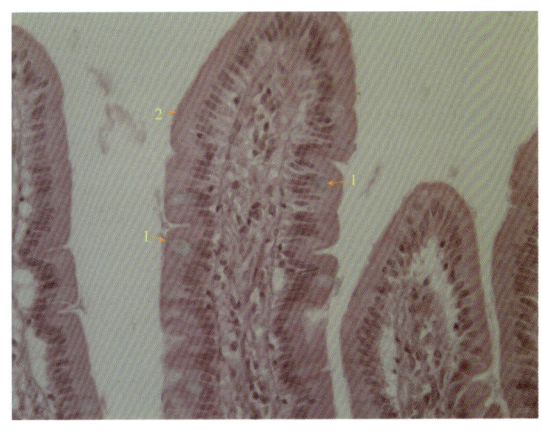

图 3-2　单层柱状上皮（小肠）
1. 杯状细胞　2. 纹状缘

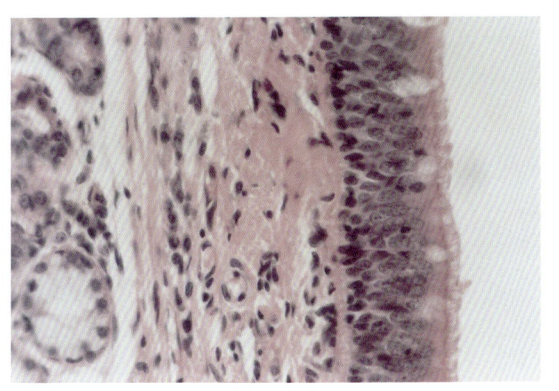

图 3-3　假复层纤毛柱状上皮（气管）

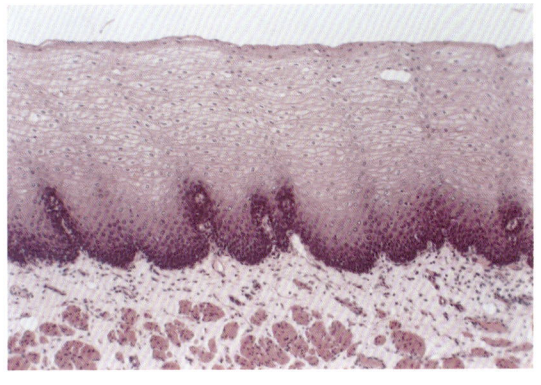

图 3-4　复层扁平上皮（食管）

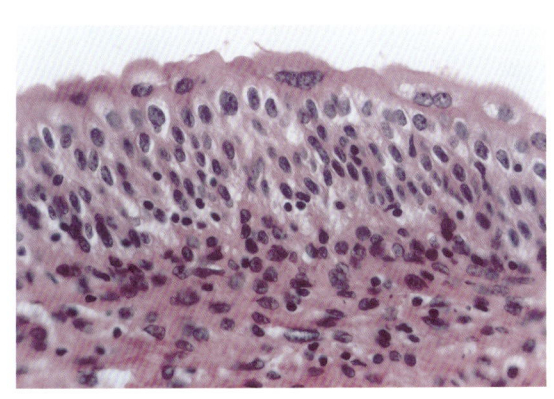

图 3-5　变移上皮（膀胱）

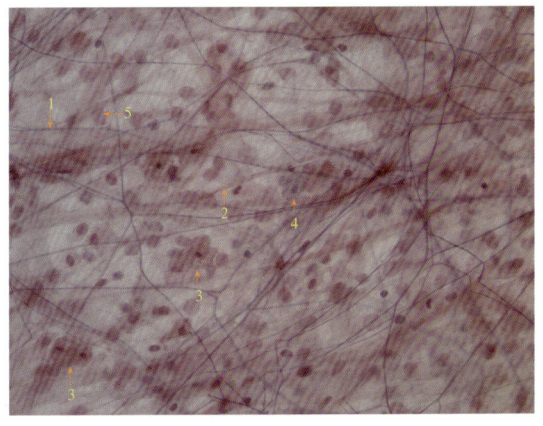

图 3-6　疏松结缔组织铺片（肠系膜）
1. 弹性纤维　2. 胶原纤维　3. 肥大细胞
4. 巨噬细胞　5. 成纤维细胞核

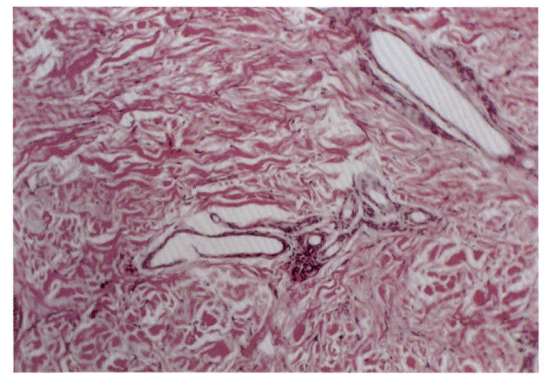

图 3-7　不规则致密结缔组织（皮肤真皮）

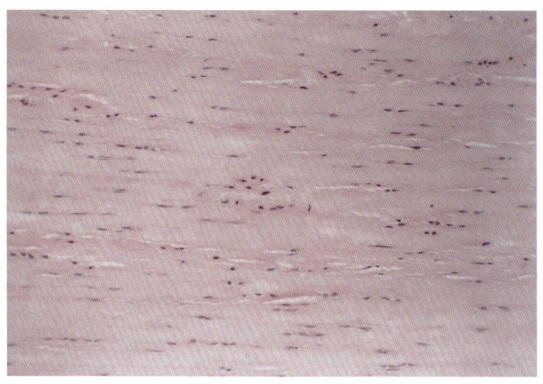

图 3-8　肌腱

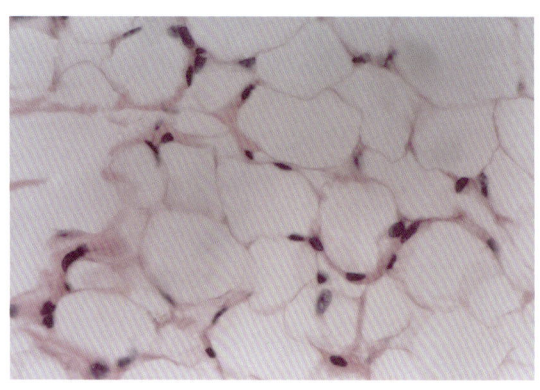

图 3-9　脂肪组织

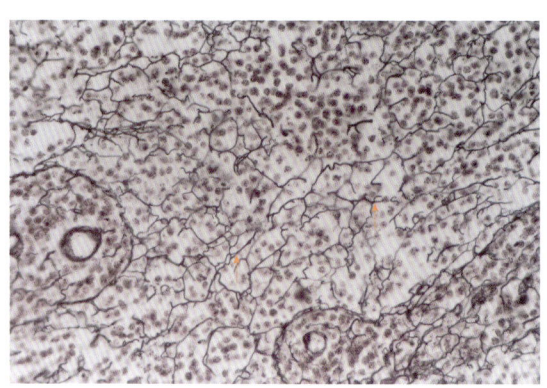

图 3-10　网状组织

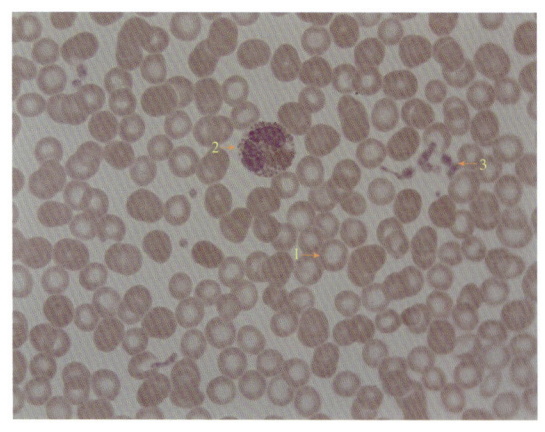

图 3-11　血细胞
1．红细胞　2．嗜酸性粒细胞　3．血小板

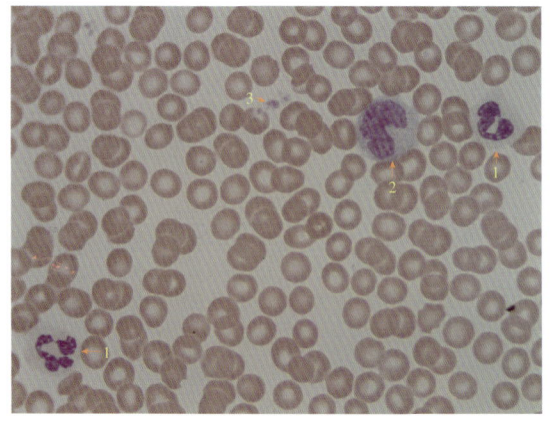

图 3-12　血细胞
1．中性粒细胞　2．单核细胞　3．血小板

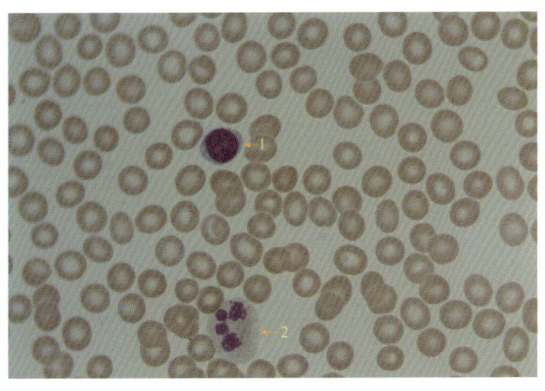

图 3-13 血细胞
1. 淋巴细胞　2. 中性粒细胞

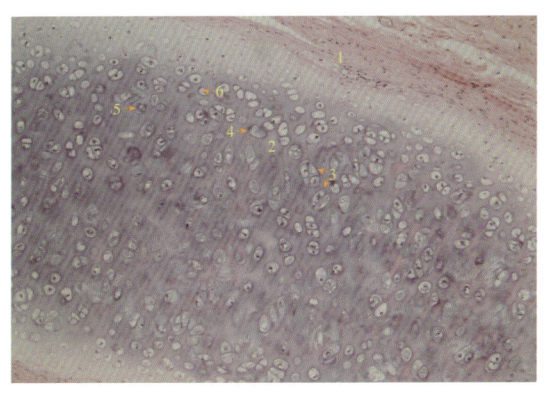

图 3-14 透明软骨
1. 软骨膜　2. 软骨基质　3. 同源细胞群　4. 软骨囊
5. 软骨细胞　6. 软骨陷窝

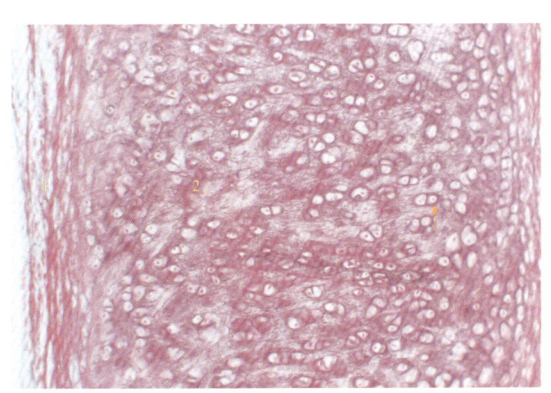

图 3-15 弹性软骨
1. 软骨膜　2. 弹性纤维
↑软骨囊和软骨细胞

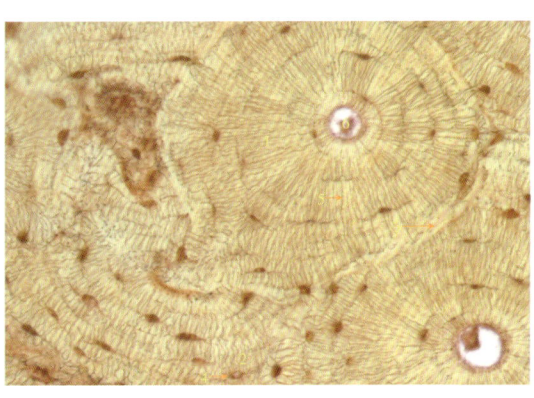

图 3-16 骨
1. 骨单位　2. 间骨板　3. 黏合线　4. 骨陷窝和骨细胞
5. 骨小管　6. 中央管

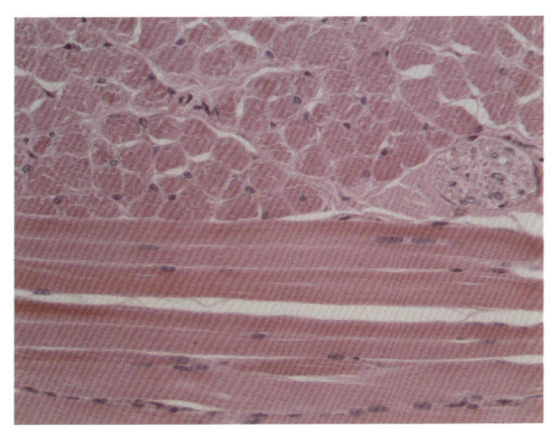

图 3-17 骨骼肌纤维

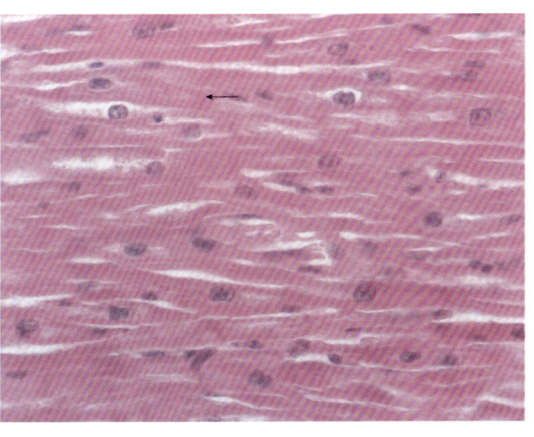

图 3-18 心肌纤维（纵切面）
↑闰盘

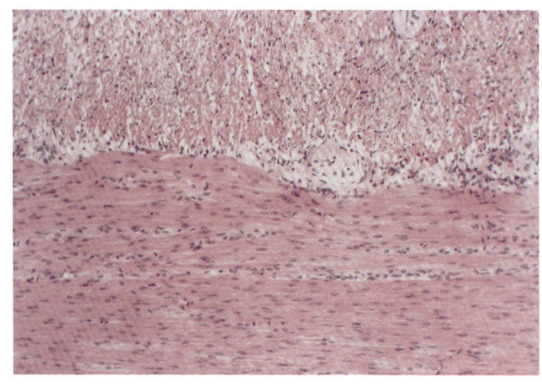

图 3-19 平滑肌（纵、横切面）

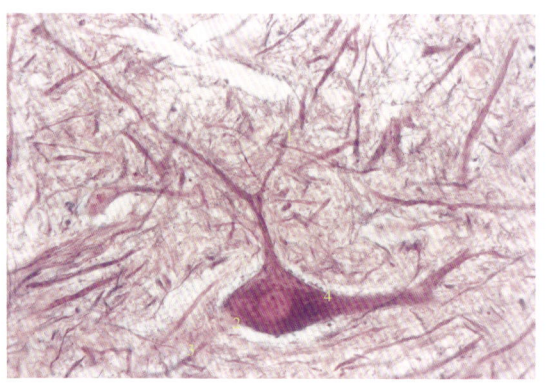

图 3-20 脊髓运动神经元
1. 树突 2. 轴丘 3. 轴突 4. 尼氏体

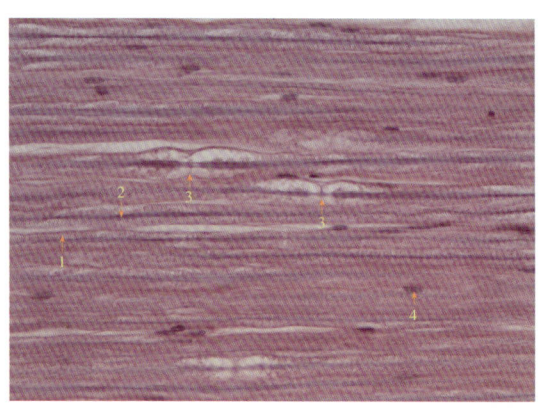

图 3-21 坐骨神经纵切面
1. 髓鞘 2. 轴突 3. 郎飞节 4. 施万细胞核

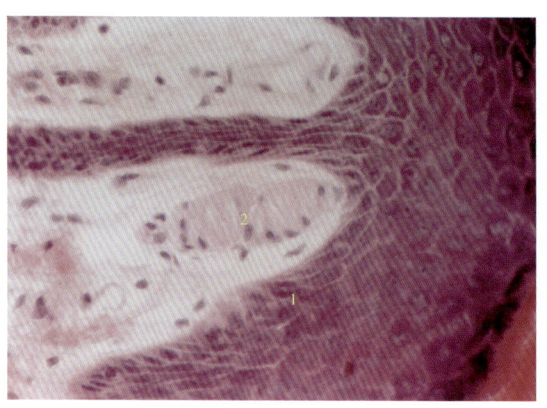

图 3-22 触觉小体
1. 表皮 2. 触觉小体

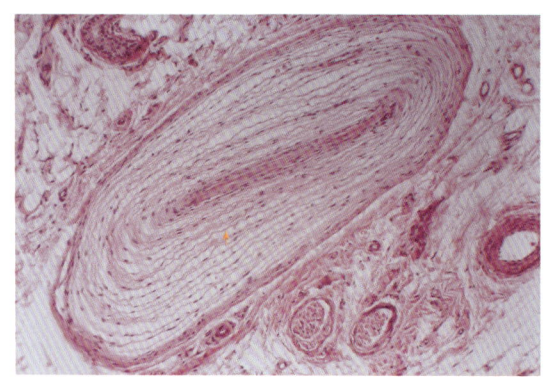

图 3-23 环层小体
↑环层小体

图 3-24 运动终版（特殊染色）
1. 骨骼肌 2. 神经纤维

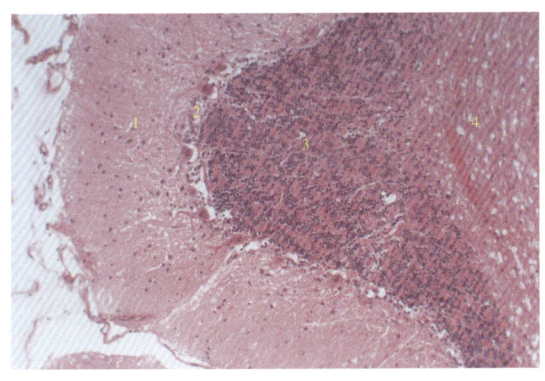

图 3-25 小脑
1．分子层 2．浦肯野细胞层 3．颗粒层 4．髓质

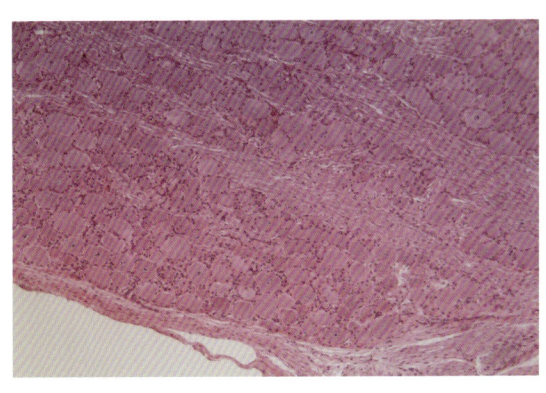

图 3-26 脊神经节（低倍）

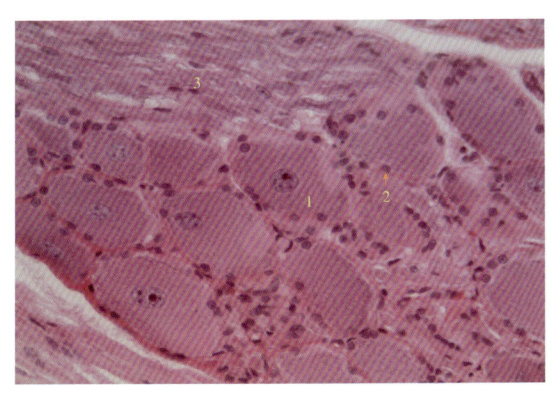

图 3-27 脊神经节（高倍）
1．节细胞 2．卫星细胞 3．有髓神经纤维

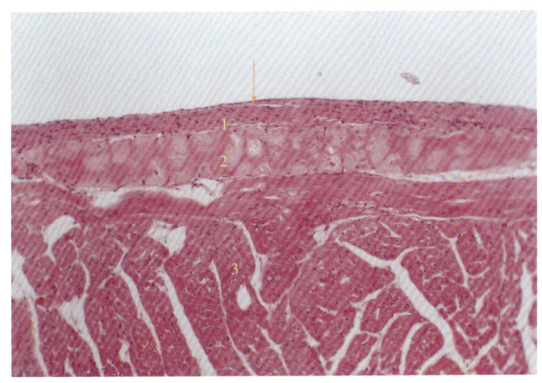

图 3-28 心内膜与心肌膜
1．内皮下层 2．浦肯野纤维 3．心肌膜 ↑内皮

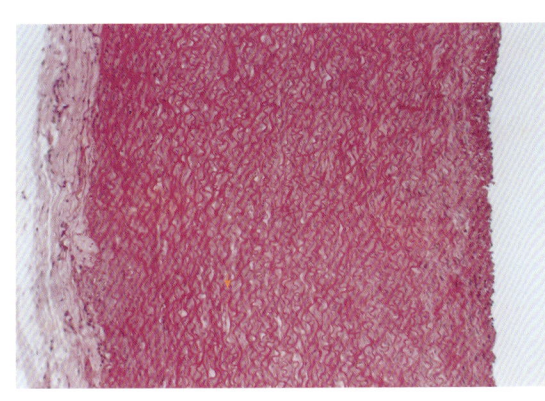

图 3-29 大动脉
↓弹性膜

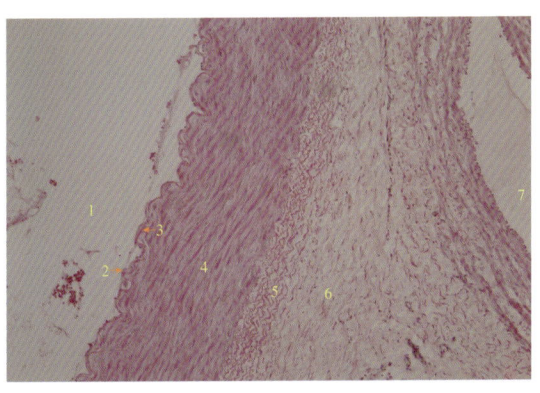

图 3-30 中动脉与中静脉
1．中动脉 2．内皮 3．内弹性膜 4．中膜
5．外弹性膜 6．外膜 7．中静脉

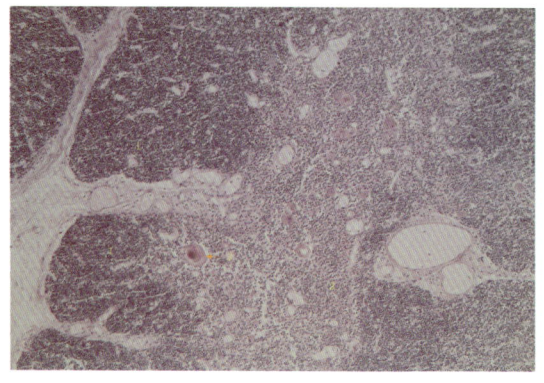

图 3-31 胸腺
1. 皮质 2. 髓质 3. 胸腺小体

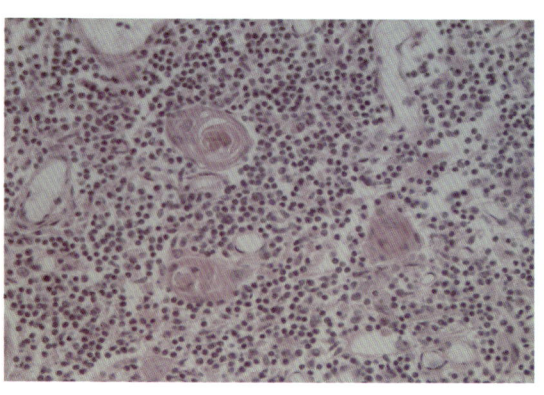

图 3-32 胸腺髓质

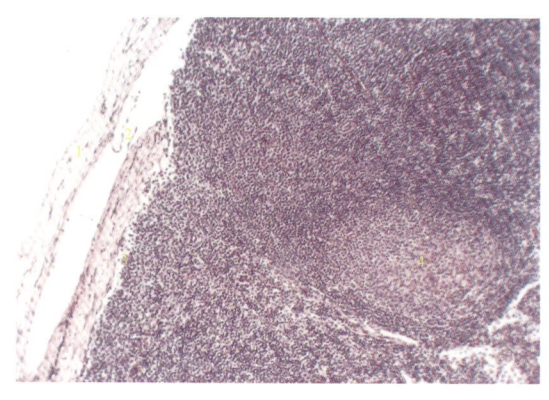

图 3-33 淋巴结
1. 被膜 2. 输入淋巴管和瓣膜
3. 被膜下窦 4. 淋巴小结

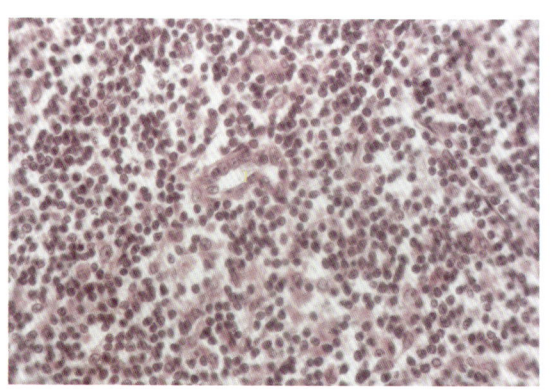

图 3-34 淋巴结副皮质区
1. 高内皮微静脉

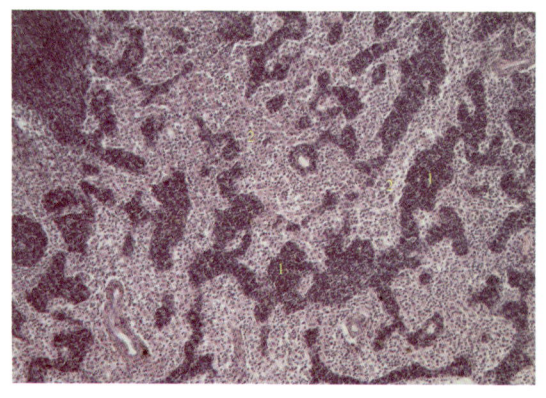

图 3-35 淋巴结髓质
1. 髓索 2. 髓窦

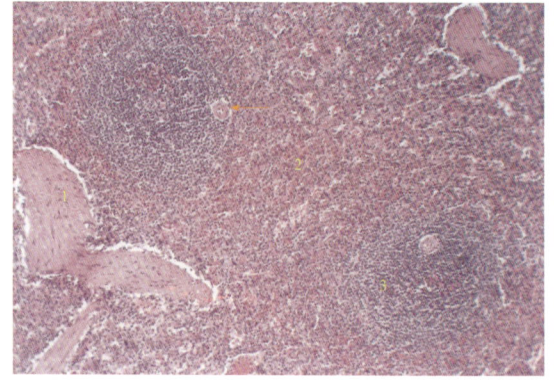

图 3-36 脾
1. 小梁 2. 红髓 3. 白髓 ↑中央静脉

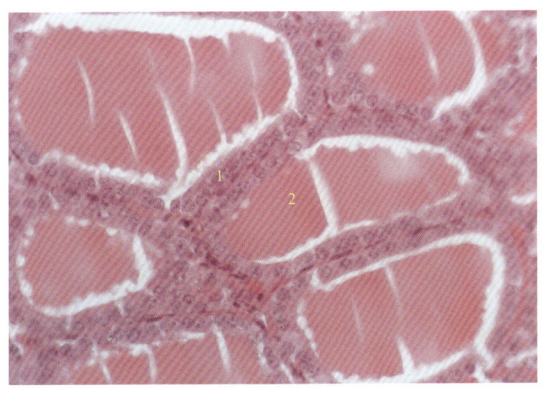

图 3-37 甲状腺
1．甲状腺滤泡上皮细胞　2．胶质

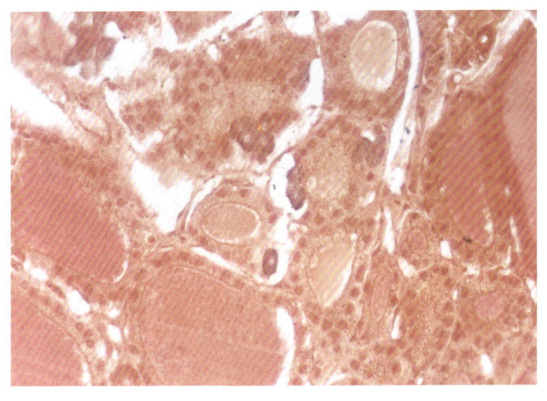

图 3-38 甲状腺滤泡旁细胞（↑）

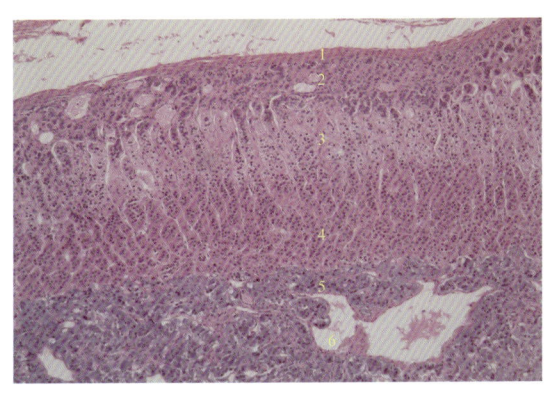

图 3-39 肾上腺
1．被膜　2．球状带　3．束状带　4．网状带　5．髓质
6．中央静脉

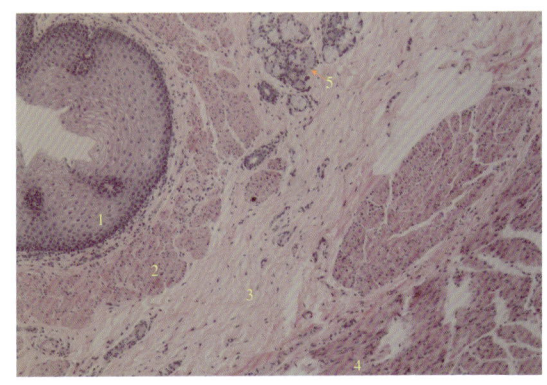

图 3-40 食管
1．复层扁平上皮　2．黏膜肌层　3．黏膜下层　4．肌层
5．食管腺

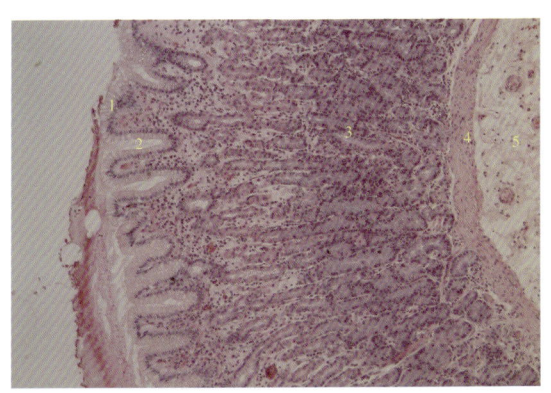

图 3-41 胃底部黏膜
1．黏液细胞　2．胃小凹　3．胃底腺　4．黏膜肌
5．黏膜下层

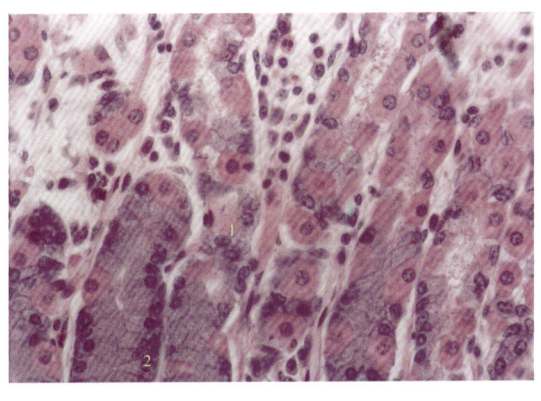

图 3-42 胃底腺
1．壁细胞　2．主细胞

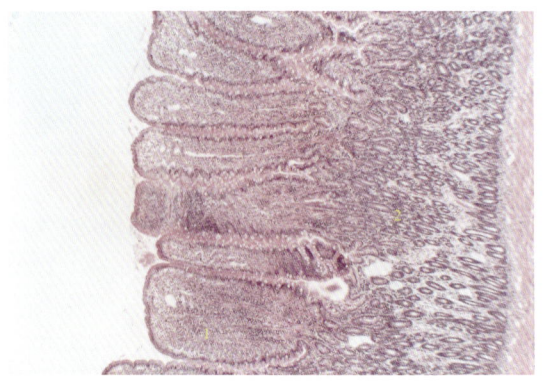

图 3-43 十二指肠黏膜
1．肠绒毛　2．十二指肠腺

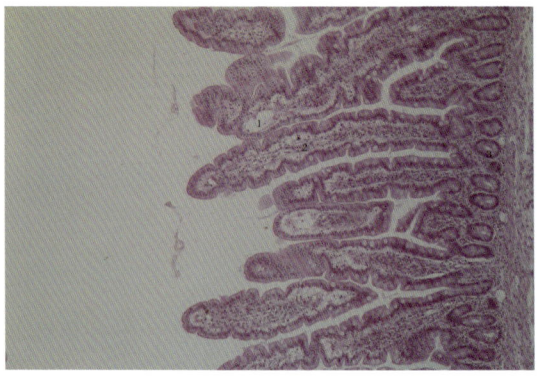

图 3-44 空肠黏膜

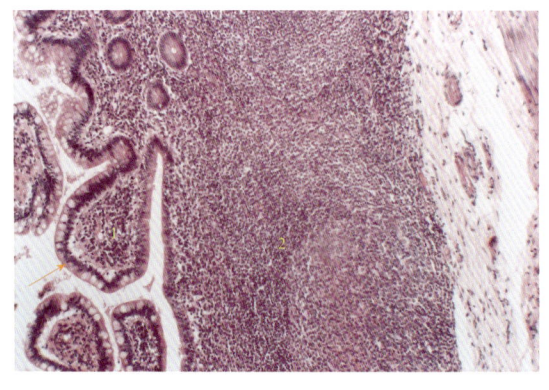

图 3-45 回肠黏膜
1．肠绒毛　2．集合淋巴小结　↑上皮

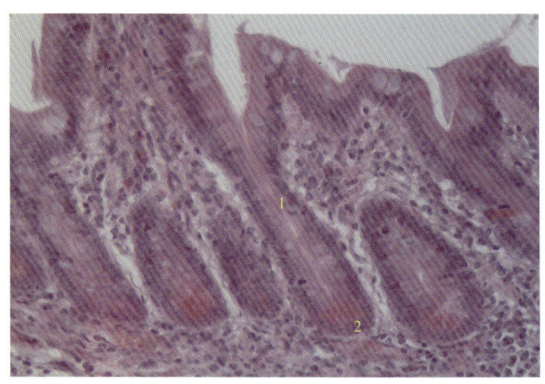

图 3-46 小肠腺
1．小肠腺　2．潘氏细胞

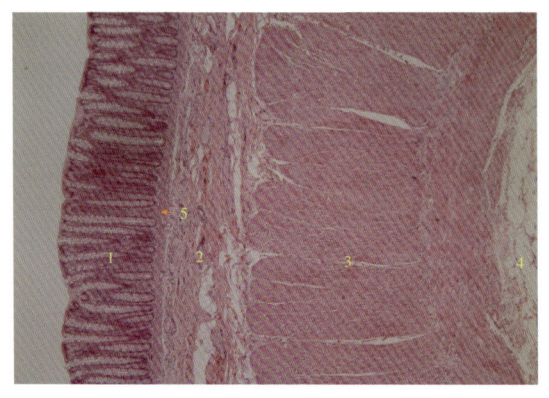

图 3-47 结肠
1．黏膜　2．黏膜下层　3．肌层　4．外膜　5．黏膜肌

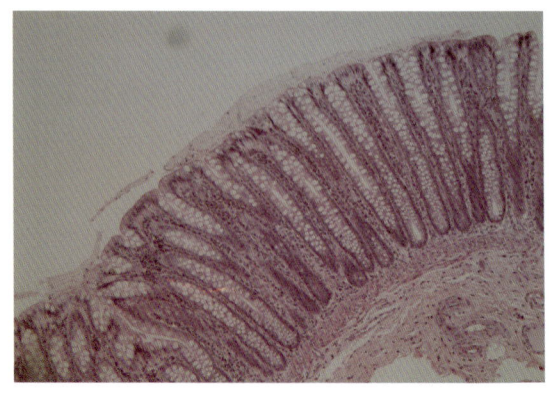

图 3-48 结肠黏膜

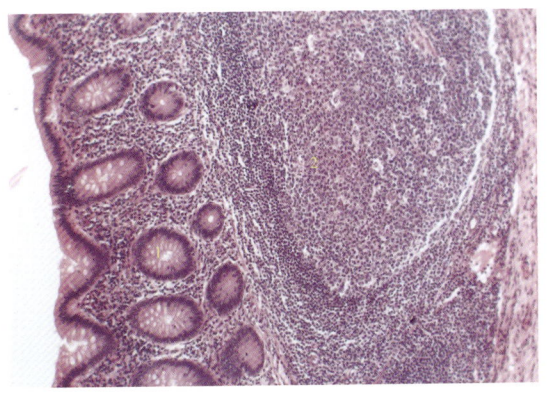

图 3-49 阑尾黏膜
1. 肠腺 2. 淋巴小结

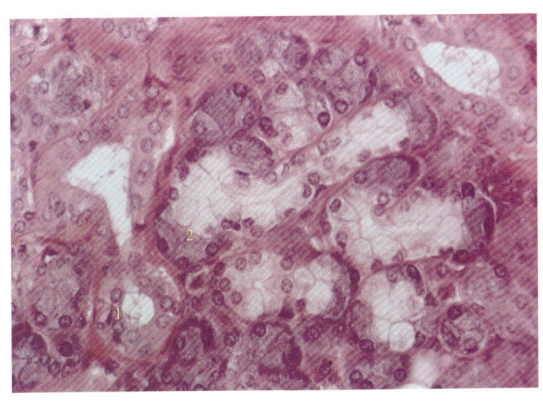

图 3-50 下颌下腺
1. 纹状管 2. 浆半月

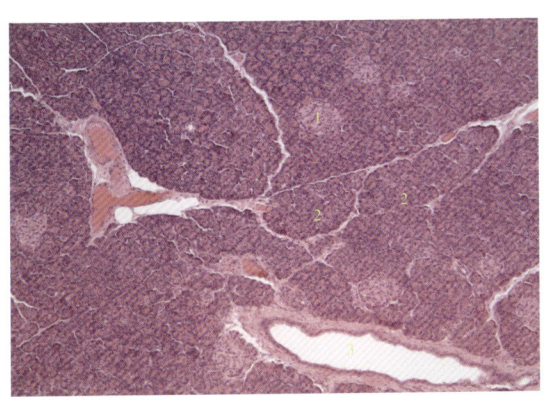

图 3-51 胰腺
1. 胰岛 2. 外分泌部 3. 小叶间导管

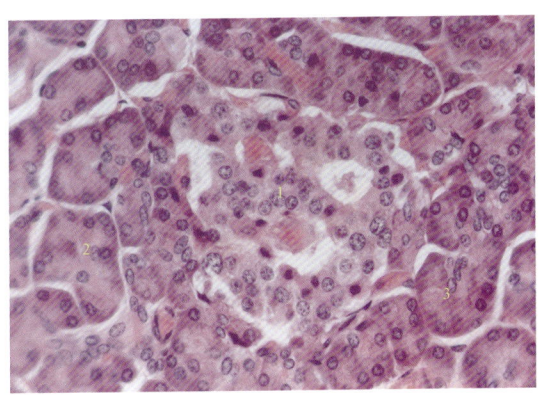

图 3-52 胰腺
1. 胰岛 2. 外分泌部 3. 泡心细胞

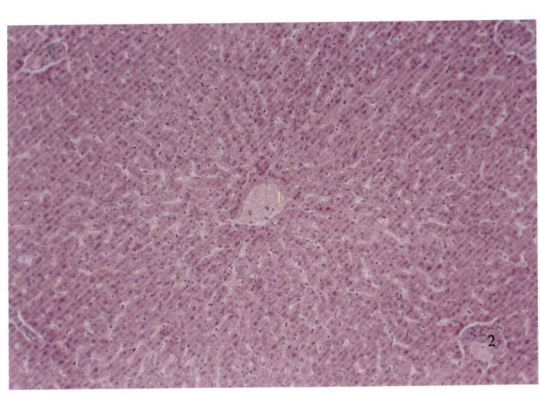

图 3-53 肝小叶
1. 中央静脉 2. 门管区

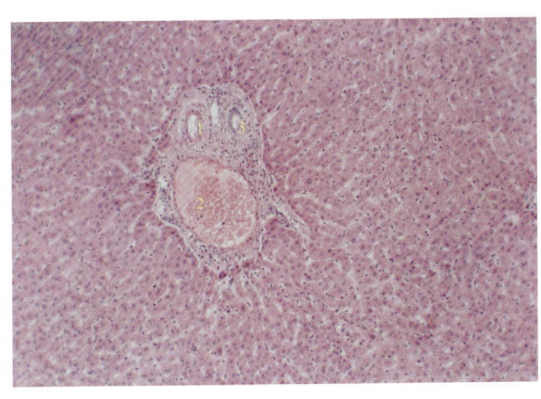

图 3-54 肝门管区
1. 小叶间动脉 2. 小叶间静脉 3. 小叶间胆管

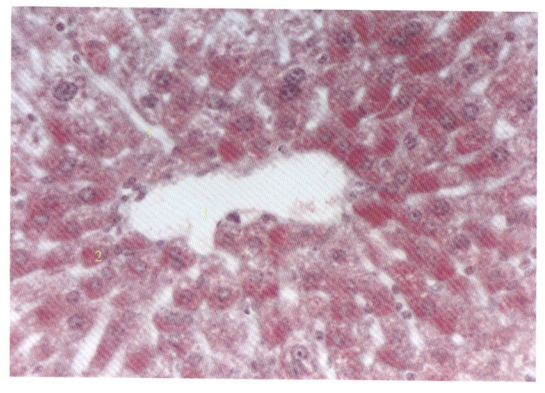

图 3-55 肝细胞
1．中央静脉　2．肝细胞　3．肝血窦

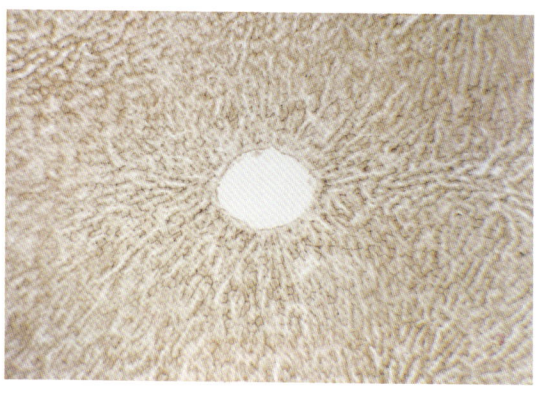

图 3-56 胆小管（镀银染色）

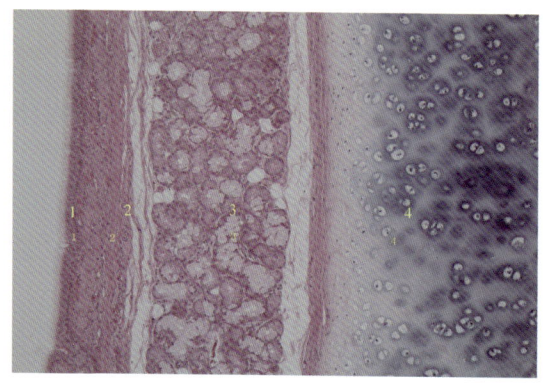

图 3-57 气管
1．假复层纤毛柱状上皮　2．固有层
3．气管腺　4．透明软骨

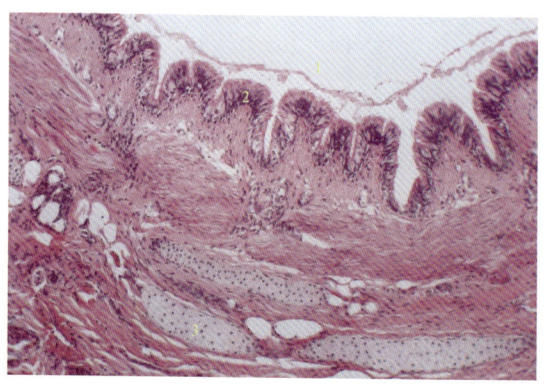

图 3-58 肺内小支气管
1．支气管腔　2．假复层纤毛柱状上皮
3．软骨片

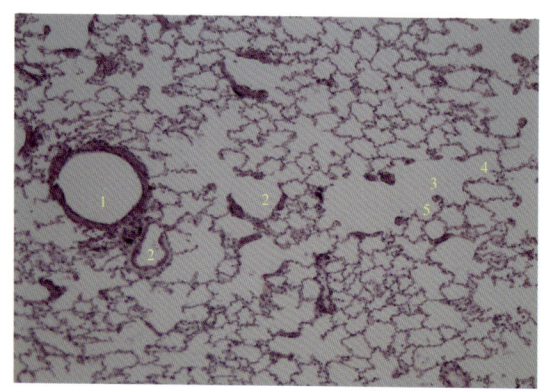

图 3-59 肺
1．终末细支气管　2．呼吸性细支气管　3．肺泡管
4．肺泡囊　5．肺泡

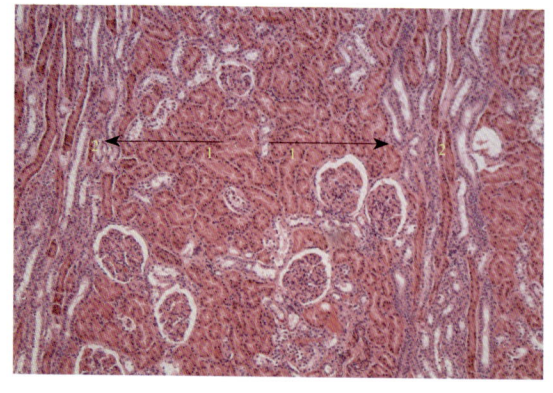

图 3-60 肾脏皮质
1．皮质迷路　2．髓放线

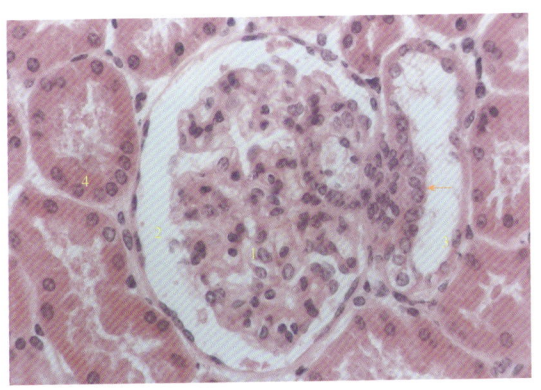

图 3-61 肾皮质迷路
1. 毛细血管球 2. 肾小囊腔 3. 远曲小管
4. 近曲小管   ↑致密斑

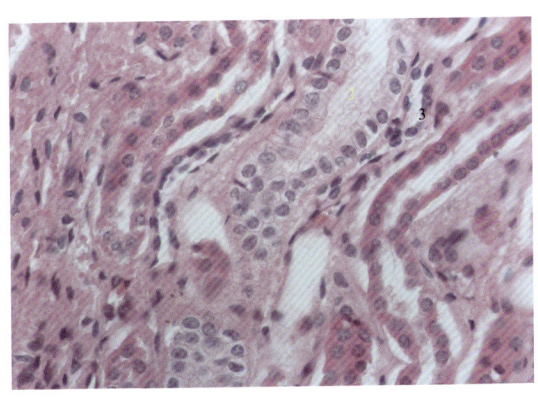

图 3-62 肾髓质
1. 近直小管 2. 直集合管 3. 细段

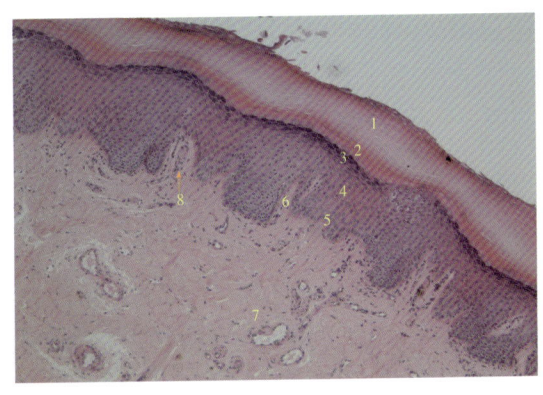

图 3-63 皮肤
1. 角质层 2. 透明层 3. 颗粒层 4. 棘层 5. 基底层
6. 真皮乳头 7. 网织层 8. 触觉小体

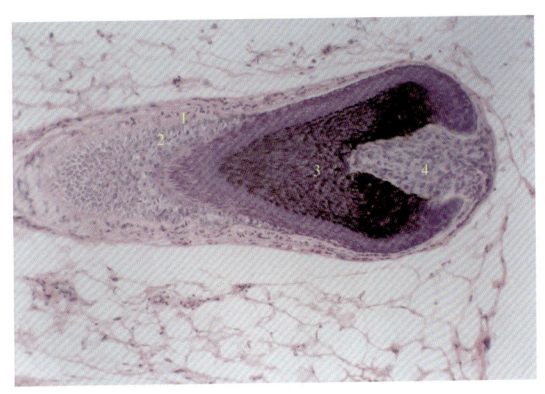

图 3-64 毛根
1. 结缔组织鞘 2. 上皮性鞘 3. 毛球 4. 毛乳头

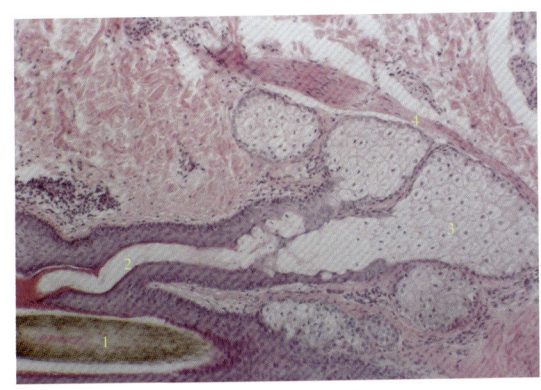

图 3-65 皮脂腺
1. 毛根 2. 导管 3. 分泌部 4. 立毛肌

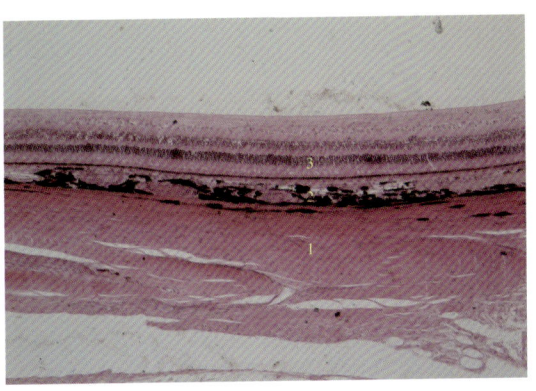

图 3-66 眼球壁
1. 纤维膜 2. 血管膜 3. 视网膜

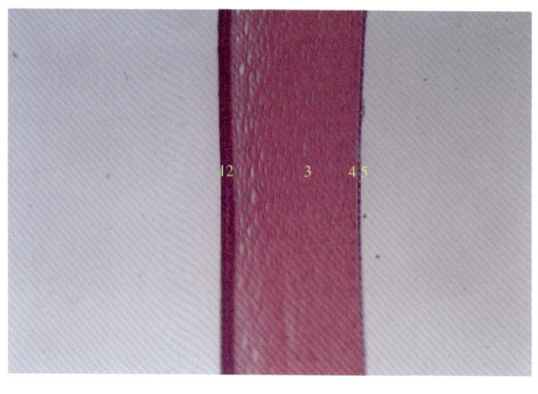

图 3-67 角膜
1. 角膜上皮 2. 前界层 3. 角膜基质
4. 后界层 5. 角膜内皮

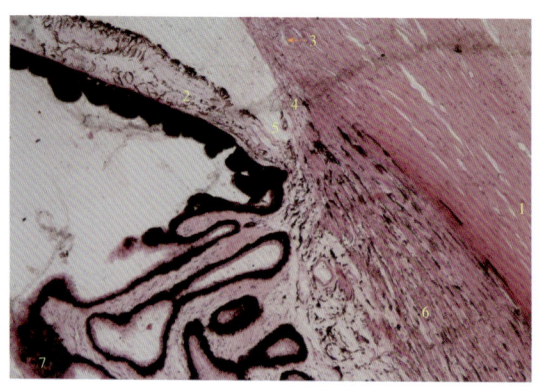

图 3-68 眼球巩膜缘
1. 巩膜 2. 虹膜 3. 巩膜静脉窦 4. 小梁网
5. 前房角 6. 睫状体 7. 睫状突

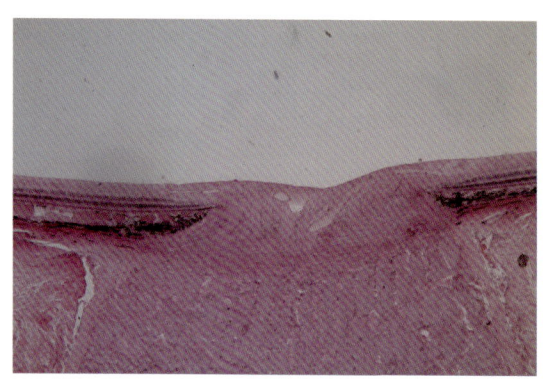

图 3-69 视盘和视神经

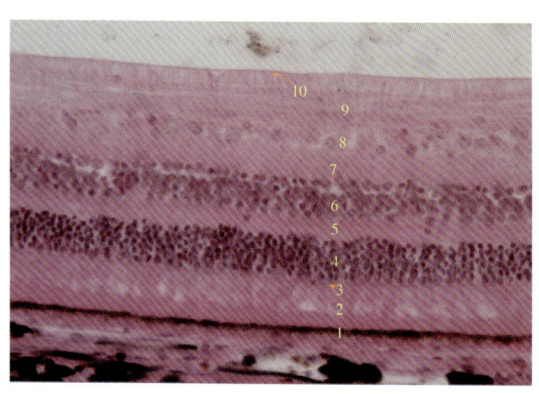

图 3-70 视网膜
1. 色素上皮层 2. 视锥视干层 3. 外界膜 4. 外核层
5. 外网层 6. 内核层 7. 内网层 8. 节细胞层
9. 神经纤维层 10. 内界膜

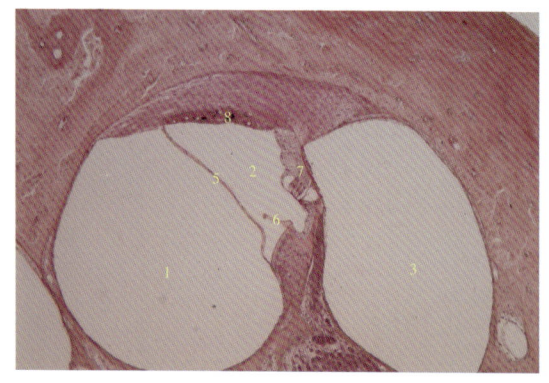

图 3-71 内耳膜蜗管与螺旋器
1. 前庭阶 2. 膜蜗管 3. 鼓室阶 4. 耳蜗神经节
5. 前庭膜 6. 盖膜 7. 螺旋器 8. 血管纹

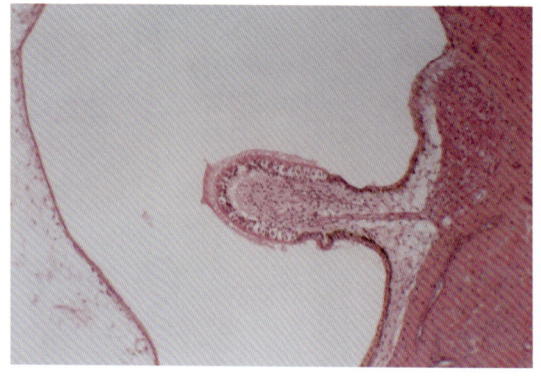

图 3-72 内耳壶腹嵴

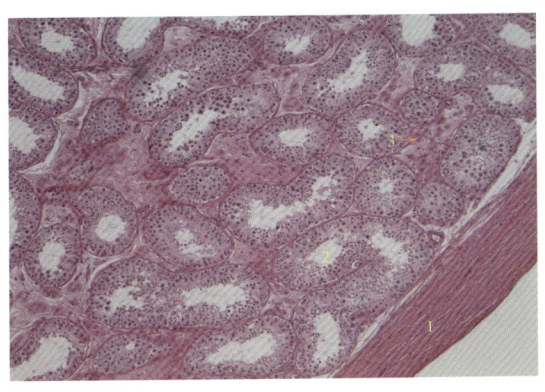

图 3-73 睾丸
1. 白膜 2. 生精小管 3. 间质细胞

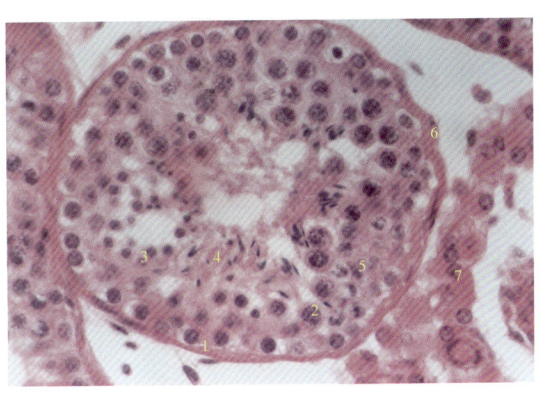

图 3-74 睾丸生精小管
1. 精原细胞 2. 初级精母细胞 3. 精子细胞 4. 精子
5. 支持细胞核 6. 肌样细胞 7. 间质细胞

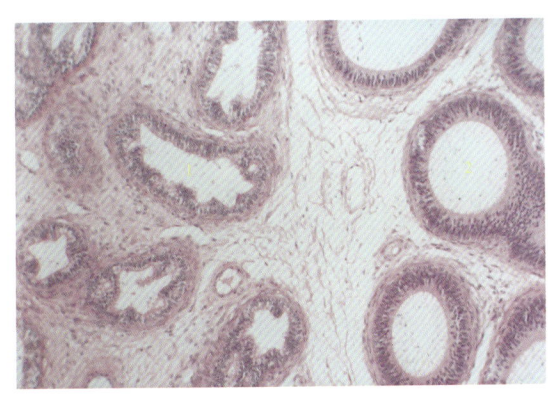

图 3-75 附睾
1. 输出小管 2. 附睾管

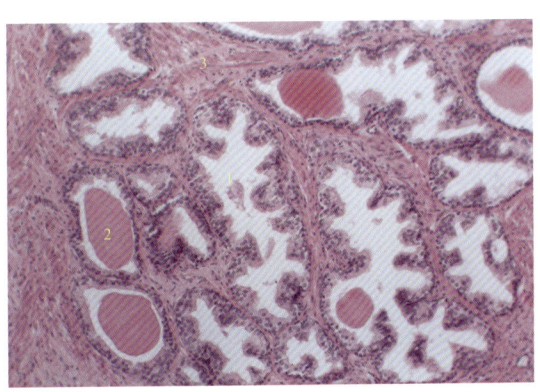

图 3-76 前列腺
1. 腺泡 2. 凝固体 3. 平滑肌

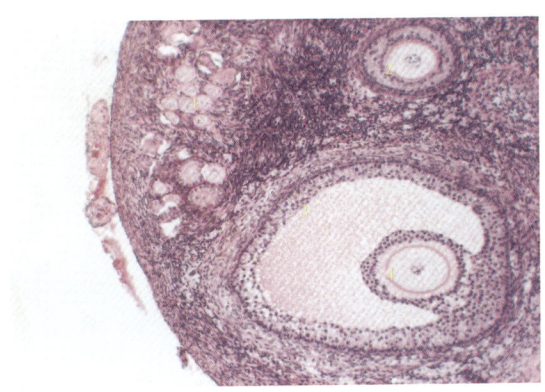

图 3-77 卵巢
1. 原始卵泡 2. 初级卵泡 3. 次级卵泡 4. 卵丘

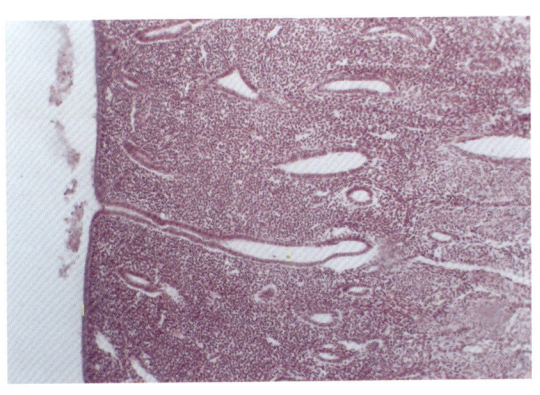

图 3-78 增生期子宫内膜
1. 单层柱状上皮 2. 子宫腺

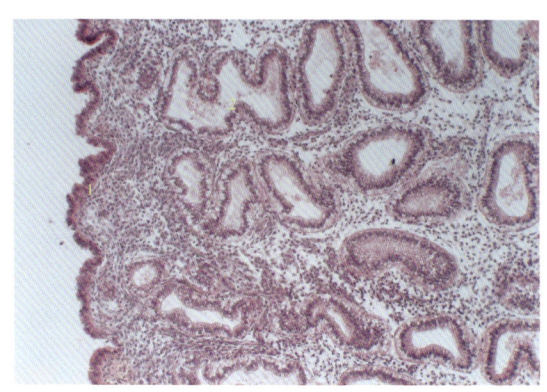

图 3-79　分泌期子宫内膜
1．单层柱状上皮　2．子宫腺

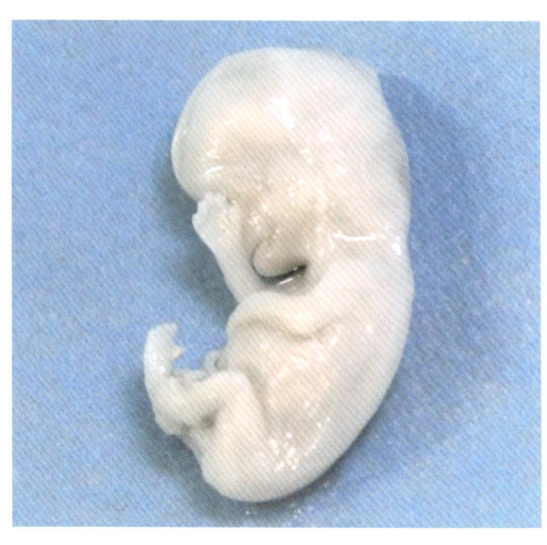

图 3-80　8 周胚胎
8 周胚胎，手指足趾明显并出现分节，眼睑开放，外阴可见，脐疝明显，性别不分

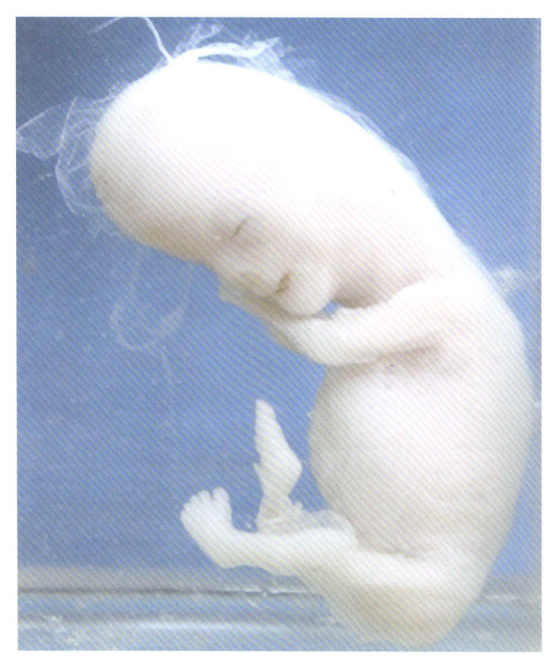

图 3-81　12 周胎儿
外阴可辨性别，颈明显

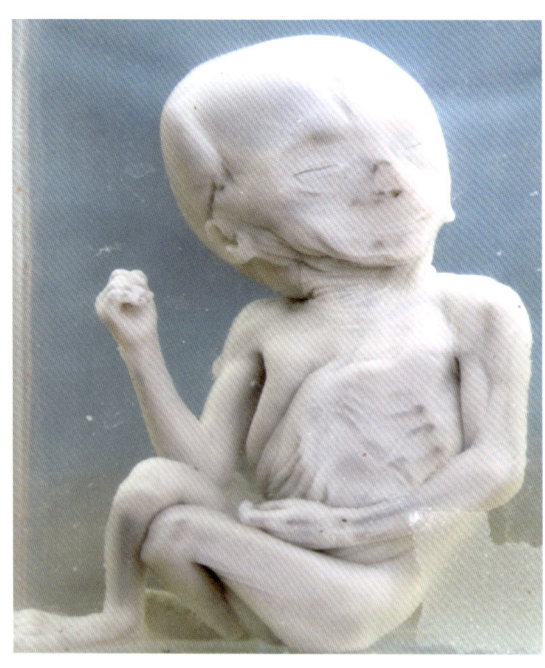

图 3-82　24 周胎儿
指甲全出现，胎体瘦

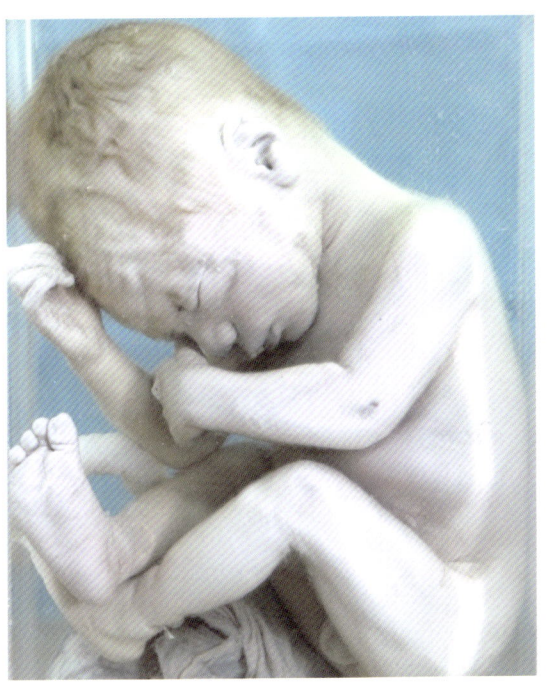

图 3-83　36 周胎儿
胎体丰满，胎毛消失，肢体弯曲，趾甲平齐趾尖

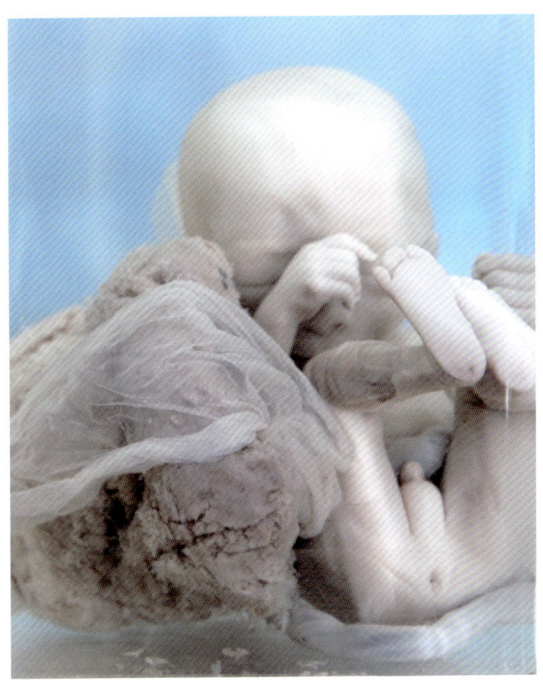

图 3-84　胎盘
足月胎盘，重约 500g，直径 15～20cm，厚 2～3cm，胎儿面粗糙不平，胎儿面光滑平整，覆有羊膜

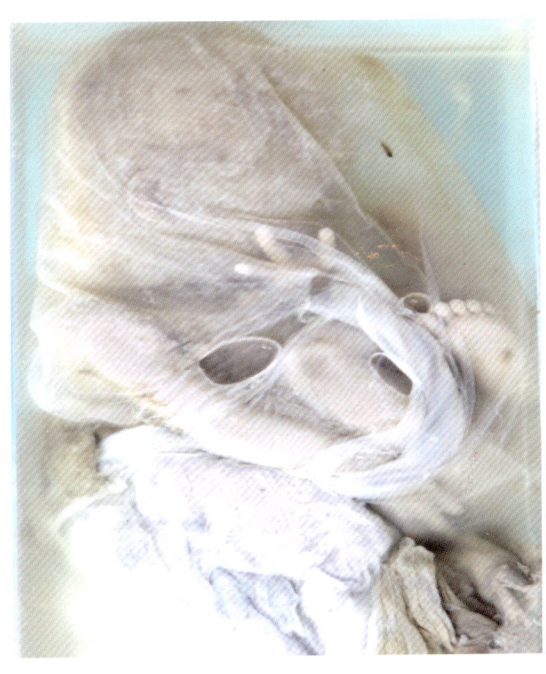

图 3-85　羊膜
半透明薄膜，羊膜腔内充满羊水，妊娠中期后，羊水混浊面光滑平整，覆有羊膜

图 3-86　单卵孪生
共用一个胎盘和绒毛膜

图 3-87 胸腹连体
对称型联体双胎，胸腹连体

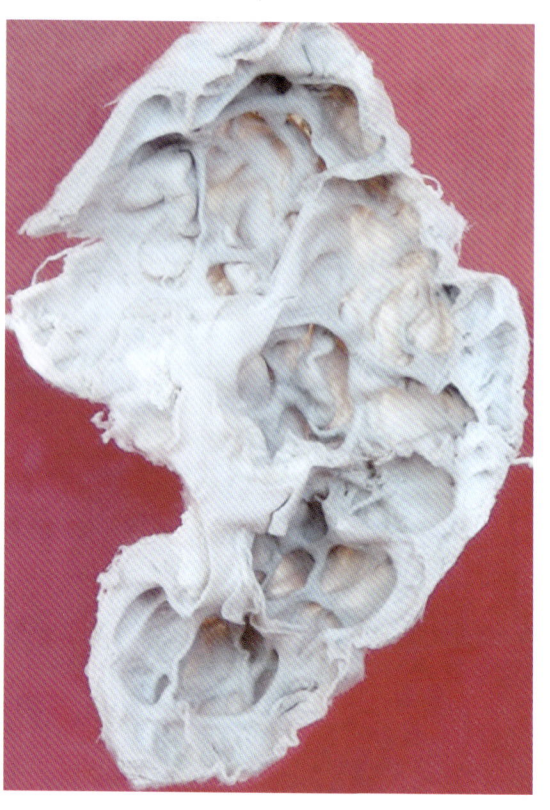

图 4-1 肾压迫性萎缩
肾体积显著增大，切面肾盂肾盏高度扩张，呈囊状，皮髓质萎缩变薄、分界不清，部分薄如牛皮纸状

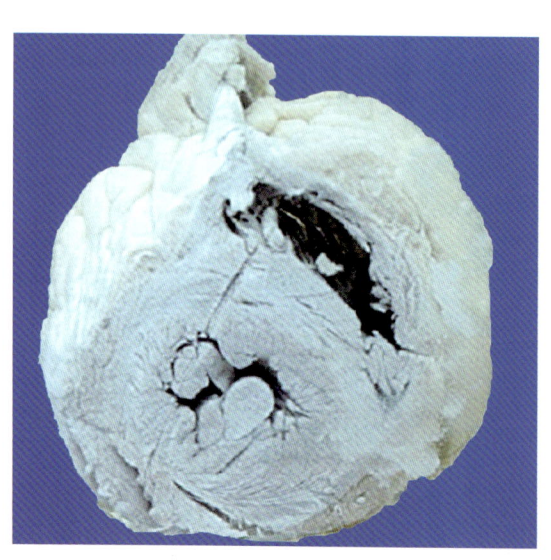

图 4-2 左心室向心性肥大
左心室壁增厚，达 1.8cm，乳头肌、肉柱增粗，心腔缩小

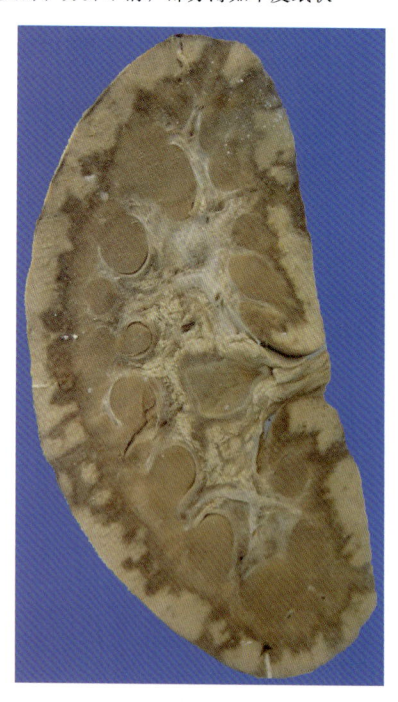

图 4-3 肾皮质贫血性梗死
肾皮质广泛贫血性梗死，梗死灶呈灰白色，界清，干燥，与正常组织交界处呈暗红色，为充血出血带

图 4-4 小脑脓肿

脓肿位于一侧小脑半球，境界清楚，部分脓液流失，脓肿壁附有脓液及坏死组织

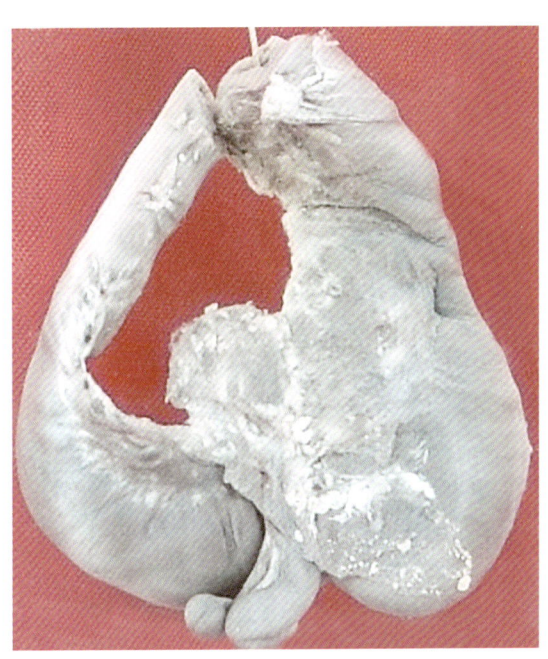

图 4-5 肠湿性坏疽

肠套叠引发的出血性梗死，坏死肠管增粗，灰黑色，与正常组织界限不清

图 4-6 肾结核

肾实质内大小不一的干酪样坏死灶，破入肾盂、肾盏形成空洞，空洞内壁附着干酪样坏死物；输尿管近段受累，管壁增厚，管腔狭窄

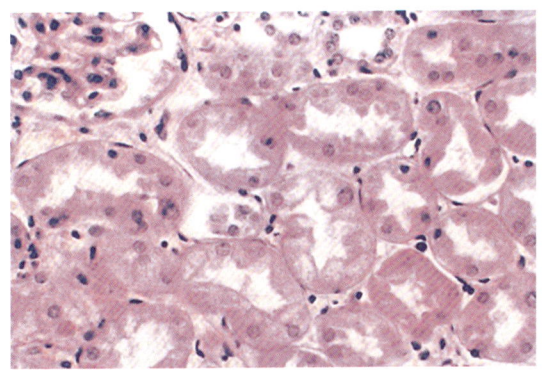

图 4-7 肾小管上皮细胞水肿

肾小管上皮细胞肿胀，细胞质内出现红染细颗粒，管腔狭窄而不规则

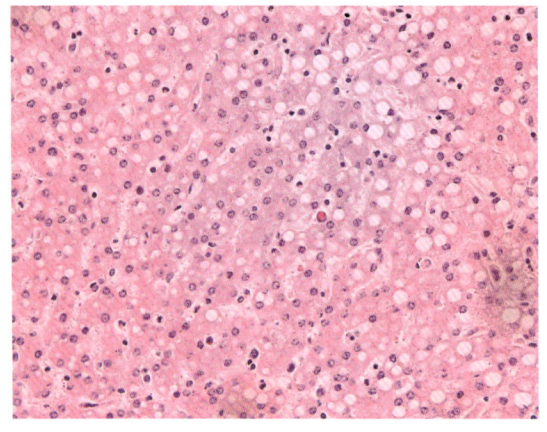

图 4-8　肝细胞脂肪变性

肝细胞胞质内出现大小不等的圆形空泡，空泡边缘清楚，有的较大，将核挤到一边。空泡为脂肪小滴，制片过程中被有机溶剂溶解

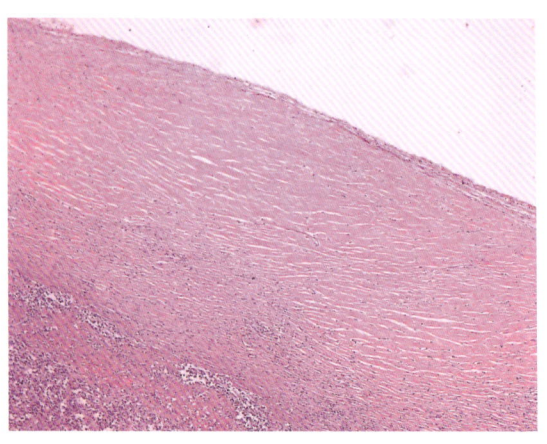

图 4-9　脾被膜玻璃样变

脾被膜增厚，增生的胶原纤维互相融合，呈均一红染同质状

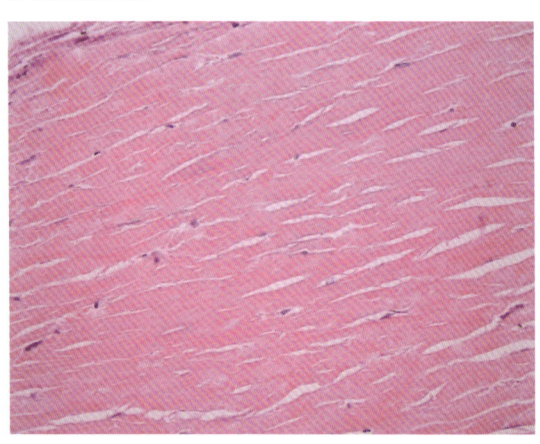

图 4-10　脾被膜玻璃样变（高倍镜）

胶原纤维融合，呈均一红染的同质状，其内可见少量梭形纤维细胞

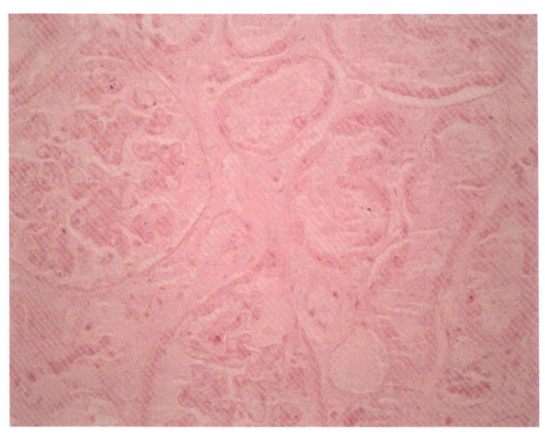

图 4-11　肾凝固性坏死

坏死区细胞核消失，仍可见肾小球和肾小管的组织结构轮廓

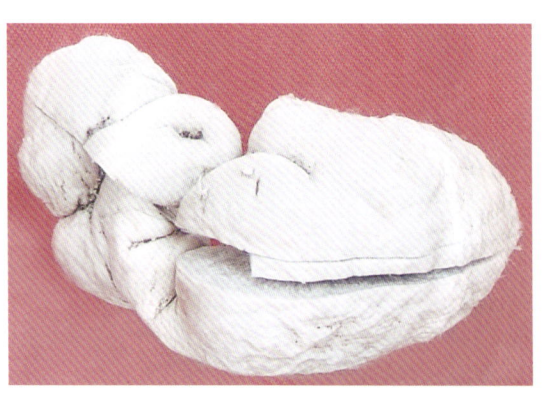

图 4-12　瘢痕疙瘩

肿块高起皮肤表面，上皮受压光滑、发亮、变薄，切面灰白、质硬，胶原纤维束纵横交错或呈席纹状排列

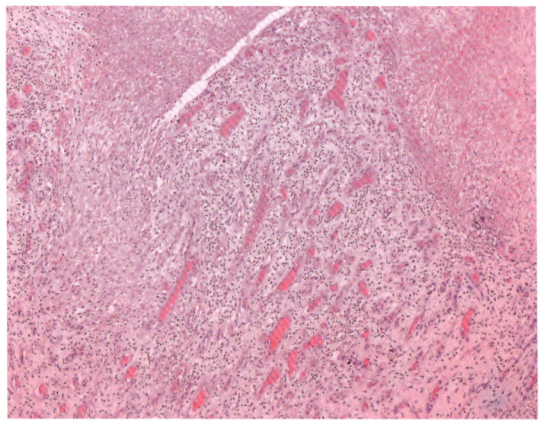

图 4-13　肉芽组织

表面覆盖炎性渗出物，其下由新生的毛细血管、成纤维细胞和炎细胞构成的肉芽组织，毛细血管多与表面垂直

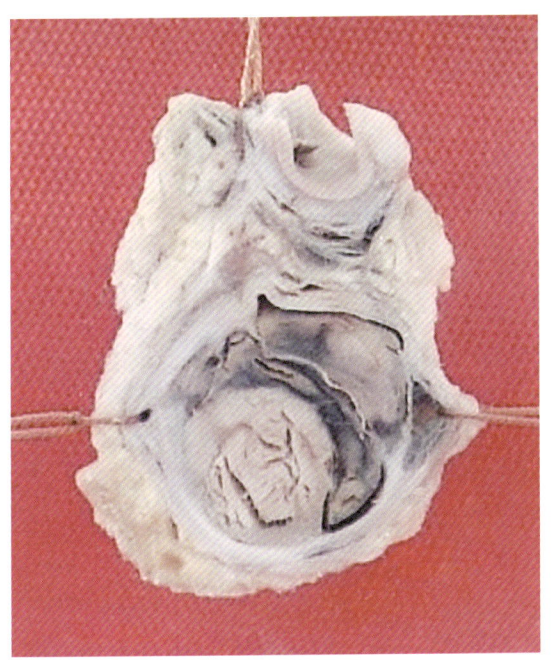

图 4-14 股静脉血栓

股静脉横切面，显示血栓阻塞管腔，血栓呈灰白色（机化）与黑褐色，灰白色区域有裂隙

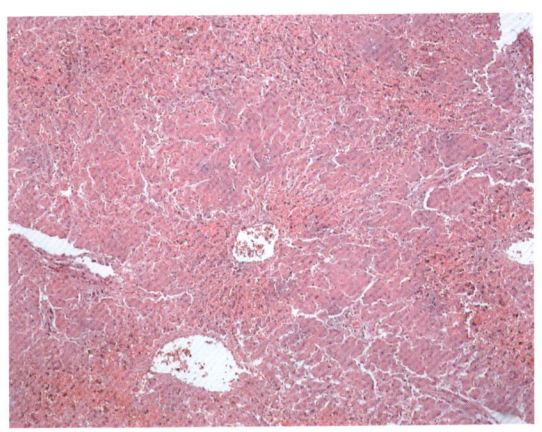

图 4-15 慢性肝淤血

肝小叶结构尚存，中央静脉及其周围肝血窦扩张，充满红细胞，肝细胞索变细甚消失，小叶周围肝细胞索结构尚清

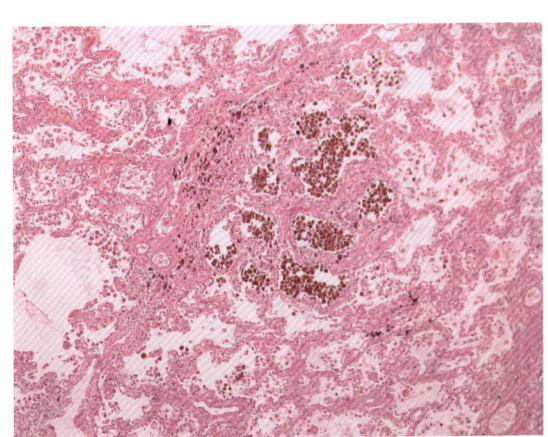

图 4-16 慢性肺淤血

肺泡壁毛细血管轻度扩张，肺泡腔内见红细胞和心衰细胞

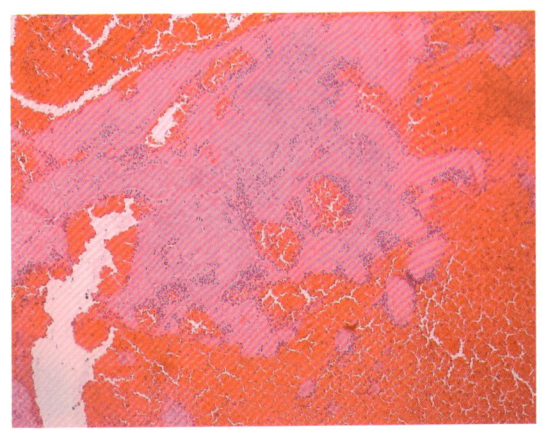

图 4-17 混合血栓

嗜伊红小梁状条纹与红色区相交织：颗粒状血小板小梁，边缘处有少量白细胞附着，小梁之间为纤维蛋白构成的细网状结构，网眼内充满红细胞

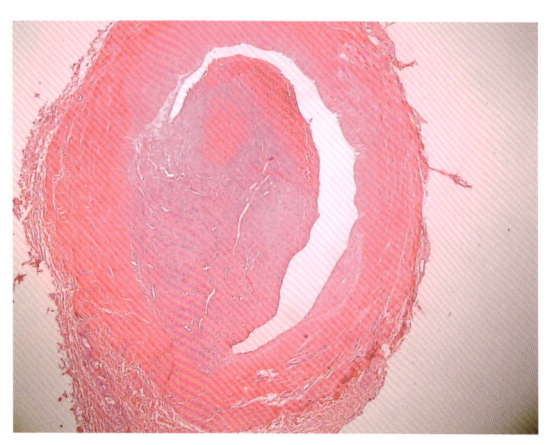

图 4-18 血栓机化

血管腔内血栓被肉芽组织取代,并有再通现象

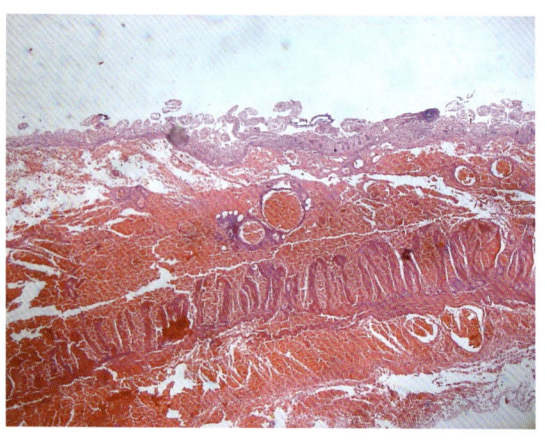

图 4-19 小肠出血性梗死

小肠黏膜坏死,细胞消失,但可见小肠绒毛结构之轮廓。黏膜层、黏膜下层、肌层及外膜血管极度扩张充血,并严重出血

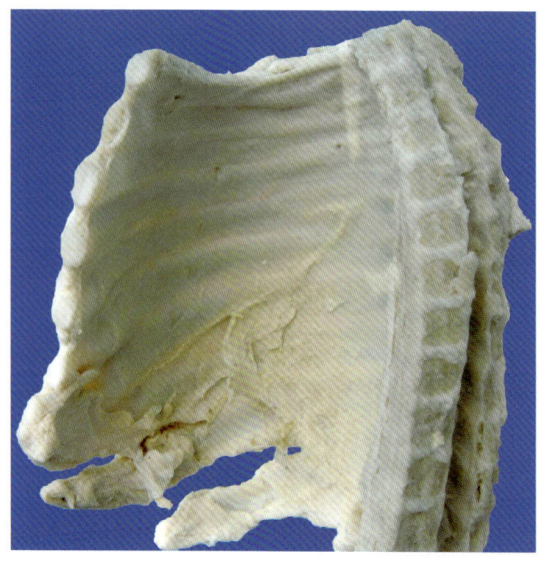

图 4-20 化脓性胸膜炎

化脓处胸膜粗糙,附有薄片状灰黄色脓性物,与正常交界处见液平线

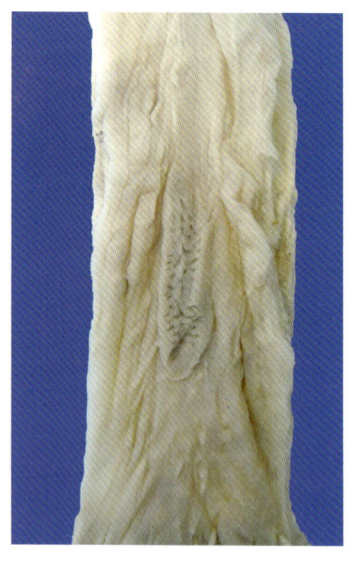

图 4-21 肠伤寒(髓样肿胀期)

回肠下段集合淋巴小结、孤立淋巴小结肿胀,黏膜面形成椭圆形花坛状和小圆形隆起,质软,呈"脑回"样结构

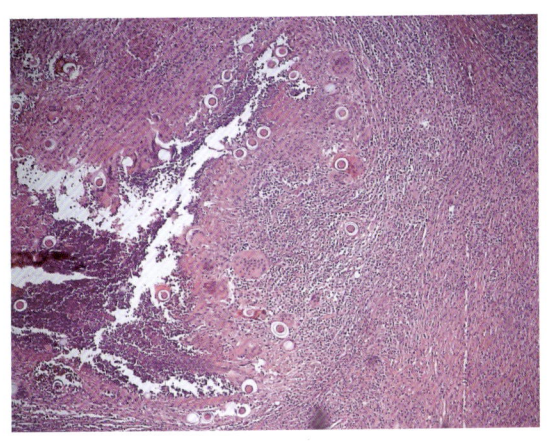

图 4-22　蛔虫卵性肉芽肿（低倍镜）
组织中见大量蛔虫卵的卵壳，周围有类上皮细胞、异物巨细胞及慢性炎细胞浸润，并有小血管和纤维母细胞增生及纤维化

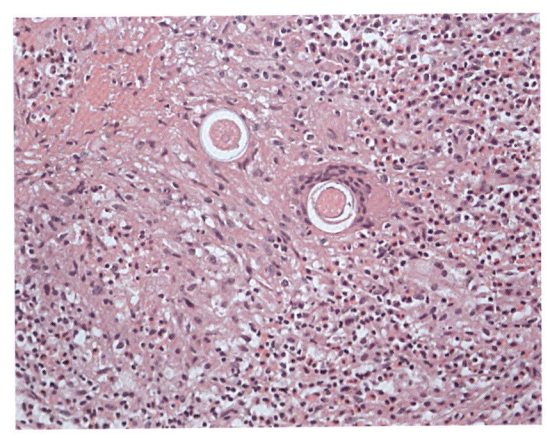

图 4-23　蛔虫卵性肉芽肿（高倍镜）
蛔虫卵的卵壳周围有类上皮细胞、异物巨细胞、嗜酸性粒细胞、淋巴细胞和浆细胞围绕，伴有成纤维细胞增生

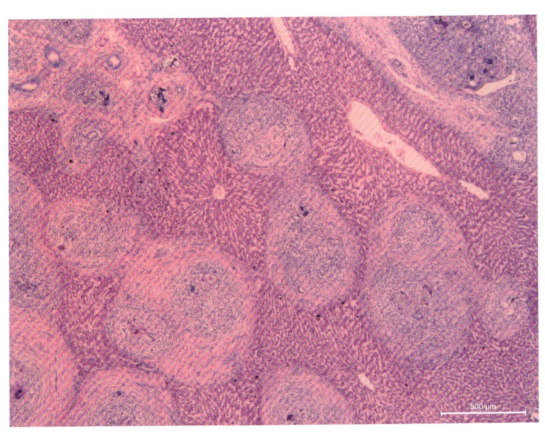

图 4-24　肝棘球蚴肉芽肿（低倍镜）
圆形、椭圆形结节弥漫分布于肝组织内，结节大小基本一致，部分结节融合。结节之间可见尚存的肝小叶和门管区结构

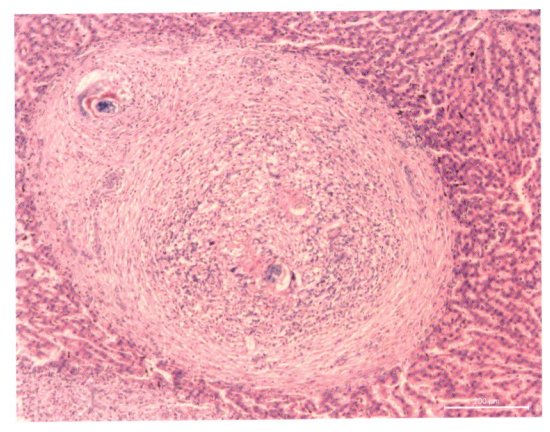

图 4-25　肝棘球蚴肉芽肿（中倍镜）
结节中央有死亡蜕变的棘球蚴虫体，周围为增生的上皮样细胞和少数异物型多核巨细胞及浸润的炎细胞，外围大量纤维组织增生

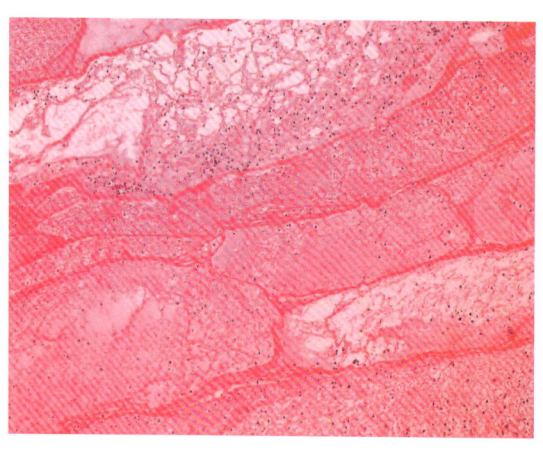

图 4-26 纤维素性炎

红染的条索状、丝网状纤维素，网格内充满粉色浆液，其间有中性粒细胞和红细胞

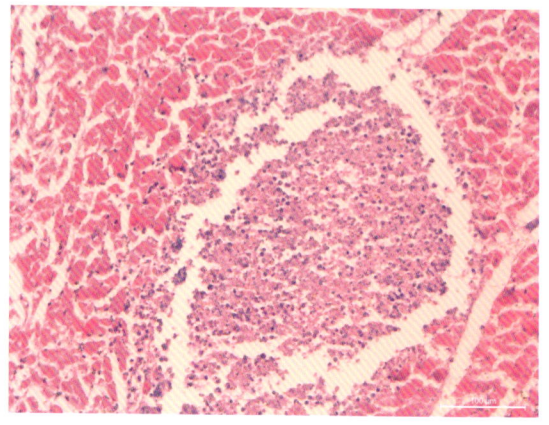

图 4-27 心肌多发性脓肿

脓肿灶界限清楚，中央区心肌组织被破坏消失，代之以大量中性粒细胞和脓细胞

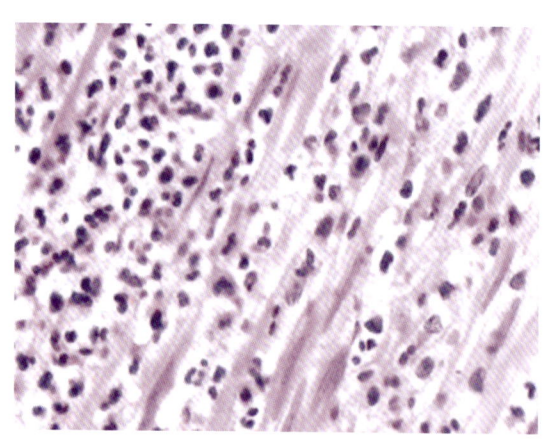

图 4-28 急性蜂窝织炎性阑尾炎

阑尾肌层内弥漫性中性粒细胞浸润，伴组织水肿

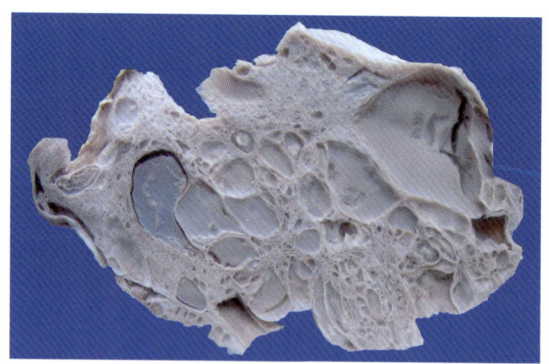

图 4-29 卵巢黏液性囊腺瘤

肿瘤呈囊性，表面光滑，包膜完整。切面由大小不等的囊腔构成，囊内充满半透明胶冻样黏液

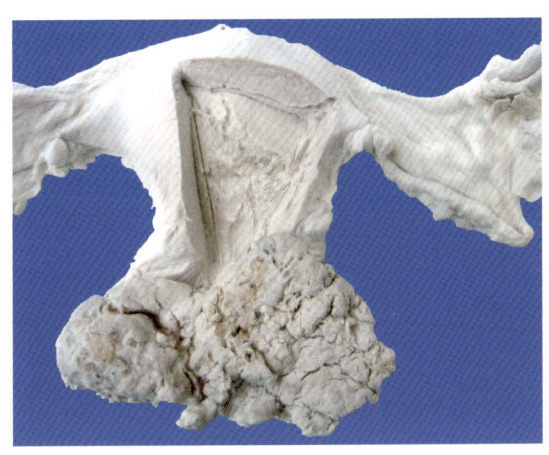

图 4-30 子宫颈癌（外生菜花型）

子宫颈外生菜花样肿物，表面粗糙，有溃疡，灰白色，伴坏死

图 4-31 溃疡型胃癌

胃黏膜面巨大溃疡，直径约 7cm，外形不规则，边缘隆起，皱襞消失，底部不平坦

图 4-32 直肠癌（溃疡型）

直肠黏膜面见溃疡型肿物，边缘不规则，底部凹凸不平，有出血坏死

图 4-33 家族性腺瘤性息肉病

肠黏膜面见多个大小不等、形态各异的息肉状肿物，有蒂或广基

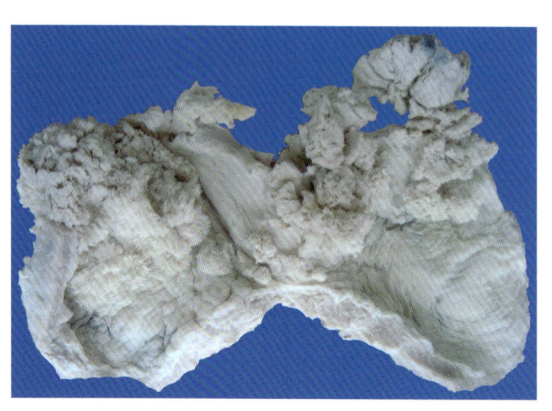

图 4-34　膀胱乳头状瘤

膀胱黏膜面见多个乳头状突起，乳头纤细，灰白色，有蒂与膀胱壁相连

图 4-35　脂肪瘤

肿瘤呈分叶状，包膜完整，色淡黄，质软

图 4-36　骨肉瘤

胫骨上端肿瘤组织呈灰白色，累及骨髓腔，破坏骨皮质侵入周围软组织

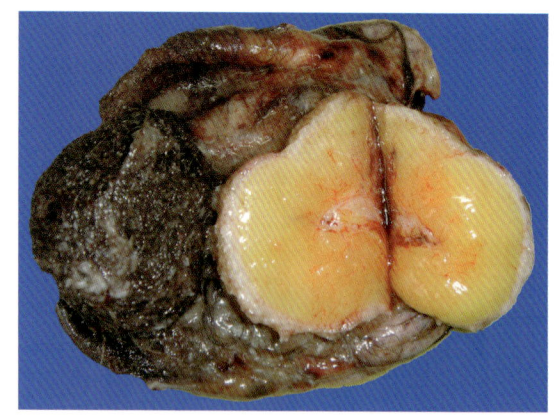

图 4-37　卵巢成熟性囊性畸胎瘤

肿瘤呈囊性，内容毛发、皮脂，头节切面为淡黄色

图 4-38　肺绒癌转移

肺表面和切面可见散在分布结节,结节大小较一致,界清伴明显出血坏死

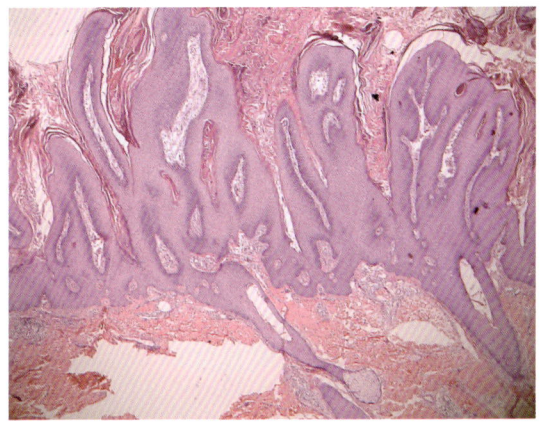

图 4-39　皮肤乳头状瘤

肿物呈乳头状突起,表面上皮与正常皮肤相似,为瘤之主质;乳头中央是纤维脉管束,为瘤之间质,主、间质分界清楚

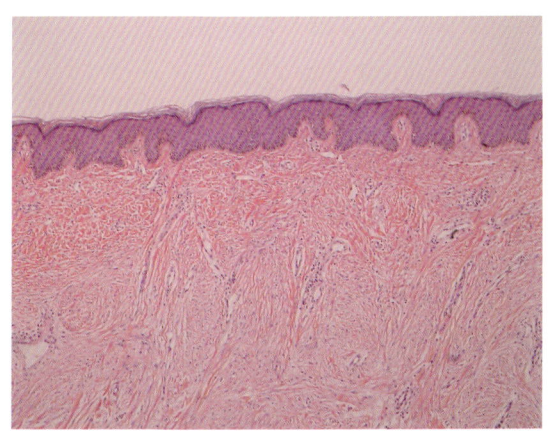

图 4-40　皮肤纤维瘤(低倍镜)

表面被覆复层鳞状上皮,肿瘤由胶原纤维和成纤维细胞构成主质,纤维相互交织,无明显异型,间质为薄壁血管,主、间质分界不清

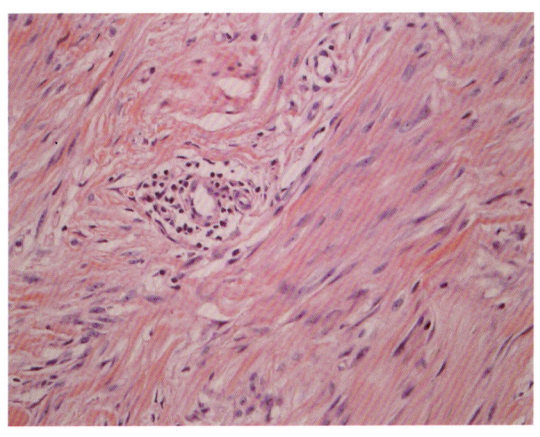

图 4-41　皮肤纤维瘤(高倍镜)

瘤组织由分化良好的纤维细胞构成,呈编织状排列,有丰富的胶原纤维

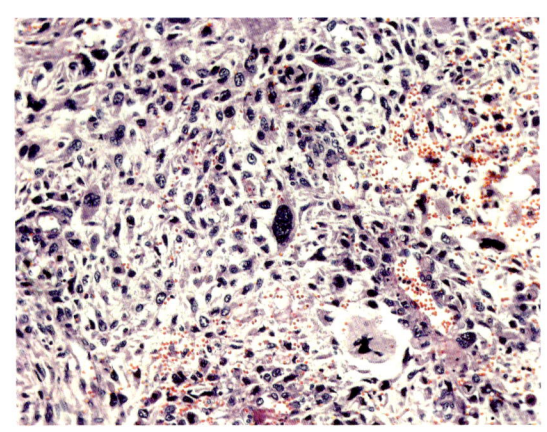

图 4-42 纤维肉瘤

瘤细胞多呈梭形,大小不一,核深染,病理性核分裂象易见,可见单核或多核瘤巨细胞,具明显异型性

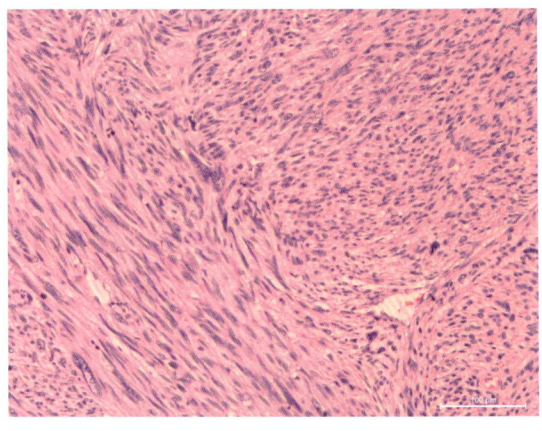

图 4-43 平滑肌肉瘤

瘤细胞呈长形,似平滑肌细胞,细胞排列密集,核分裂象计数增高,异型性明显,可见瘤巨细胞

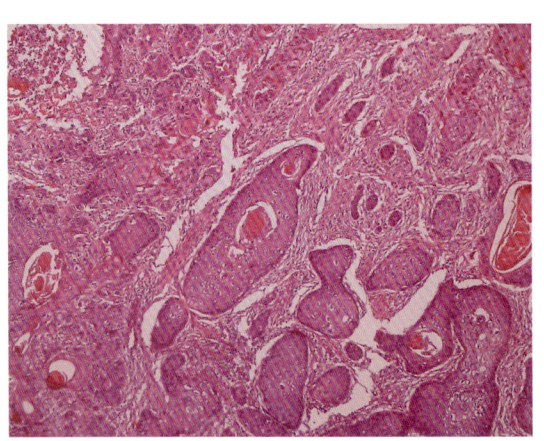

图 4-44 鳞状细胞癌

肿瘤呈浸润性生长,瘤实质形成癌细胞巢,癌巢中央可角化形成角化珠,外层细胞似基底层细胞,与间质分界清楚

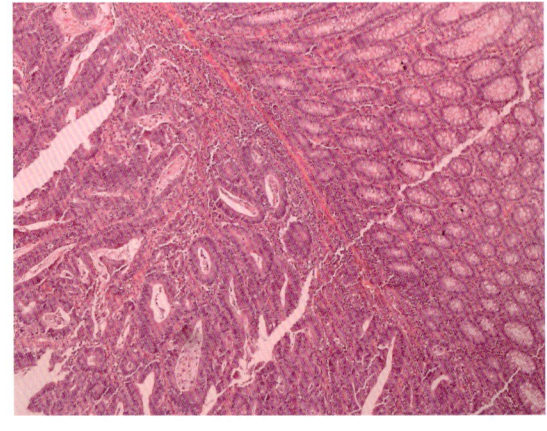

图 4-45 胃腺癌

右上角为正常胃黏膜腺体,左下角为腺癌组织,癌组织构成于形状不一、大小不等、排列紊乱的腺管,细胞异型性明显

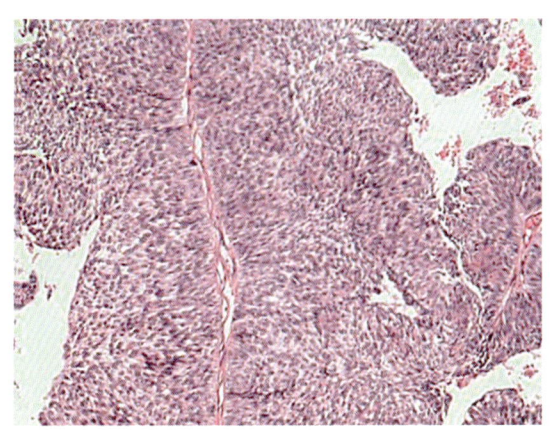

图 4-46 膀胱尿路上皮癌

肿瘤细胞呈乳头状排列,细胞层数增多,轻度异型,核分裂象少见,仍具有尿路上皮排列特点,乳头中心为纤维脉管束

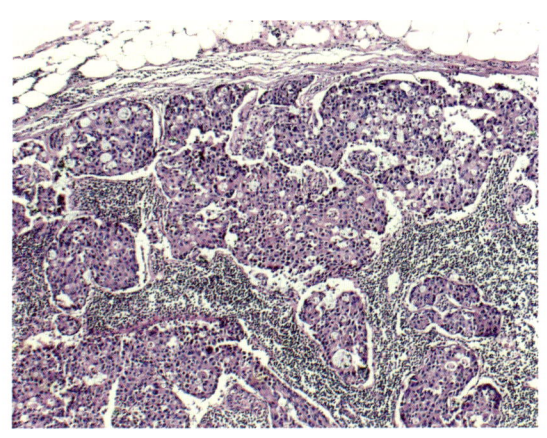

图 4-47 淋巴结转移性腺癌

淋巴结结构破坏,其内可见巢状分布的腺癌结构

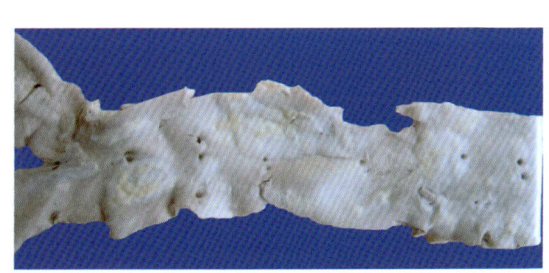

图 4-48 主动脉粥样硬化

主动脉内膜面多个大小不等、散在分布的点状、斑块状病灶,灰黄色,以动脉分支开口处较明显

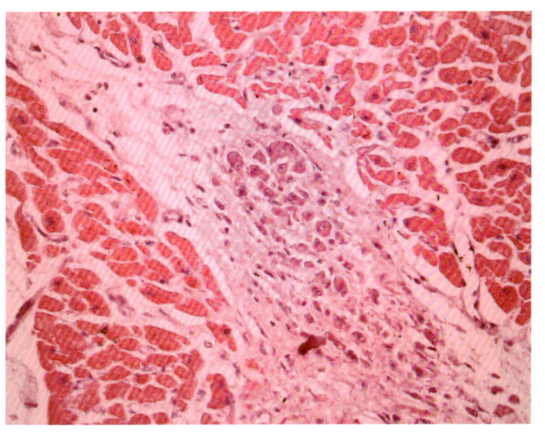

图 4-49 风湿性心肌炎

心肌间质中可见风湿小体,风湿小体中央可有纤维素样坏死,周围为增生的风湿细胞,体积大,单核、双核或多核,核纵切面呈毛虫样,横切面呈枭眼状

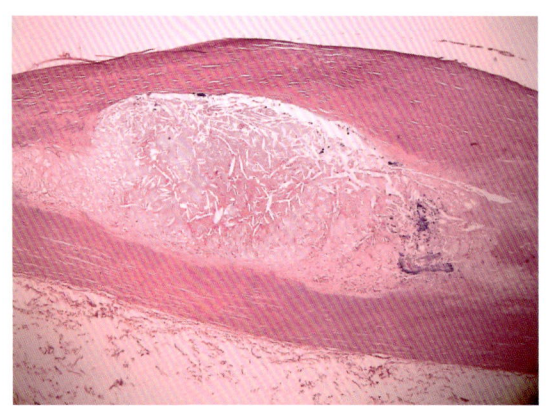

图 4-50　主动脉粥样硬化

图为主动脉纵剖面,内膜面隆起,表面为纤维组织增生形成的纤维帽,其下为粥样灶,其内为坏死物、脂质及钙盐沉积

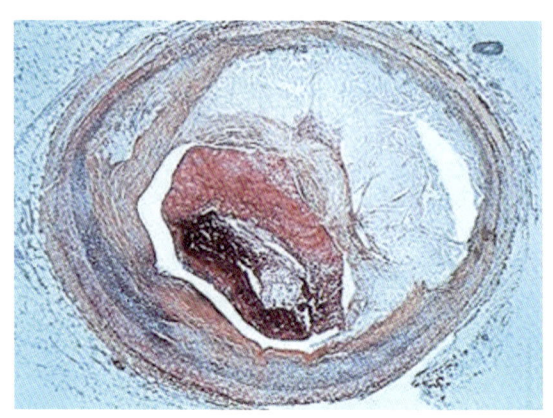

图 4-51　冠状动脉粥样硬化

冠状动脉横切面,内膜一处形成粥样斑块突向管腔,表面有继发血栓形成,致动脉管腔狭窄

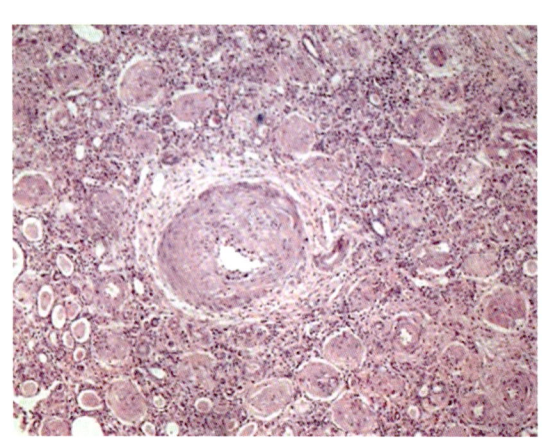

图 4-52　肾小动脉硬化

肾小动脉管壁增厚,玻璃样变性,管腔狭窄,肾小球纤维化、肾小管萎缩,间质纤维组织增生,炎细胞浸润

图 4-53　大叶性肺炎(灰色肝样变期)

左肺下叶实变,灰白色,质实如肝

图 4-54 中央型肺癌
肿物位于近肺门部,破坏气管壁向周围肺组织浸润,界限较清,无包膜,切面灰白粗糙

图 4-55 周围型肺癌
近肺膜处见肿物,边界尚清,但没有包膜,切面灰白间灰黑

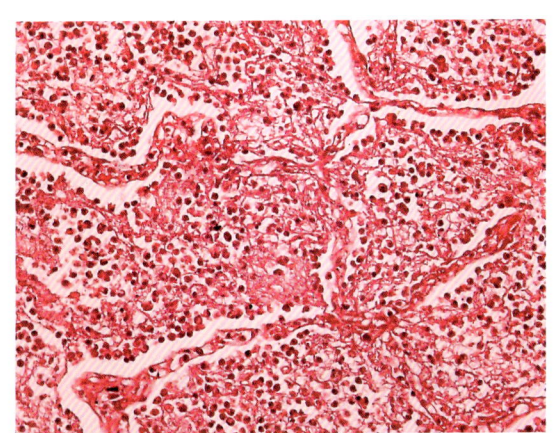

图 4-56 大叶性肺炎(灰色肝样变期)
肺泡腔大量纤维素和中性粒细胞,肺泡壁毛细血管受压,部分区域纤维素穿过肺泡间孔到达相邻肺泡

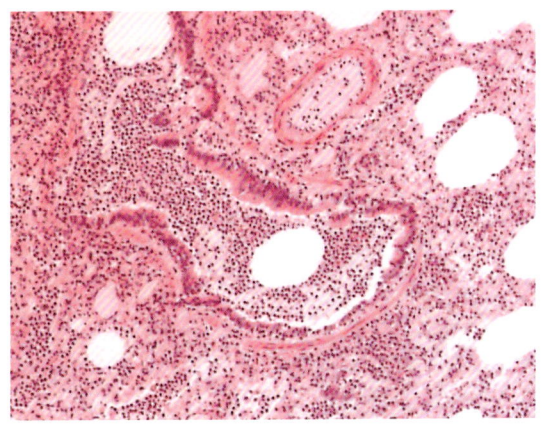

图 4-57 小叶性肺炎
病变中心处为细支气管,部分上皮脱落,腔内有大量中性粒细胞,邻近肺泡壁血管扩张,腔内充满中性粒细胞

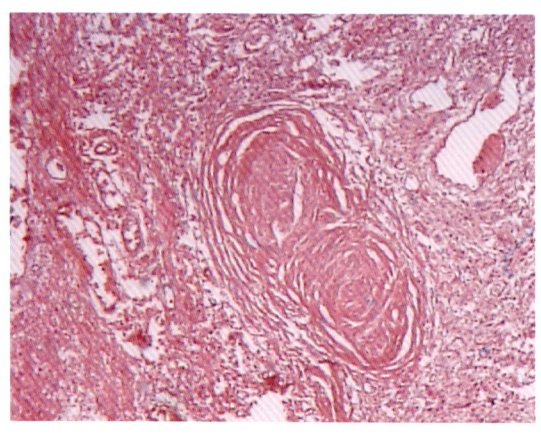

图 4-58 硅结节

结节呈圆形、椭圆形,胶原纤维呈同心圆状或旋涡状排列,中央发生玻璃样变。周围肺组织纤维化,多量炎细胞浸润

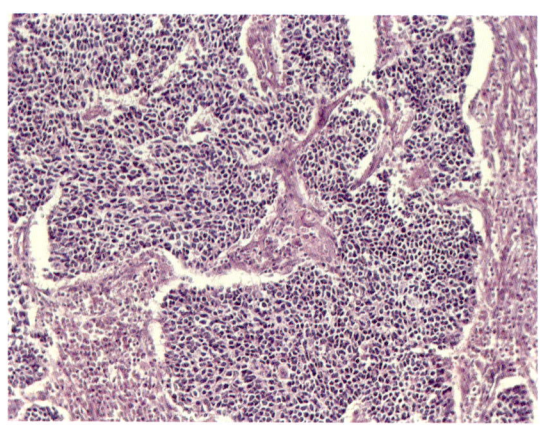

图 4-59 肺小细胞癌

癌细胞呈巢状,体积较小,大小较一致,呈圆形、椭圆形、燕麦形,胞浆少,核深染

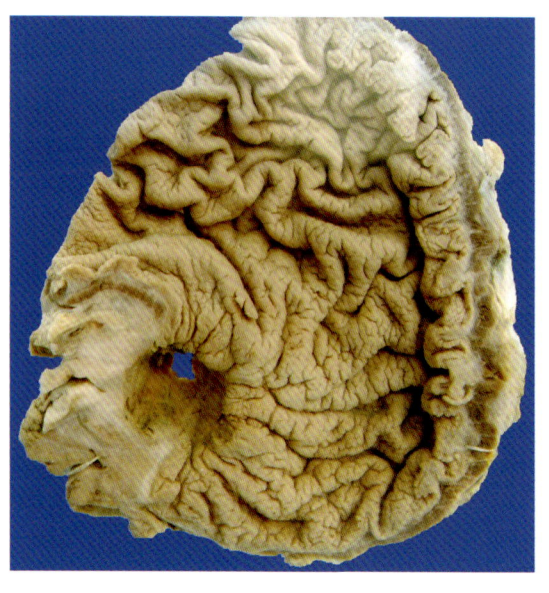

图 4-60 慢性胃溃疡病并穿孔

胃小弯处见圆形溃疡,直径约 2.0cm,边缘整齐,溃疡深并穿透胃壁全层,周围黏膜皱襞向四周呈放射状排列

图 4-61 坏死后性肝硬化

肝体积缩小,表面和切面呈弥漫结节状,结节大小不一,呈灰白色,结节间纤维结缔组织间隔宽窄不一

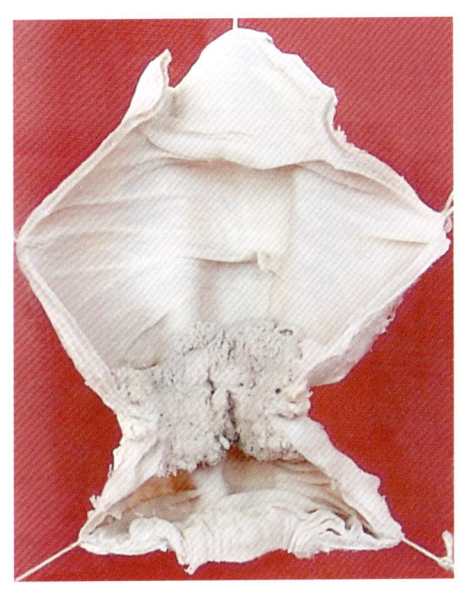

图 4-62 结肠癌（浸润型）

肿瘤呈浸润性生长，累及肠管全周致局部肠壁增厚及肠腔狭窄，近端肠管明显扩张

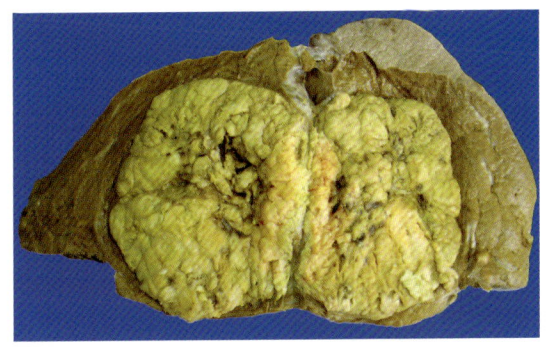

图 4-63 巨块型肝癌

肿瘤为一圆形实体巨块，直径达 10cm，肿瘤呈黄褐色，中央见出血坏死。周围肝组织受压而萎缩，肿瘤界清，但无明显包膜

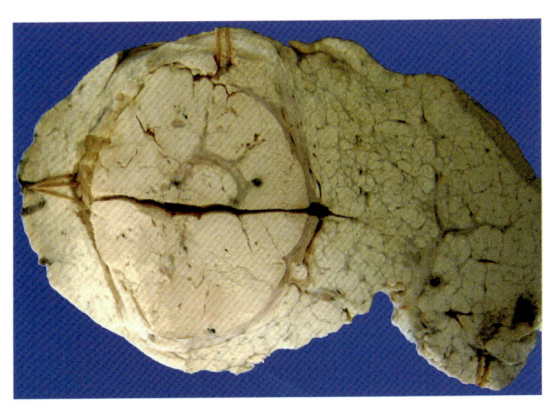

图 4-64 巨块型肝癌

肿瘤为一圆形实体巨块，灰白色，界尚清，无包膜，常伴出血坏死，周边肝组织呈结节性肝硬化改变

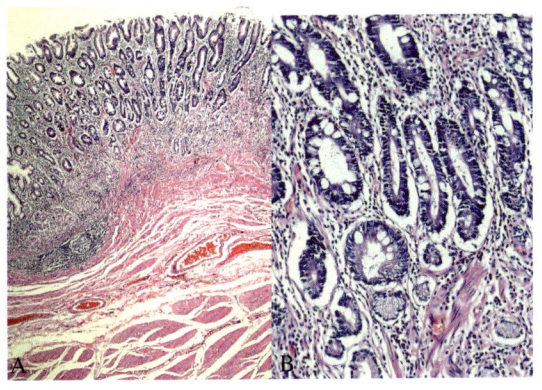

图 4-65 慢性萎缩性胃炎

A（低倍镜），黏膜层明显变薄，固有膜内固有腺体减少，由肠型腺体代之。B（高倍镜），腺体肠上皮化生，固有膜内多量淋巴细胞、浆细胞浸润

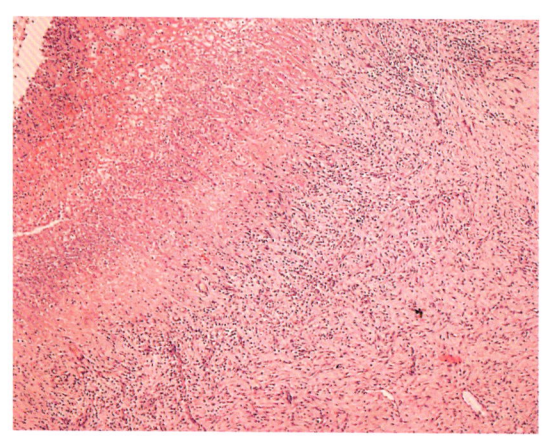

图 4-66　慢性胃溃疡病

溃疡底部四层结构：渗出层、坏死层、肉芽组织层、瘢痕层

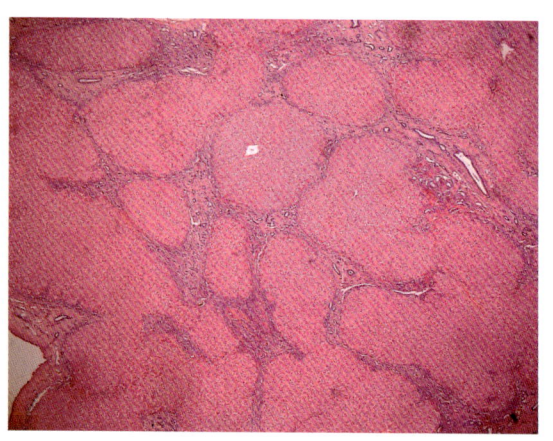

图 4-67　门脉性肝硬化

正常肝小叶结构破坏被假小叶代替，假小叶内中央静脉缺失、偏位或两条以上，肝细胞排列紊乱，假小叶周围纤维组织增生伴炎细胞浸润、小胆管增生

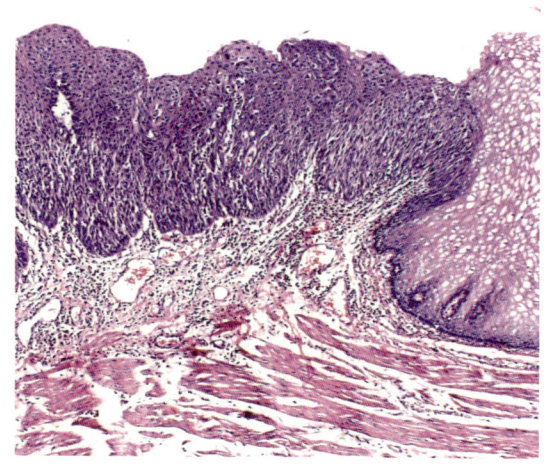

图 4-68　原位癌

图右侧为正常鳞状上皮，左侧上皮呈重度非典型增生并累及全层，但尚未突破基底膜向下浸润

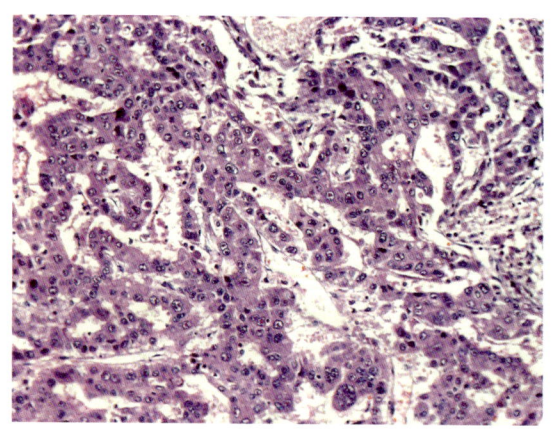

图 4-69　肝细胞癌

癌细胞呈条索状排列，癌巢之间为血窦，癌细胞呈多角形，胞质丰富

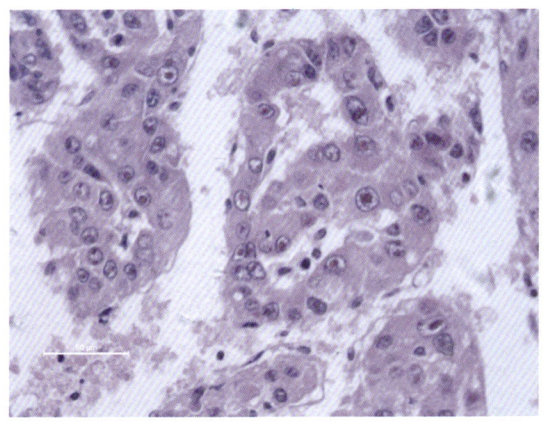

图 4-70　肝细胞癌（高倍镜）

癌细胞呈多角形，胞质丰富，核大深染，核仁明显

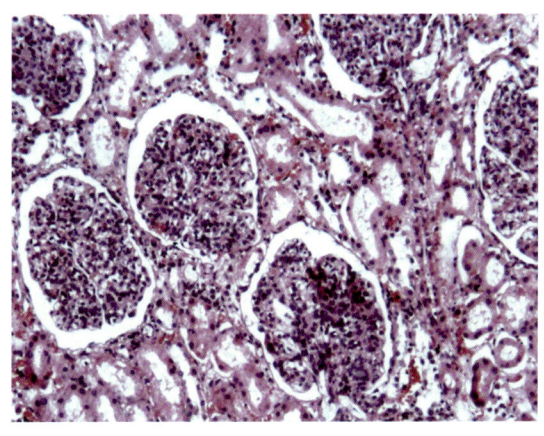

图 4-71　急性弥漫性增生性肾小球肾炎

弥漫性肾小球体积增大，细胞数目增多，肾小管上皮细胞水肿，间质血管扩张充血伴少量炎细胞浸润

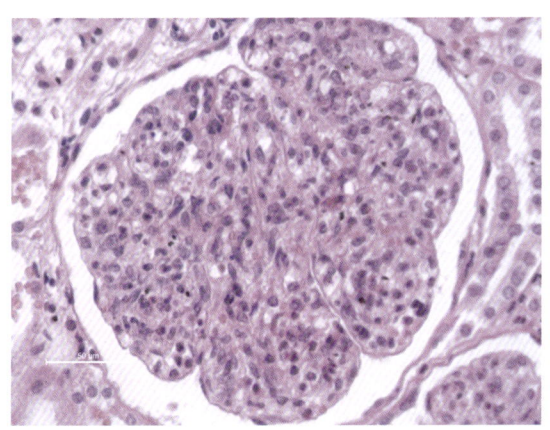

图 4-72　急性弥漫性增生性肾小球肾炎（高倍镜）

肾小球体积增大，细胞数目增多，主要增生的是系膜细胞和毛细血管内皮细胞

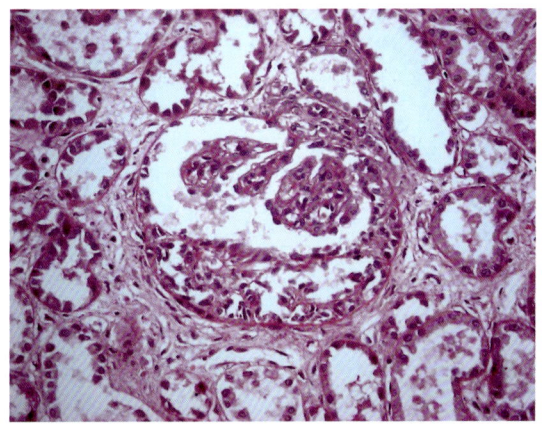

图 4-73　新月体性肾小球肾炎

肾小球球囊壁层上皮细胞增生形成新月体，毛细血管丛受压萎缩，呈分叶状

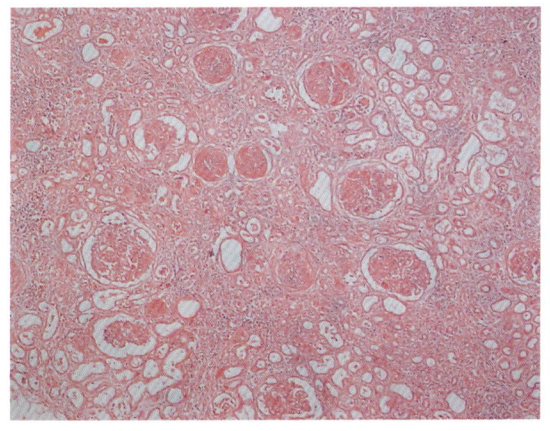

图 4-74　慢性肾小球肾炎

大部分肾小球发生玻璃样变，体积缩小；周围肾小管也萎缩消失，被纤维组织代替；部分肾小球肥大，相应肾小管扩张

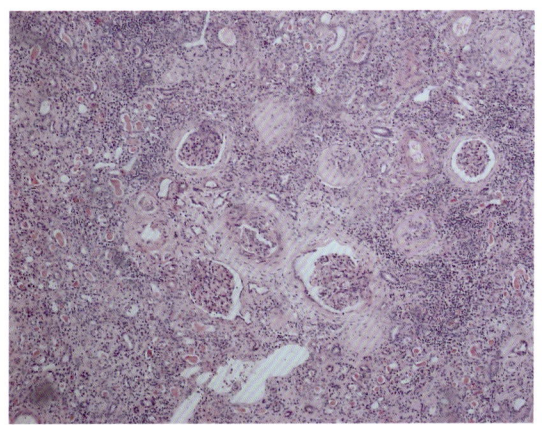

图 4-75　慢性肾盂肾炎

肾间质明显纤维化，慢性炎细胞浸润，肾小管部分萎缩，部分扩张，扩张肾小管内见管型，肾小球纤维化玻璃样变

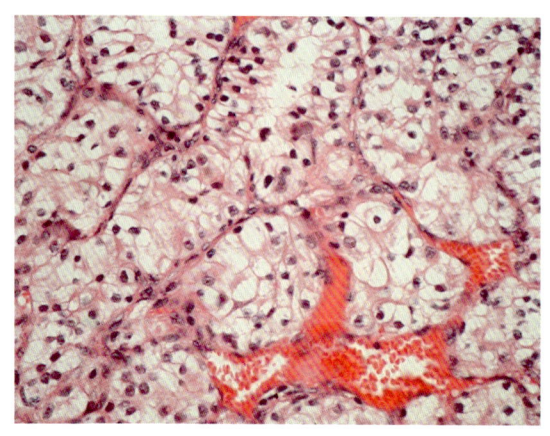

图 4-76 肾透明细胞癌
癌细胞排列呈巢状、条索状，间质少，富于血管；肿瘤主要由透明细胞和颗粒细胞构成，透明细胞界清，体积大，胞浆透亮，核小深染；颗粒细胞体积小，界清，胞浆内充满嗜酸性颗粒，核小而圆

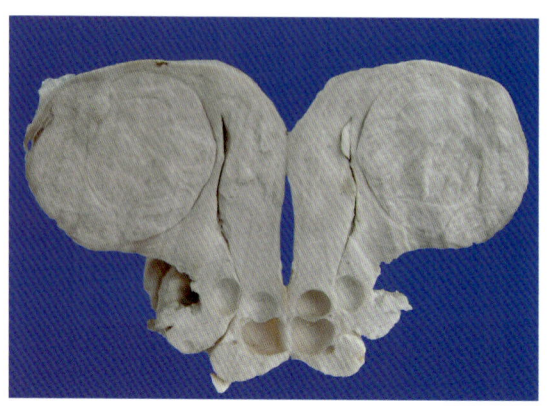

图 4-77 子宫平滑肌瘤并子宫颈纳博特囊肿
子宫肌壁间一灰白色圆形肿物，切面呈编织状，子宫颈见多个囊肿

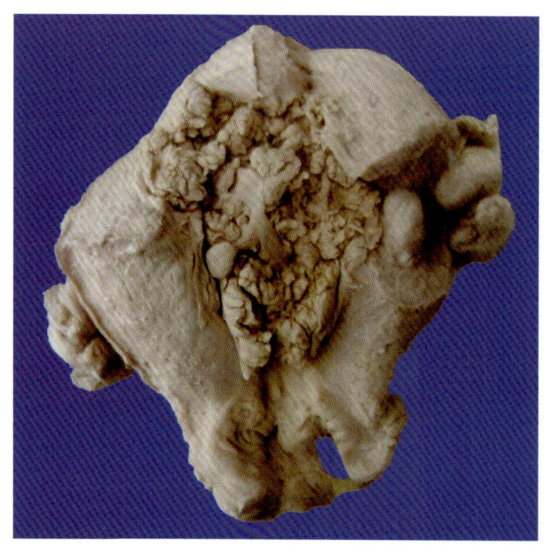

图 4-78 子宫内膜癌（弥漫型）
子宫内膜弥漫性增厚、粗糙，呈息肉样隆起，伴出血坏死

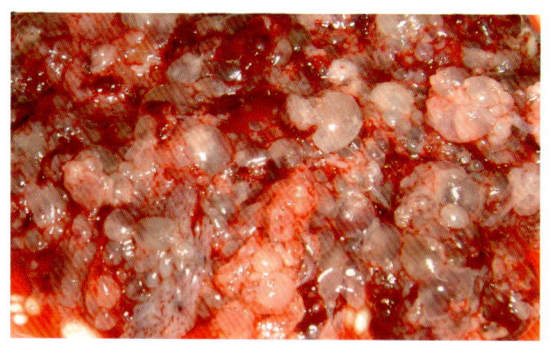

图 4-79 葡萄胎
绒毛高度水肿，形成透明或半透明薄壁水泡，形如葡萄，系于结缔组织间质上

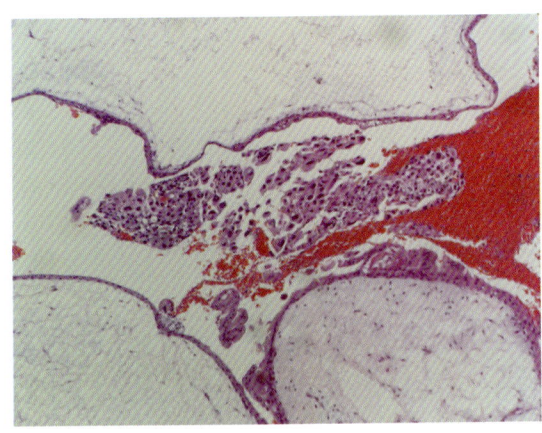

图 4-80　水泡状胎块（葡萄胎）

绒毛间质水肿，体积胀大，间质内血管消失，滋养层细胞轻度增生

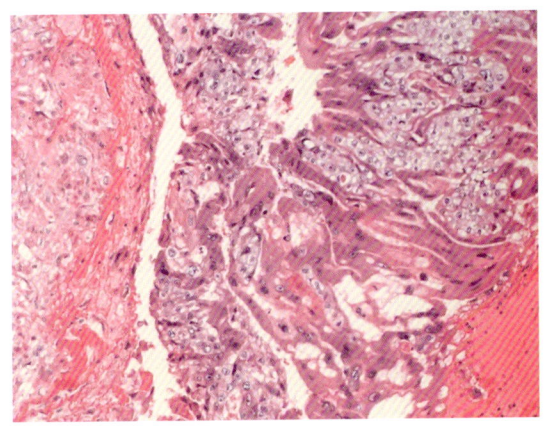

图 4-81　绒毛膜细胞癌

瘤细胞有两种形态：一种核着色淡、立方或多角形的细胞滋养层样细胞；另一种为核深染，长梭形之合体滋养层样细胞，两种细胞均有不同程度的异型性

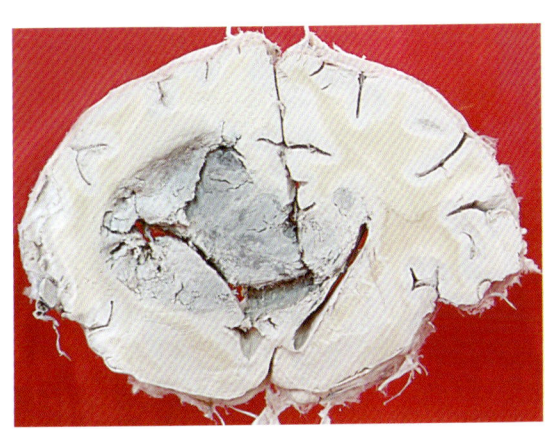

图 4-82　脑胶质母细胞瘤

大脑半球结节状肿物，边界较清，灶内出血、坏死明显，脑室受压向对侧偏移

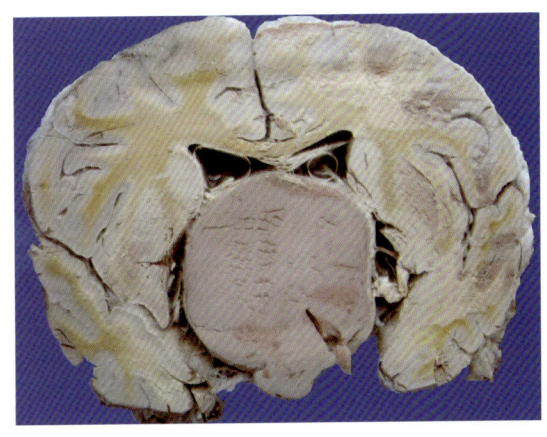

图 4-83　脑膜瘤

肿瘤呈球形，包膜完整，灰白色，质韧，压迫第四脑室

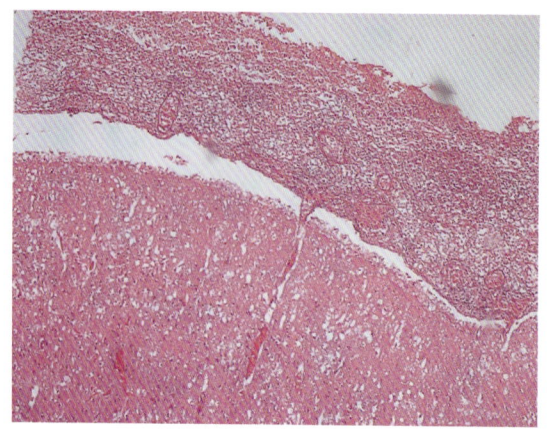

图 4-84 流行性脑脊髓膜炎
蛛网膜下隙充满脓性渗出物，血管扩张充血，附近脑实质内血管亦扩张并有少量炎细胞浸润

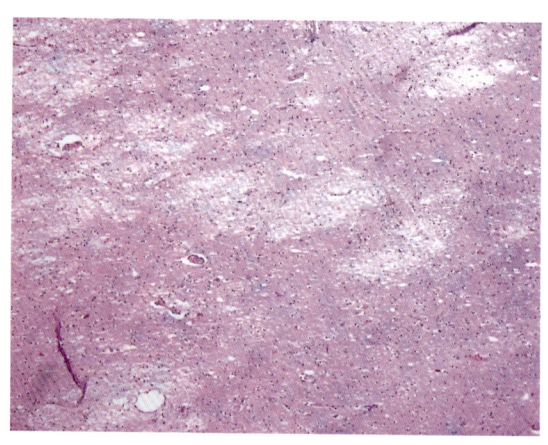

图 4-85 脑软化灶
神经组织灶状坏死、液化，结构疏松，染色浅，呈筛网状

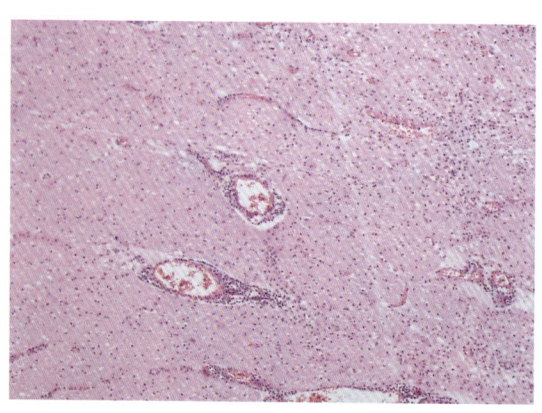

图 4-86 淋巴细胞套状浸润
以淋巴细胞为主的炎细胞围绕血管呈套袖状浸润

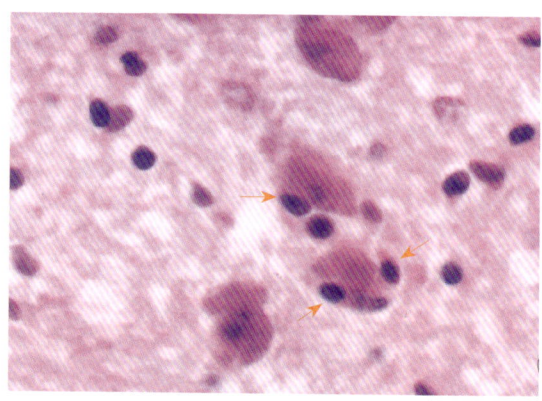

图 4-87 噬神经细胞现象
小胶质细胞侵入变性坏死的神经细胞内

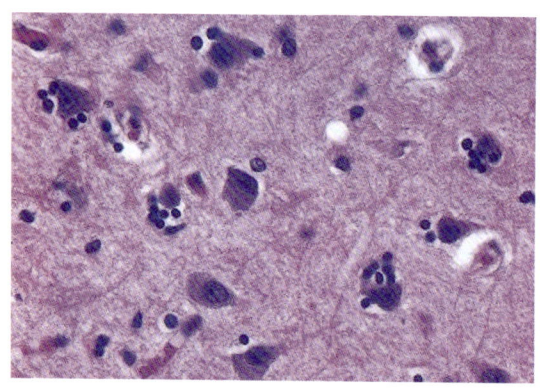

图 4-88 神经细胞卫星现象
变性的神经细胞周围有少突胶质细胞围绕

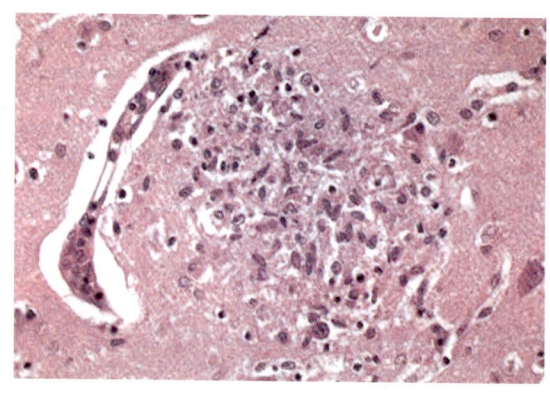

图 4-89 胶质结节
小胶质细胞呈局灶性增生，聚集成群，形成结节状

图 4-90 肺结核球
左肺上叶见一孤立的、纤维包裹的境界清楚的球形干酪样坏死灶,直径约 3cm

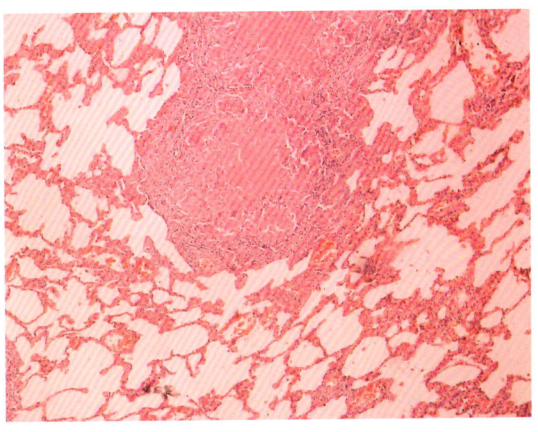

图 4-91 急性肺粟粒性结核病(低倍镜)
肺组织内散在粟粒状结节,结节构成于类上皮细胞及朗格汉斯细胞,中央可见干酪样坏死,周围有淋巴细胞浸润,肺泡壁小血管充血

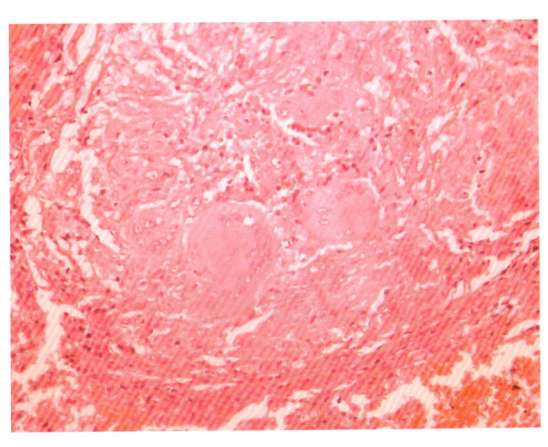

图 4-92 结核结节(高倍镜)
主要由类上皮细胞、朗格汉斯细胞组成,中央可见颗粒状干酪样坏死,结节周围淋巴细胞浸润,外周纤维组织增生

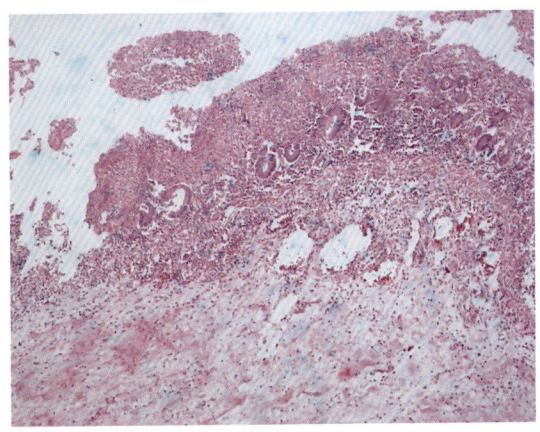

图 4-93 细菌性痢疾
结肠黏膜充血、水肿,中性粒细胞浸润,黏膜上皮坏死脱落、大量纤维素渗出共同构成黏膜表面之假膜

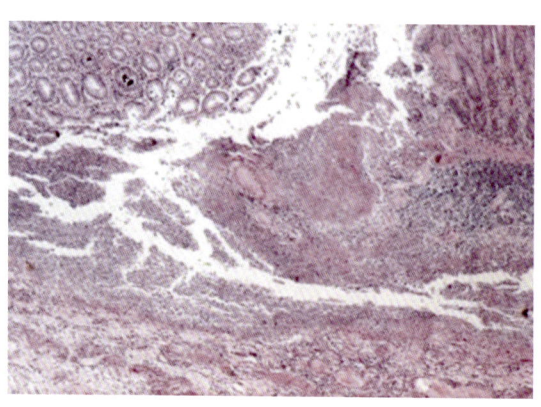

图 4-94 结肠阿米巴性溃疡

结肠黏膜及黏膜下层坏死形成溃疡,溃疡边缘呈潜行性,口小底大似烧瓶状,在溃疡边缘及坏死物中可以找见阿米巴滋养体

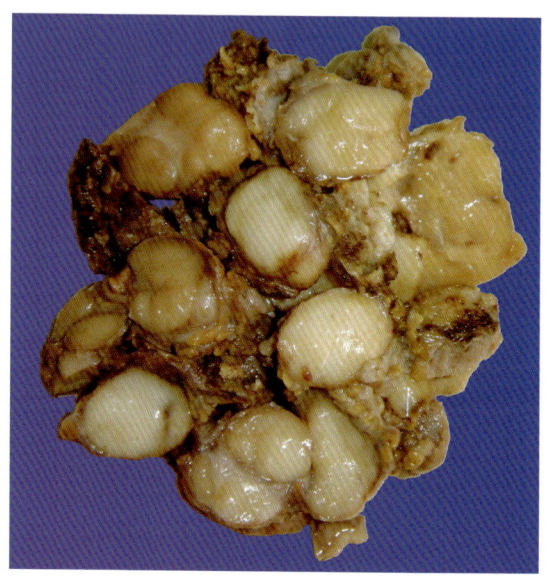

图 4-95 恶性淋巴瘤

淋巴结肿大,相互粘连。切面灰白,细腻,鱼肉状